KB273092

생태논의의 최전선 Monthly Review 2

생태논의의
최전선
Monthly
Review 2
존 벨러미 포스터 외 9인 지음
김철규 엄은희 오수길 윤순진 옮김
필맥

이 책은 〈먼슬리 리뷰(Monthly Review)〉의 한국어판 제2권으로, 〈먼슬리 리뷰〉가 2008년 7~8월 합본호와 같은 해 11월호 등 두 번에 걸쳐 펴낸 환경문제 특집호에 실린 글들을 번역해 엮은 것이다. 〈먼슬리 리뷰〉의 이 두 특집호는 각각 '생태, 그 결정적 순간(Ecology, the Moment of Truth)'과 '자본주의 생태론을 넘어(Beyond Capitalist Ecology)'라는 표제 아래 자본주의와 환경에 대한 논의들을 담고 있다.

〈먼슬리 리뷰〉는 미국에서 가장 오래되고 가장 신뢰받는 진보저널이자 영국에서 발간되는 〈뉴 레프트 리뷰〉, 프랑스에서 발간되는 〈르몽드 디플로마티크〉와 함께 '세계의 3대 진보저널'로 꼽힌다. 〈먼슬리 리뷰〉는 사회주의와 마르크스주의를 이론적, 이념적 바탕으로 하는 좌파 잡지이지만 '독립적인 사회주의 저널'을 표방하고 있고, 과거에 존재했거나 현재 존재하는 각종의 좌파 운동세력이나 정치세력들로부터 일정한 거리를 유지하고 있다. 바로 이런 독립성이 〈먼슬리 리뷰〉에 실리는 글들의 객관성과 무게감을 보증한다.

이 책《생태논의의 최전선》에 실린 글들의 기본적인 관점은 생태사회주의라고 할 수 있다. 생태사회주의는 자본주의가 '이윤창출과 축적을 위해 끊임없이 경제적 팽창을 추구하는 내적 논리'에 따라 자연을 '경제성장을 위한 자원 조달처와 폐기물 배출처'로 간주하고 착취하면서 훼손해서 결국은 '자본주의적 경제성장의 토대를 자본주의가 스스로 침식하고 파괴하는 모순적인 상황'이 초래된다고 보는 입장이다. 자본주의적 경제성장을 위해 자연은 물론이고 인간의 노동도 최대한으로 착취되는 과정에서 발생하는 자연파괴, 노동파괴의 비용은 자본주의 체제에 영향을 미치지 않도록 외부화되지만 궁극적으로는 그것이 자본주의적 성장의 토대를 와해시킨다는 것이다. 생태사회주의는 환경문제의 발생과 확산, 심화를 인간이 자연과 자본주의적 관계를 맺은 결과로 설명한다.

이 책에 실린 글들은 환경문제를 유발하는 근원은 자본주의를 추동하는 요소이자 자본주의의 본질적 존재원리인 '끊임없는 경제성장 추구'에 있으므로 이것에 변화를 일으키지 않는 한 환경문제의 해결은 요원할 수밖에 없다고 단언한다. 나아가 환경문제에 대한 자본주의적 해법이란 대개 기술적 처치나 개인적 행위의 변화를 통해 지구생태에 대한 경제의 영향을 완화시키는 것을 목표로 할 따름임을 지적한다. 생태위기가 전면적으로 전개되고 있음에도 불구하고 지배세력은 사회를 크게 변혁하지 않고도 자본, 기술, 시장을 이용해 모든 위협을 다 막아낼 수 있다고 장담하면서 새로운 성장의 기회를 포착하려고 한다는 것이다.

이 책에 실린 글들은 자본주의와 환경위기의 연관성 및 체제이행의 문제에 대해 논의하는 동시에 다양한 환경문제 가운데 특히 기후변화, 에너지, 농업, 물과 관련된 쟁점을 중심으로 환경문제의 본질과 환경문제에 대한 기존의 대처방안들을 비판적으로 해부하고 있다. 구체적으로 각각의 글이 어떤 내용을 어떻게 다루고 있는지를 살펴보면 다음과 같다.

　　1장 '생태, 그 결정적인 순간'은 〈먼슬리 리뷰〉의 편집자인 존 벨러미 포스터가 브레트 클라크, 리처드 요크와 함께 써서 2008년 7~8월 합본호의 머리 부분에 실은 글이다. 이 글에서 필자들은 인류가 중대한 생태적 문턱들을 넘어서고 있어 머지않아 여러 가지 티핑 포인트에 이를 것으로 예상되며, 이로 인해 환경주의자들 사이에 절박감이 점점 더 커지고 있다고 지적한다. 아울러 이처럼 결정적인 순간에 생태문제를 제대로 다루려면 혁명적인 해결책이 요구되지만 기존의 사회체계에서는 결코 혁명적인 해결책이 나올 수 없다고 필자들은 잘라 말한다. 그들은 환경문제의 치유와 환경의 회복을 주창하는 오늘날의 환경주의도 우리가 직면하게 된 엄청난 환경문제를 야기한 경제시스템을 문제 삼지 않고 주로 지구생태에 대한 경제의 영향을 줄이는 데 필요한 조처만을 목표로 하고 있다고 비판한다. 결국 우리가 '환경문제'라고 부르는 것은 단순히 환경문제이기만 한 것이 아니라 근본적으로 정치경제의 문제라는 것이다. 오늘날 우리가 생태와 관련해 '결정적인 순간'에 직면해 있다면 그것은 자연과 인간의 재생산에 대한 자본주의의 온갖 영향과 관계가 있는 것이며, 인간의 생산을 사회적인 것으로만이 아니라 자연에 대한 물질대사적 관계에 뿌리를 갖고 있는 것으로도 보는 통합적인 비전만이 생태적 균열에 맞서는 데 토대가 될 수 있다고 필자들은 주장한다.

　　2장 '자본주의에서 사회주의로의 이행과 생태'는 존 벨러미 포스터가 〈먼슬리 리뷰〉 2008년 11월호의 머리글로 쓴 것이다. 이 글에서 포스터는 '자본주의에서 사회주의로의 이행'은 사회주의의 이론과 실천에서 가장 어려운 문제인데 여기에 생태문제를 덧붙이는 것은 그렇지 않아도 다루기 힘든 쟁점을 쓸데없이 더 복잡하게만 만들 뿐이라고 생각해서는 안 된다고 지적한다. 생태문제는 사회주의로의 이행에서 핵심에 해당하는 문제라는 것이다. 포스터가 이 글에서 주장하는 바는 크게 보아 다음 세 가지다. 첫째, 고전적 마르크스주의와 생태적 분석 사이에 긴밀한 관계가 있음을 이해하는 것이 중요하다. 생태문제는 우리가 흔히 생각하듯이 사회주의에서 변칙적인 것이 결코 아니며 처음부터 사회주의 프로젝트의 필수적 구성요소였다. 둘째, 지금 우리가 직면하고 있는 지구적인 생태위기는 '세계소외'를 초래하는 자본축적 논리에 깊은 뿌리를 두고 있다. 셋째, 자본주의에서 사회주의로의 이행은 자본주의 세계체제의 주변부에 있는 사회들이 주도해온 지속가능한 인간개발을 위한 투쟁을 통해 이루어질 것이다. 결국 자본주의의 한계, 초기 사회주의 실험의 실패, 평등하고 지속가능한 인간개발을 위한 전반적인 투쟁 등을 우리가 이해하는 데서 생태적 관점이 중요하다는 것이다.

3장 '균열과 전환: 환경위기의 뿌리 찾기'의 필자인 브레트 클라크와 리처드 요크는 환경위기의 뿌리를 자본주의가 초래하는 물질대사의 균열과 전환에서 찾는다. 자본주의는 그 작동원리 자체가 물질대사 복구의 법칙에 위배되기 때문에 환경적으로 지속가능한 방식으로 자연과의 물질대사를 조정할 능력을 갖고 있지 않다고 필자들은 말한다. 이어 그들은 물질대사의 균열과 전환에 따른 생태위기의 실상을 분석한다. 마르크스가 이미 그러한 측면에서 들여다보았던 농업분야뿐만 아니라 인류의 에너지 사용과 이로 인한 작금의 기후위기에 대해서도 필자들은 '물질대사의 균열과 전환'이라는 관점을 적용해 분석한 뒤 자본주의 사회가 부닥친 환경위기의 뿌리와 환경위기에 대한 자본주의 사회의 대응방식을 살펴본다. 필자들에 따르면 자본주의 체제 안에서 생태위기를 해결해보려고 한 시도들은 오히려 위기의 경향을 뒷받침하거나 추가적인 생태적 균열의 원인으로 작용했다. 따라서 우리는 자연의 자기복원과 지속적인 재생산을 허용하는 새로운 종류의 사회적 물질대사 질서를 창출해야 하며, 그렇게 하기 위해서는 자본주의 체제를 뛰어넘어야 할 필요가 있다고 그들은 주장한다.

4장 '기후변화, 성장의 한계, 사회주의'에서 민치 리는 유엔의 정부간기후변화위원회(IPCC)가 내놓은 예상보다 훨씬 빠른 속도로 기후변화가 진행되고 있다는 사실을 지적하고, 지금과 같은 지구적 자본주의 체제가 유지되는 한 우리가 지구적 기후변화 위기에 효과적으로 대응하는 것은 물론이고 가장 파국적인 결과조차 피하는 것이 가능하지 않음을 논증한다. 지구온난화를 막기 위해서는 에너지 집약도의 현격한 개선이 필요하다고, 마치 그것이 가능한 것처럼 흔히 주장된다. 하지만 민치 리는 성장을 내재적 존재원리로 하는 자본주의 체제에서는 에너지 집약도의 개선, 즉 에너지 효율의 개선은 보다 빠른 자본축적과 경제성장으로 이어질 뿐이며 에너지 집약도의 개선 자체에도 물리적인 한계가 있어서 에너지 소비가 절대적으로 감소하지 않는 한 기후안정화가 실현되기 어렵다고 반박한다. 경제적 산출을 감소시키지 않으면서 기후안정화를 실현하는 방안으로 탄소의 포집과 저장, 원자력 이용의 확대, 재생가능 에너지원의 이용과 같은 기술적 선택지들이 제시되고 있지만, 이 글의 필자는 그러한 기술적 선택지들은 실용화될 가능성이 높지 않을뿐더러 설혹 실용화된다고 하더라도 상당한 시간이 필요하기 때문에 긴급한 기후변화 문제에 대응하는 데는 크게 기여할 수 없다고 지적한다. 레스터 브라운이나 애머리 로빈스와 같은 환경주의자들은 기술은 이미 이용가능한 상태로 존재하므로 필요한 것은 오직 정치적 의지뿐이라고 하지만 기후변화는 자본주의 체제가 갖고 있는 성장의 한계에 대한 인식과 근본적인 사회변혁 없이 마법과 같은 기술의 적용이나 개인적인 소비자행동의 제한적인 변화 정도로 해결될 수 있는 문제가 아니라고 필자는 강조한다. 이윤을 위한 생산과 자본축적은 결국은 생태적 지속가능성과 갈등할 수밖에 없기에 기후변화 위기에서 살아남을 수 있기 위해서는 대안의 사회체제를 찾아야 하는데 생산수단의 공적 소유와 민주적 계획을 포함하는 사회주의 밖에는 해답이 없다는 게 민치 리의 주장이다.

5장 '석유정점과 에너지 제국주의'의 필자인 존 벨러미 포스터는 21세기에 접어들어 석유공급이 줄어드는 데 대한 우려가 고조되면서 세계경제를 지배하는 이익집단들이 석유공급에 대한 통제력을 확보하려는 움직임이 강화되고 있다는 사실을 다양한 자료를 인용하며 보여준다. 그러한 추세는 곧 에너지 제국주의가 발호하고 강화되는 과정이다. 특히 에너지 제국주의의 중심국가인 미국은 자국의 에너지 안보를 유지하거나 보강하기 위해 군국주의적인 방향으로 에너지 제국주의를 확대시켜나가고 있다는 것이다. 포스터는 석유정점의 도래, 기후변화의 심화, 바이오연료 생산과 연관된 기아의 증가, 핵전쟁 공포 등이 결합되면서 점점 더 가시화되고 있는 복합적인 지구적 대참사의 위협 앞에서 세계 자본주의 체제는 오히려 불평등을 증대시키는 방향으로 나아가고 있다고 진단하고, 공동체적 참살이와 지구적 정의를 추구하는 사회주의를 해법으로 처방한다. 인류가 지금 마주하고 있는 거대한 위험은 자연환경의 제약으로부터 생겨난 것이 아니라 통제에서 벗어나 혼란스러워진 사회체제로부터, 보다 구체적으로는 미국의 제국주의로부터 생겨났으며 이런 위험을 극복하는 것이 바로 우리 시대의 과제라고 그는 말한다.

6장 '액화천연가스와 화석자본주의'에서 필자인 애너 잘리크는 액화천연가스(LNG) 산업이 '화석연료에 의존하는 데서 발생하는 생태적, 경제적 위기에 대한 해결책'의 하나로 선전되고 있지만 사실은 부분적, 임시변통적인 해결책일 뿐이라고 지적하고, 왜 그런지를 설명한다. LNG는 '보다 깨끗한 탄화수소'라고 불리면서 탄소에 기반을 둔 화석자본주의의 모순 가운데 일부를 해결해줄 수 있는 매력적인 에너지원으로 간주돼왔지만, 다른 한편으로는 오히려 화석자본주의의 모순을 재생산하는 기능을 해왔다는 것이다. 잘리크는 특히 미국이 에너지의 원활한 조달을 위해 나이지리아에서 바다를 건너 멕시코로 LNG를 이전시키는 과정을 살펴보면서 '생태제국주의'와 결합된 '자연자본의 공간적 이전'이 실제로 어떻게 이루어지는지, 그리고 왜 LNG가 화석자본주의의 모순을 해결하기보다 심화시키는지를 설명한다. 이와 동시에 그는 그런 LNG 이전에 대한 대중의 감시와 비판이 점점 강화되고 있다는 점에 주목하는 것으로 희망을 제시한다.

7장 '바이오연료의 정치경제학과 생태학'에서 필자인 프레드 매그도프는 바이오연료를 대안의 에너지원으로 여기는 신화를 해체한다. 바이오연료가 친환경적이며 석유를 대체할 수 있는 에너지원이라는 낙관적인 생각의 근거가 얼마나 취약한가를 보여주고 있는 것이다. 매그도프는 바이오연료에 대한 열광은 석유 정점에 대한 우려와 고유가로 인해 일어난 것이며, 에너지의 생태적 전환이나 지속가능성과는 무관한 현상이라고 지적한다. 또한 그는 대안 에너지원으로서의 바이오연료라는 신화는 현재의 자본주의 사회에 내장된 대량생산과 대량소비, 자동차에 대한 의존, 낭비적인 생활방식과 같은 근본적 문제들에 대해 애써 눈을 감는 기만적인 태도를 정당화한다고 비판한다. 그는 옥수수를 이용한 바이오에탄올 생산을 둘러싼 정치적 과정을 분석하고, 다양한 이익집단들 사이에 전개되는 그러한 정치적 과정 속에서 관련 기업들의 배를 불려주는 바이오에탄올 정책이 만들어진다고 지적한다. 그는 농작물을 연료로 전환시키는 것은 환경적으로 문제가 있을 뿐 아니라 에너지 득실의 측면에서 오히려 손해라는 점을 몇 가지 근거를 제시하며 보여준 뒤 생활양식의 변경, 주택과 대중교통수단의 개선, 생산체계의 변화 등이 필요하다고 주장한다.

8장 '세계사적 시각에서 본 생태위기와 농업문제'에서 미국의 지리학자이자 세계체제론자인 제이슨 무어는 농업문제와 생태문제 사이의 밀접한 관계에 주목한다. 무어는 월러스틴의 세계체제론적 시각을 통해 자본주의, 농업, 생태위기의 공진화(共進化)를 역사적으로 조명하고, 카우츠키가 자본주의 농업을 분석할 때 사용했던 '물질적 착취'라는 개념을 활용해 자본축적이 구조적으로 농업위기와 생태위기를 유발하는 과정을 설명한다. 이러한 작업은 자본주의의 발전을 산업의 발달과 공업 노동계급의 형성으로만 국한시켜 생각했던 기존의 정치경제학적 인식틀에 대한 문제제기로 읽힐 수도 있다. 무어는 자본주의적 관계의 농업 침투, 자본주의의 발전에 대한 농업의 기여, 사회주의 투쟁에서 농업분야 노동계급이 하는 역할, 농업문제와 생태문제의 상호관련성 등에 대한 총체적인 인식의 중요성을 강조한다. 그러한 총체적 인식을 통해서만 자본주의의 위기와 모순을 제대로 파악할 수 있다는 것이다. 끝없는 축적을 지향하는 자본의 운동은 곧 지구에 대한 계속적인 정복을 의미하지만 이에는 분명한 한계가 있다. 자본주의는 몇 세기에 걸쳐 지리적 팽창과 농업혁신을 통해 인류를 먹여왔지만 이제는 더 이상 농업혁명과 약탈의 공간이 존재하지 않는다는 점에서 자본주의가 구조적 위기에 직면했다고 무어는 지적한다.

9장 '바다의 위기: 자본주의와 해양생태계의 악화'에서 브레트 클라크와 레베카 클로센은 우리가 잘 알지 못했던 바다의 오염과 퇴화라는 문제를 분석한다. 그들은 해양학자들의 연구결과를 적절히 인용하면서 자본주의적 산업화와 더불어 진행된 사회와 해양환경의 공진화 과정에 대해 설명하고, 바다의 환경문제를 자본축적과 이윤을 위한 자본의 자연착취와 관련시켜 이해해야 한다고 주장한다. 구체적으로 그들은 물질대사의 측면에서 자본과 바다의 관계를 살피면서 물고기가 고갈되는 원인을 밝히고, 바다의 환경에 대한 산업적 어업의 영향이 어떠한지를 보여주며, 자본주의적 양식업의 생태적 모순을 지적한다. 이 글은 어업이 자본주의화하면서 전개된 남획과 '아쿠아비즈니즈'로 인해 발생한 해양생태계의 파괴가 얼마나 심각한지를 알 수 있게 해준다. 또한 자본주의의 집약적 어업이 어떻게 바다를 훼손하고 있는지도 이 글에서 흥미롭게 분석된다.

10장 '인도의 수자원 위기: 근대적 대형 댐의 정치학'은 환경위기의 한 형태인 수자원 위기의 실상을 제3세계 국가인 인도의 사례를 통해 보여준다. 필자인 로한 드수자는 인도에서 이어져온 수자원 이용의 역사를 세 단계로 구분하는데 구분의 기준은 하천에서 해안에 이르는 자연의 유역체계에 대한 기술적 개입의 심도와 규모다. 첫 번째 단계는 하천에 대한 전통적인 지혜에 따라 수자원을 이용하던 시기이며, 이 시기에는 자연법칙에 조응하는 지역적 구조물과 시설이 수자원 관리에 활용됐다. 두 번째 단계는 인도가 영국의 식민지였던 시기이자 중앙 집중화된 식민관료 시스템이 주도하는 가운데 대규모 토목공학적 접근방식을 기초로 인도대륙 일부 지역에 항구적인 운하관개 체제가 도입된 시기다. 이 시기에 토지소유권에 대한 독점체제와 근대적 농업이 도입됐고, 물 이용이 전통적인 방식과 극단적으로 단절됐으며, 이러한 변화가 하천체계를 교란시키면서 운하관개 체제가 그 애초의 목적인 홍수통제에 도움이 되기는커녕 오히려 홍수의 위험을 더 키우는 결과를 낳았다. 세 번째 단계는 1930년대에 미국의 테네시강유역개발청(TVA)에서 비롯되고 이차대전 이후에 전 세계로 확산된 '근대적 대형 댐에 대한 추앙'이 독립 이후의 인도에도 영향을 주어 정부의 정책으로 현실화되기 시작한 때로부터 지금까지의 시기다. 대형 댐 건설은 수많은 토착 공동체들의 삶터를 수장시킬 뿐 아니라 그 과정에서 수몰지역 주민들이 살 만한 새로운 삶터를 제공받게 되는 경우도 많지 않다. 그래서 이 글의 필자는 인도에서 일어난 대형 댐 건설 붐에 '새로운 인클로저'라는 이름을 붙인다. 아울러 필자는 인도의 대형 댐 건설사업은 일종의 정치적 수수께끼라고 지적한다. 댐 건설이 추진되는 과정에서 지배엘리트 집단의 정치력이 동원되지만 겉으로는 댐 건설이 그저 기술적인 프로젝트인 것처럼 보이기 때문이다. 최근에 한국에서 '대운하' 논란이 일어난 바 있지만, 인도에서도 현재 중앙의 물 관련 관료집단, 토건업자들, 민간 토목회사들, 세계은행 및 아시아개발은행과 같은 지구적 금융기구들이 결탁해 인도판 '대운하' 프로젝트를 진행하고 있다고 한다. 자연에 되돌릴 수 없는 변화를 각인하려는 지배엘리트 집단의 움직임에 대응해 인도의 민중이 그려나갈 저항의 미래가 어떤 모습이 될지 사뭇 궁금해진다.

11장 '푸른 협약: 대안적인 물의 미래'는 대안의 노벨상으로 불리는 '바른생활상(Right Livelihood Award)' 수상자인 모드 발로가 쓴 글이다. 그는 이 글에서 물 위기가 기후변화와 함께 인류에게 생사를 건 결단을 요구하는 긴박하고 중대한 문제라고 주장한다. 그는 물 위기를 담수 공급량의 감소, 물에 대한 불평등한 접근, 물에 대한 기업의 지배력 강화라는 세 가지 차원의 문제로 규정하고, 인류가 자신들의 집합적 행동을 스스로 변화시킴으로써 물 위기에 대처해야 한다고 강조한다. 그러한 변화의 첫걸음으로 그는 국제사회가 '푸른 협약(Blue Covenant)'을 체결할 것을 제안한다. 그가 말하는 푸른 협약은 인권의 차원에서 물의 권리를 인정하고 존중하기로 합의하는 것을 핵심적인 내용으로 하는 협약이다. 이는 곧 각 국민국가의 헌법과 유엔 차원의 국제법을 그러한 방향으로 개정하고 실효성 있는 강제력까지 갖추게 하자는 것이다. 물에 대한 권리는 1992년 리우회담에서 기후변화, 생물다양성, 사막화와 더불어 긴급한 실천이 요구되는 주요 영역들 가운데 하나로 선언됐다. 그러나 아직도 물에 관한 유엔 차원의 협약이 체결되지 않았으므로 세계의 시민사회와 민중이 그러한 협약이 체결되도록 보다 응집된 노력을 기울여야 할 필요가 있다고 필자는 지적한다. 물에 대한 권리를 확고히 하기 위한 풀뿌리 움직임 가운데 필자가 소개하는 가장 모범적인 사례는 우루과이의 경우다. 우루과이는 헌법개정을 통해 물은 인권의 차원에 속한다고 선언하고 물 관련 서비스의 주체를 국가로 한정함으로써 사적 기업이 물 공급 서비스 분야에 진입하는 것을 원천적으로 봉쇄했다. 우루과이의 경우를 모델로 해서 물에 대한 권리를 확고히 하기 위한 움직임이 캐나다에서 남아공, 네덜란드, 인도에 이르기까지 다양한 지역에서 펼쳐지고 있다. 이 글의 필자는 인류의 생존을 위해 물이 지구와 모든 인류의 공동자산임을 천명하고, 물과 관련된 삶의 영역 전반에서 자본주의적 지구화의 교리를 거부하자고 제안한다. 그는 또한 자연이 인류에게 준 선물인 물은 가장 낮은 곳으로 유유히 흐르면서 인류에게 조화와 평화를 가르쳐준다고 지적한다. 이러한 지적은 우리 사회에서 논란이 되고 있거나 추진되고 있는 대운하사업이나 4대강 정비사업 등과 관련해 우리에게 상당한 시사점을 제공한다.

　요즘 우리 사회에서는 새로운 사회발전 전략이자 국가발전 패러다임으로 ‘저탄소 녹색성장’의 기치를 내세우는 분위기가 확산되고 있다. ‘저탄소 녹색성장’론은 우리 사회와 지구촌 전체가 기후변화와 에너지위기의 시대에 진입하고 있다는 문제의식을 바탕으로 탄소를 덜 배출하는 이른바 ‘녹색’의 환경분야를 신성장동력으로 삼자는 것이다. 또한 그것은 환경과 경제를 동시에 살려내고 더 나아가 키워갈 수 있는 현명한 생존전략이자 지속가능한 성장전략으로 풀이되고 있다. 2008년에 이명박 대통령이 8.15 기념축사에서 ‘저탄소 녹색성장’을 새로운 국가발전전략 패러다임으로 제시했고, 2009년 1월 6일에는 정부가 ‘저탄소 녹색성장’을 실현하기 위한 ‘녹색 뉴딜사업’의 추진방안을 발표했으며, 2009년 1월 15일에는 ‘저탄소 녹색성장 기본법’이 입법예고됐다. 이제 곧 대통령 직속의 ‘녹색성장위원회’가 만들어져 ‘녹색성장 국가전략’을 심의하고 결정해 추진하게 되면 기후변화의 위험이나 에너지위기는 오히려 새로운 성장의 기회로 전환될 수 있다고 하는 말도 들린다.

　우리 사회에서 전개되고 있는 이러한 일련의 논의와 접근에서는 그 어디에서도 성장의 한계에 대한 고민을 찾아볼 수 없다. 또한 생물종의 소멸, 해양자원의 급속한 고갈, 만성적인 세계 식량위기, 임박한 세계 석유생산의 정점, 사막화, 삼림파괴, 대기오염, 물의 부족과 오염, 토양의 오염과 침식, 유독성 폐기물의 배출 증가와 확산, 유전자 재조합이 낳는 폐해 등 폭과 깊이를 헤아리기조차 힘들고 다양한 환경문제들을 기후변화의 문제로 단순화하고 단일화하는 분위기가 우리 사회를 지배하고 있다. 자연의 한계와 기존 사회의 생태적 모순을 인정하고 환경문제의 근본적 원인인 정치경제 질서의 문제를 해결하려고 하기보다 환경문제를 단지 기술적 조정을 통해 얼마든지 해결할 수 있는 문제로 간주해버리는 분위기도 느껴진다. 그래서 탄소를 거의 유발하지 않으면서 경제를 성장시키는 기저동력원으로 원자력발전이 당당하게 제시되기도 하는 것이다. 이 책《생태논의의 최전선》에 실린 글들은 현재 우리 사회의 일각에서 기대를 걸고 있는 '저탄소 녹색성장'이라는 접근방식의 한계와 그것이 안고 있는 문제점들을 생생하게 부각시켜준다.

2009년 2월
윤순진

차례

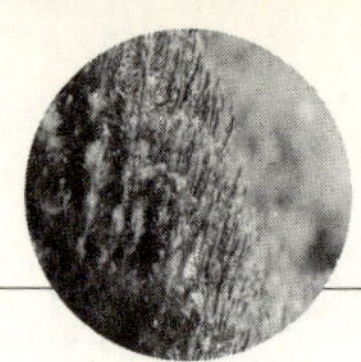

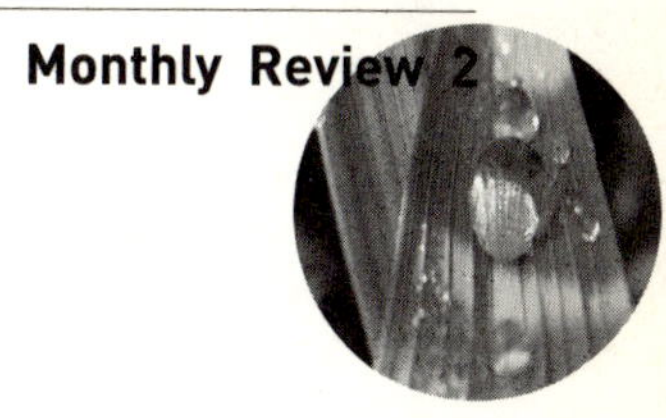

생태, 그 결정적인 순간

존 벨러미 포스터, 브레트 클라크, 리처드 요크

21세기에 인류가 직면한 환경문제는 과장하는 것이 불가능할 정도로 심각하다. 약 15년 전에 우리 가운데 한 사람이 이렇게 말했다. "돌이킬 수 없는 생태의 쇠퇴를 피하기 위해 주요 환경문제들에 대해 우리가 통제력을 확보할 수 있는 기간은 40년밖에 남지 않았다."[1] 그 기간에서 아직 사반세기가 남아있는 지금 돌이켜보면 그의 생각은 너무 낙관적이었던 것 같다. 현재 이용할 수 있는 증거들이 강력히 시사해주는 바는 지금과 같은 체제가 계속 유지된다면 불과 10년 안에 우리는 기후변화와 관련해 결정적인 '티핑 포인트'에 직면할 수 있다는 것이다.[2] 기후변화 외에도 생물종의 소멸(취약하거나 즉각적으로 멸종할 위기에 처한 조류, 포유류, 어류의 비율이 현재 '두 자리 수'로 측정된다)[3], 해양자원의 급속한 고갈, 사막화, 삼림파괴, 대기오염, 물의 부족 또는 오염, 토질악화, 세계 석유생산의 정점 임박(이는 새로운 지정학적 긴장을 야기하고 있다), 만성적인 세계 식량위기와 같은 위기들이 모두 우리가 알고 있는 지구와 그 생태계가 한계에 이르고 있음을 말해준다. 지구와 인류문명이 결정적인 순간에 도달하고 있는 것이다.

지금과 같은 자본주의 상황에서 생태의 악화가 초래하는 영향이 이처럼 엄청난 것은 분명하지만, 앞으로 한 세대에 해당하는 기간 안에 인류문명이 '종말'을 맞을 것 같지는 않다. 인간의 평균수명에 견주어 보면, 지구를 퇴화시키는 인간의 영향이 충분히 드러나기에는 의심할 바 없이 여전히 상당한 시간이 남아 있다. 하지만 우리가 미래의 환경재앙을 피하기 위한 조치를 취할 수 있는 시간, 다시 말해 그런 재앙이 본질적으로 우리의 손을 떠나기까지 남아있는 시간은 훨씬 짧다. 환경주의자들 사이에 절박한 느낌이 점점 더 커지는 것은 우리가 중대한 생태적 문턱들을 넘어서고 있으므로 곧 여러 가지 티핑 포인트에 도달할 것이라는 전망과 관계가 있다. 이런 전망은 지구상의 생명이 급격하게 위축될 가능성을 예고하는 것이다.

그러한 티핑 포인트의 한 가지 예는 얼음이 없는 북극이 현실화되는 것이다. 이런 일은 앞으로 20년 안에 일어날 수 있으며, 일부 과학자들은 2013년에 그렇게 될 것으로 생각하고 있다. 이미 2007년 여름에만도 북극은 단 일주일 만에 영국의 두 배만한 면적의 빙하를 잃었다. 북극에서 얼음이 사라지고 있다는 것은 지구의 빛반사율(알베도)이 엄청나게 낮아지고 있음을 의미한다. 이 때문에 지구온난화('알베도 플립(albedo flip)'으로 불리는 양의 피드백)가 급속도로 진행되고 있다. 이와 동시에 남극대륙 서부와 그린란드에서 일어나는 급속한 빙상붕괴가 세계의 해수면을 높여 바다연안 지역과 도서들을 위협하고 있다.[4]

미국 항공우주국 고다드 우주연구소(NASA Goddard Institute for Space Studies)의 소장이자 저명한 기후학자인 제임스 한센(James Hansen)은 기후변화와 관련해 현재 '지구의 위기'가 어떤 상태인지를 다음과 같이 설명했다.

인간이 만들어낸 온실가스가 과도하게 축적되어 주요 기후변화 추세가 그 자체의 관성적 추동력을 갖게 되는 티핑 포인트에 우리의 지구가 위태로울 정도로 근접해가고 있다. 온난화는 '물의 순환(hydrologic cycle)'을 빠르게 하여 기후대를 변화시키고, 그 결과로 담수의 양과 인간의 건강에 영향을 미칠 것이다. 폭풍우나 지속적으로 상승하는 해수면으로 인해 바다연안의 비극이 반복될 것이고, 그 결과는 엄청날 것이다. 유일한 해결책은 인류가 10년 안에 근본적으로 다른 에너지 경로로 이동하는 것이다. 10년이 지난 뒤에는 그렇게 해봐야 세계 동식물 종의 3분의 1과 인류의 취약계층에게는 때늦은 일이 될 것이다.[5]

환경주의자인 레스터 브라운(Lester Brown)은 자신의 저서 《플랜 B 3.0》에서 "우리는 우리가 보지 못하는 자연의 문턱을 넘고 있고, 우리가 인식하지 못하는 기한을 어기고 있다. 자연은 시간기록원이다. 하지만 우리는 그 시계를 볼 수 없다. … 지구 자연계의 티핑 포인트와 세계 정치체계의 티핑 포인트 사이에서 우리는 경주를 벌이고 있다. 어느 쪽이 먼저 기울어질 것인가?"[6] 시간은 계속 흐르는데 이뤄지는 것이 적다면 궁극적인 재앙을 피하기 위해 그만큼 더 급격하고 광범위한 변화가 이뤄져야 하는 것이 분명하다. 이런 점은 사회적으로 필요한 것으로서만이 아니라 생태적으로 필요한 것으로서도 더욱 혁명적인 사회변화를 쟁점으로 부각시킨다.

이처럼 생태문제를 다루는 데 혁명적인 해결책이 점점 더 요구되고 있지만 기존의 사회체제는 결코 그러한 혁명적인 해결책을 내놓을 수가 없다. 오늘날의 환경주의는 우리가 현재 직면하고 있는 엄청난 환경문제를 야기하는 경제시스템을 문제 삼지 않고, 주로 지구의 생태에 대한 경제의 영향을 줄이는 데 필요한 조처만을 목표로 삼고 있다. 우리가 '환경문제'라고 부르는 것은 근본적으로는 정치경제의 문제다. 기후변화에 대응하기 위한 기존의 경제적 시도들은 그 가운데 가장 대담한 것조차도 지구를 보호하기 위해 요구되는 수준에 턱없이 못 미친다. 자본주의 체제에서는 생산과 이윤을 지속적이고도 빠른 속도로 증가시켜야 한다는 점이 그 모든 계획에 가장 기본적인 제약조건으로 작용하기 때문이다.

지배적인 기후변화의 경제학

영국 재무부의 주관 아래 작성돼 2007년에 두툼한 연구보고서 형태로 발간된 《기후변화의 경제학(The Economics of Climate Change)》은 기후변화의 경제학을 가장 폭넓게 다뤄본 시도로 널리 인정받고 있다. 그 내용만 보아도 환경적 조치에 대한 경제적 제약이 어떤 것인지를 쉽게 알 수 있다.[7] 이 보고서의 주저자인 전 세계은행 수석경제학자 니콜라스 스턴(Nicholas Stern)의 이름을 따서 '스턴보고서(Stern Review)'라는 부제가 달린 이 책은 지구온난화 경제학에 대한 주류의 논의 가운데서는 가장 중요한 책인 동시에 가장 진보적인 논의를 담은 책으로 평가되고 있다.[8] 스턴보고서는 지구의 평균기온을 산업화 이전의 수준에 비해 3°C(5.4°F) 이상으로 높아지지 않도록 안정화시키는 데 필요한 대기 중 이산화탄소 환산농도(CO_2e; CO_2 equivalent)의 목표수준에 논의의 초점을 맞추고 있다. CO_2e란 이산화탄소, 메탄, 아산화질소, 수소불화탄소, 과불화탄소, 육불화황 등 교토의정서가 규정한 여섯 가지 온실가스를 이산화탄소 환산치의 농도로 표현한 것이다. 오늘날 대기 중 이산화탄소 농도는 387ppm이고, CO_2e는 약 430ppm이다.

그동안 대부분의 기후학자들이 제안한 목표는 지구의 평균기온이 산업화 이전에 비해 2°C(3.6°F) 이상이 되지 않도록 기온상승을 막자는 것이었다. 이렇게 하기 위해서는 대기 중 CO_2e를 450ppm으로 안정화시켜야 한다. 그 이상이 되면 모든 종류의 양의 피드백과 티핑 포인트가 작동할 것이므로 기후변화를 통제할 수 없게 되어 기후변화가 가속화할 것이기 때문이다. 제임스 한센을 비롯한 NASA 고다드 우주연구소의 기후학자들은 최근에 "지질시대상 고기후의 증거들과 지금 진행되고 있는 기후변화의 양상을 볼 때 그동안 발전해온 인류문명과 지금의 지구상 생명체들이 적응한 지구의 상태와 유사하게 지구를 보존하려면 대기 중 이산화탄소 농도가 현재의 385ppm에서 높게 잡아도 350ppm으로 감소돼야 할 필요가 있다"고 주장했다.[9]

이에 비해 스턴보고서는 지구의 평균기온 상승폭이 3°C를 넘지 않아야 하며 이를 넘어서면 그로 인한 환경적 영향이 재앙을 초래하게 될 것이 틀림없다고 지적한다. 이는 곧 대기 중 CO2e가 550ppm으로 안정화돼야 한다는 뜻인데, 이것은 산업화 이전 수준에 비해 약 두 배에 해당하는 수치다. 하지만 스턴보고서는 "대기 중 온실가스 농도가 오늘날과 같은 430ppm CO2e에서 안정화되더라도 지구 평균기온이 산업화 이전 수준보다 3°C 높아지는 온난화를 겪을 가능성이 최대 5분의 1에 달한다"고 현재 지구의 환경적 민감도를 추정하고 "대기 중 온실가스 농도가 550ppm CO2e에서 안정화되면 지구 평균기온 상승폭이 3°C를 초과할 가능성이 30~70%로 올라간다"고 인정했다. 또한 "550ppm CO2e라면 기온상승폭이 3°C를 넘거나 넘지 않을 가능성이 50 대 50임을 말하는 것이고, 해들리센터(Hadley Centre)의 모형은 이 수준에서도 기온상승폭이 5°C(9°F)를 넘을 가능성이 10%라고 예측한다"고 스턴보고서는 밝혔다. 산업화 이전보다 3°C가 상승한다면 지구의 평균기온은 '약 300만 년 전인 플라이오세 중기'에 마지막으로 기록된 수준으로 올라가게 되는 것이다.

더욱이 이런 온도상승만으로도 서유럽을 따뜻하게 해주는 해양의 열염순환이 중단돼 급격한 기후변화가 초래됨으로써 서유럽이 시베리아와 같은 상태가 돼버릴 수도 있다고 스턴보고서는 지적했다. 또 다른 연구에 따르면 만약 세계의 평균기온 상승폭이 3°C에 이른다면 2100년까지 인더스 강의 유량이 90%만큼 줄어들어 수억 명의 사람들에게 영향을 미칠 수도 있다고 한다. 기후학자들의 연구는 550ppm CO2e 수준에서 세계의 평균기온이 8°C(14.4°F) 넘게 상승할 가능성이 5% 이상임을 보여준다. 이 모든 것은 550ppm CO2e라는 대기 중 온실가스 농도 안정화 목표가 지구와 사람들에게 재앙을 안겨줄 수 있음을 암시한다.

지구와 문명에 대한 위험이 그렇게 엄청나게 크다면 스턴보고서는 왜 550ppm을 "안정화 범위의 위쪽 한계"라고 부르면서 이 수준으로 CO2e를 안정화시켜 지구온난화 폭을 3°C로 유지하자고 강조하는 것일까? 이런 의문에 답하기 위해서는 좀 더 경제적인 성격을 가진 몇 가지 사실에 눈을 돌릴 필요가 있다.

만약 온실가스 배출이 앞으로 조금도 더 늘어나지 않고 현재의 수준으로 유지된다면 대기 중 온실가스 농도가 2050년까지 550ppm CO2e에 가까운 수준으로 올라갈 것이라는 점에 주목해볼 필요가 있다. 다만 스턴보고서에 씌어있는 대로 세계의 온실가스 배출은 앞으로 계속해서 '급속히 상승하는 궤적'을 보이며 증가할 것으로 예상되므로 '통상적인 예상배출량(BAU; Business-as-usual)의 조건' 아래서 그렇게 전망하는 것은 비현실적이다. 그러므로 보다 현실적인 가정을 한다면 대기 중 CO2e가 2035년이면 550ppm의 이를 것이라고 보는 게 맞을 것이다. 이는 그 뒤로 몇십 년 더 지나지 않아서 대기 중 CO2e가 750ppm 또는 그 이상에 이르고, 세계의 평균기온이 산업화 이전에 비해 4.3°C(7.7°F) 넘게 상승할 위험이 있다는 얘기다. 사실 정부간기후변화위원회(IPCC)가 제시한 시나리오들 가운데는 2100년까지 대기 중 탄소 농도가 1200ppm까지, 지구의 평균기온은 6.3°C(11.3°F)만큼 오를 가능성도 포함돼있다.

이런 BAU 시나리오에 맞서 스턴보고서는 온실가스 배출량이 2015년에 최고점에 이르고 그 뒤로는 해마다 1%씩 줄어들어 대기 중 온실가스 농도가 550ppm CO2e에서 안정화되는, 따라서 지구의 평균기온 상승폭이 3°C로 억제되는 기후

안정화 체제를 제안하고 있다.

　지구온난화가 그렇게 위험하다면 온실가스 배출량을 더 많이 줄이고, 대기 중 CO2e 수준을 더 많이 낮추고, 지구의 평균기온 상승을 더 많이 억제하는 것을 목표로 삼지 말아야 할 이유가 무엇인가? 사실 대부분의 기후학자들은 대기 중 CO2e를 450ppm 또는 이보다 더 낮은 수준으로 안정화시킬 것을 요구해왔고, 이는 산업화 이전보다 2℃ 넘게 높지 않은 수준으로 지구의 온도상승을 억제하자는 뜻이다. NASA 고다드 우주연구소의 한센과 그의 동료 연구자들은 여기서 더 나아가 대기 중 온실가스 억제목표가 350ppm CO2e가 돼야 한다고 주장하고 있다.

　그러나 스턴보고서는 그렇게 급격하게 문제를 완화시켜서는 안 된다고 명시적으로 밝혔다. 대기 중 CO2e를 지금의 수준 또는 그 밑으로 확실하게 안정화시키려고 한다면 그런 노력이 세계경제에 초래하는 비용이 자본주의 자체를 금지하는 것이나 다름없을 정도로 클 것이고, 따라서 자본주의를 불안정하게 만들 것이다. "아주 급격한 배출량 감축을 필요로 하는 경로는 경제적으로 유지될 수 없을 것"이라는 스턴보고서의 표현은 바로 그런 뜻이다. 만약 지구의 온실가스 배출량이 2010년에 최고점에 이른다면 450ppm 수준으로 대기 중 탄소 농도를 안정화시키는 데 필요한 연간 배출량 감축률은 7%가 될 것이라고 스턴보고서는 지적한다. 이는 곧 2050년까지 2005년 수준의 70%만큼 배출량을 감축해야 한다는 뜻이다. 그것은 경제적으로 지탱될 수 없는 목표로 보인다.

　따라서 스턴보고서가 선호하는 시나리오는 2015년까지 대기 중 온실가스 농도가 550ppm까지만 올라가도록 온실가스 배출량이 억제되고 그 뒤로 연간 1%의 속도로 온실가스 배출량이 줄어드는 것이다. 이런 시나리오에서는 2050년까지 온실가스 배출량이 감축되는 규모가 2005년 배출량의 25%에 불과하게 된다. 스턴보고서를 작성한 이들이 열의를 갖고 제시한 시나리오는 아니지만 이 보고서에는 대기 중 온실가스 농도가 2010년에 중간수준인 500ppm으로 최고점을 찍고 그 뒤로 세계의 온실가스 배출량이 연간 3%씩 줄어드는 시나리오도 제시돼 있다. 스턴보고서는 550ppm보다 낮지 않은 목표만이 경제적으로 실행이 가능하다고 지적한다. 옛 소련이 붕괴한 것과 같은 커다란 사회적 격변의 결과로 온실가스 배출량이 줄어들거나 경제적 불황으로 인해 그렇게 되는 경우를 제외하고는 연간 1%의 속도보다 더 빠르게 배출량을 줄이는 것은 어렵기 때문이라는 것이다.

스턴보고서가 선진 자본주의 국가들 가운데서 어느 정도의 경제성장을 유지하며 연간 1% 이상씩 온실가스 배출량을 여러 해 계속해서 줄일 수 있었던 사례로 유일하게 찾아내 제시한 것은 1990년부터 2000년까지의 영국이다. 영국은 북해에서 석유와 천연가스 매장지를 발견한 덕분에 석탄에서 천연가스로 전력생산 원천을 대규모로 바꿀 수 있었다. 그 결과로 10년간에 걸쳐 영국의 온실가스 배출량이 연평균 1%씩 줄어들었다. 프랑스는 1977년부터 2003년까지 핵발전으로 전력생산 원천을 급속히 바꾸어 연간 0.6%까지 온실가스 배출량을 줄임으로써 연간 1% 감축에 가까운 실적을 올린 바 있다. 주요 국가들 가운데 온실가스 배출량이 가장 크게 줄어든 경우는 1989년부터 1998년까지의 옛 소련이다. 당시의 옛 소련에서는 온실가스 배출량이 연평균 5.2%나 감축됐다. 하지만 이러한 옛 소련의 실적은 사회체제의 붕괴와 급격한 경제위축에 따른 것이었다. 이 모든 것이 연간 1%가 넘는 속도로 온실가스 배출을 줄이면 자본주의 경제의 토대가 되는 견실한 경제성장을 유지하기가 사실상 불가능함을 보여준다. 그렇다면 이윤과 생산의 물레방아가 계속 돌아가게 하기 위해서는 세계가 환경의 아마겟돈을 감수할 필요가 있다는 이야기가 된다.[10]

축적과 지구

위에서 이야기한 것들 가운데 놀라운 것은 없다. 폴 스위지(Paul Sweezy)가 〈자본주의와 환경(Capitalism and the Environment)〉이라는 제목의 글에 쓴 대로 자본주의는 태생부터 "자신의 이익만을 추구하는 개인과 소집단들의 농축된 에너지에 의해 추동되고, 그들의 상호경쟁에 의해서만 견제되며, 단기적으로는 비인격적인 시장의 힘에 의해 통제되고 장기적으로는 시장이 실패할 때의 파괴적인 위기에 의해 통제되는 폭주기관차"다. 이런 자본주의 체제는 계급구조에 바탕을 둔 이윤창출과 축적을 위한 끊임없는 경제적 팽창을 추구하는 것을 내적 논리로 갖고 있다. 자연과 인간의 노동은 이런 폭주기관차에 연료를 대기 위해 최대한으로 착취된다. 그리고 그로 인해 자연이나 인간의 노동에 부과되는 파괴적 비용은 체제에 영향을 미치지 않도록 외부화된다.

스위지는 이렇게 설명한다. "강력한 창조의 추동력과 파괴의 추동력은 서로 맞물린 상태로 이 체제의 개념 그 자체에 내장돼 있다. 긍정적인 측면을 보면, 창조의 추동력은 인류가 스스로 이용하기 위해 자연에서 얻어낼 수 있는 것과 관련된다. 부정적인 측면을 보면, 자연에 부과되는 수요에 부응할 수 있는 자연의 능력에 파괴의 추동력이 아주 큰 부담을 지운다. 물론 언젠가는 이 두 가지 추동력이 서로 모순되어 양립하는 게 불가능하게 된다." 자본주의가 자연을 자원 조달처와 쓰레기 배출처로 과도하게 이용하는 것이 결국은 자원 조달처로서의 자연과 쓰레기 배출처로서의 자연 둘 다를 훼손하는 부정적인 결과를 낳으며, 그 부정적인 결과는 처음에는 단지 지역 차원에서 나타나지만 나중에는 기후 자체에 영향을 미침으로써 세계와 지구 전체의 토대를 해치게 된다. 환경위기를 진지하게 다루기 위해서는 "최근 몇 세기의 근원적인 추세를 단지 늦추는 데 머물러서는 안 되고 그것을 역전시키는 것"이 필요하다. 하지만 경제체제의 변화 없이는

이것이 달성될 수 없다.[11]

이제는 기성질서에 속하는 사람들도 기후변화를 점점 더 많이 걱정하게 되고 기성질서 안에서 기후변화를 막으려는 시도가 점점 더 많이 제도화됨에 따라 일각에서는 '환경주의의 죽음'을 거론하기에 이르렀다.[12] 그리고 일부 환경주의자들은 그러한 방식으로 지구를 구할 수 있다는 헛된 희망을 품고 자본주의에 바탕을 둔 전략 쪽으로 옮겨갔다. 그러나 그 반대방향으로 움직인 사람들도 있다. 그들은 자본주의를 본래부터 생태를 파괴하는 것으로서 비판하는 쪽으로 움직였다. 가장 적절한 예는 제임스 구스타브 스페스(James Gustave Speth)다. 스페스는 환경운동 진영 안에서 "최고의 정보통"으로 불려왔다. 그는 미국의 지미 카터 대통령 밑에서 환경위원회 의장을 맡았고, 세계자원연구소(World Resources Institute)를 설립했으며, 자연자원수호위원회(Natural Resources Defense Council)의 설립에 공동설립자의 한 사람으로 참여했다. 그는 또한 빌 클린턴의 대통령직 인수팀에서 선임자문위원으로 일했고, 1993년부터 1999년까지 유엔개발계획(UNDP)의 사무총장을 지냈으며, 지금은 명문 대학원인 예일대학 산림환경전문대학원의 원장으로 재직하고 있다. 그는 일본의 '블루 플래닛 상(Blue Planet Prize)' 수상자이기도 하다.

그는 최근에 펴낸 저서 《세계의 가장자리에 다리 놓기: 자본주의, 환경, 그리고 위기에서 지속가능성으로 가로지르기(Bridge at the Edge of the World: Capitalism, the Environment, and Crossing from Crisis to Sustainability)》(2008)를 통해 자본주의의 환경파괴에 대한 통렬한 비판자로 등장했다. 급진적인 쪽으로 생각을 진전시킨 그는 어떤 비용을 초래하더라도 성장과 축적을 추구하는 현 경제체제가 낳는 극한적인 위험에 맞서기로 결심했다. 그는 "오늘날 우리가 알고 있는 자본주의는 환경을 유지시킬 수 없다"고 썼다. 환경의 관점에서 가장 중요한 문제는 자본주의를 추동하는 요소인 급격한 경제성장이라는 것이 그의 확신이다. 이런 관점에서 보면 이른바 '탈물질화'(이는 성장의 과정에서 환경에 대한 성장의 파괴적인 영향이 줄어든다는 뜻을 담고 있는 개념이다)가 제공할 수 있는 희망이란 거의 없다. 생산의 증가가 물질과 에너지 이용의 효율성 증가를 전부 압도해버릴 것이기 때문이다. 그러므로 "지금 당장 … 성장은 환경의 적이다. 경제와 환경은 상충한다"는 결론을 내릴 수밖에 없다. 바로 여기서 자본주의를 문제 삼지 않을 수 없게 되는 것이다. "경제성장은 현대 자본주의의 주된 산물이자 가장 높은 평가를 받는 산물"이기 때문이다. 스페스는 새뮤얼 보울스(Samuel Bowles)와 리처드 에드워즈(Richard Edwards)의 저서 《자본주의 이해하기(Understanding Capitalism)》를 호의적으로 인용한다. 이 책은 이렇게 단언한다. "자본주의는 축적을 향한 추동력, 변화로 나아가는 성질, 팽창하려는 내재적 성향을 갖고 있다는 점에서 다른 경제체제와 구별된다."

그러므로 스페스에게 으뜸가는 환경문제는 현대경제의 '운영체제'로서의 자본주의다. "오늘날의 기업은 '외부화 기제'로 불려왔다"는 점을 그는 지적한다. 그리고 그는 "자본주의에는 미래보다는 현재, 공적인 것보다는 사적인 것을 선호하는 근본적인 편향이 존재한다"고 말한다. 그는 이 체제의 옹호자인 로버트 새뮤얼슨과 윌리엄 노드하우스가 쓴 《거시경제학(Macroeconomics)》이라는 교재의 17판(2001)에 나오는 표현을 인용해 자본주의란 "가차 없는 이윤추구"에 몰두하는 본질적으로 "무자비한 경제"라고 지적한다.

이런 비판에 이어 스페스는 자신이 쓴 책에서 다음과 같은 결론을 내린다. 첫째, "여기서 현대 자본주의라고 언급된 오늘날의 정치경제 체제는 부차적인 방식이 아니라 지구를 크게 위협하는 방식으로 환경에 파괴적인 해를 끼친다." 둘째, "케인스의 표현을 빌리면 '경제문제는 이미 해결됐고 부가 모두에게 고루 돌아갈 수 있을 정도'의 지점에 풍요사회가 도달했거나 곧 도달할 것이다." 셋째, "더욱 풍요한 사회에서는 현대 자본주의가 더 이상 인간의 복지를 향상시키지 못한다." 넷째, "'지구적 반자본주의의 억누를 수 없는 부상'이라고 자칭하는 '변화를 위한 국제적 사회운동'이 많은 사람들이 생각하는 것보다 더 강력하게 성장할 것이다. 평화, 사회정의, 지역공동체, 생태주의, 페미니즘 등을 내세우는 세력들이 모두 합쳐지는 '운동들의 운동'이 전개되고 있다." 다섯째, "사람과 단체들이 갖가지 대안적 장치를 통해 열심히 변화의 씨앗을 뿌리고 있다. 나아가 새로운 운영체제로 업그레이드하려는 또 다른 매력적인 방향의 운동들이 존재함이 확인되고 있다." 여섯째, "냉전의 종식이 오늘날의 자본주의에 대한 의문제기로 나아가는 문을 열었다."

사실 스페스가 사회주의를 받아들이는 것은 아니다. 그는 냉전시대적인 태도로 사회주의를 그것이 가장 퇴행적인 형태였던 옛 소련과 같은 사회와 연결시킨다. 그는 자본주의에 대해 '비사회주의적'인 대안을 명시적으로 주장한다. 그러한 대안의 체제는 시장(전통적인 자본주의의 자율적인 시장이 아닌 시장)을 활용할 것이고, '글로벌 시나리오 그룹(Global Scenario Group)'이 그려 보인 '새로운 지속가능성의 세계(New Sustainability World)'나 '사회적 녹색 세계(Social Greens World)' (이것은 '생태공동체주의(Eco-Communalism)의 세계'로도 불린다)를 촉진할 것이라고 그는 생각한다. 이 가운데 사회적 녹색 세계의 시나리오는 마르크스와 러스킨으로부터 영감을 받은 윌리엄 모리스(William Morris)와 같은 급진적인 사상가와 관계가 있는 것으로 보인다. 이런 의미에서 스페스의 주장은 사회적 정의와 생태적 지속가능성이라는 핵심적 가치를 목표로 삼는 21세기 사회주의 운동의 주장과 그리 많이 다르지 않다. 그 목표는 우리의 후세들이 기본적인 필요를 충족시키면서 창의적인 능력도 충분히 발휘할 수 있는 미래를 창출하는 것이다. 이런 목표는 연합된 생산자들에 의해 자연과 인간사회 간 물질대사가 합리적으로 재편돼야만 실현될 수 있다.[13]

자연과 사회 간 물질대사의 합리적 재편은 단지 기후변화만이 아니라 그것을 비롯한 모든 환경문제를 겨냥한 것이어야 한다. 환경문제 가운데 일부가 이 책에서 다뤄진다. 석유생산 정점의 지정학(존 벨러미 포스터), 대안의 액체연료로 간주되는 바이오연료의 생산과 그 결과(프레드 매그도프), 기후변화의 경제학(민치 리), 바다의 위기(브레트 클라크와 레베카 클로센), 대형 댐 문제(로한 드수자), 세계의 물위기(모드 발로) 등이 그것이다(생태와 생산양식 이행(존 벨러미 포스터), 물질대사 균열의 문제(브레트 클라크와 리처드 요크), 액화천연가스(애너 잘 리크), 농업과 생태위기(제이슨 무어)도 이 책에서 다뤄진다—옮긴이). 하지만 아주 중요한 생태적 위기 가운데 여기서 다뤄지지 않은 것들도 있다. 생물종의 소멸(보다 일반적인 표현으로는 생물종 다양성의 상실), 삼림파괴, 사막화, 토질 악화, 산성비, 생물의 몸체조직 안에 축적되는 유독성 물질을 포함한 유독성 폐 기물의 확산, 시장에 의해 규율되는 생명공학, 도시의 과밀, 인구증가, 동물의 권 리 등이 그것이다.

어떤 쟁점도 그것 하나만으로는 우리가 '환경문제'라고 부르는 것의 깊이와 넓이를 다 포착하지 못한다. 우리가 말하는 환경문제는 위와 같은 우리 사회의 생태적 모순들 전체는 물론이고 그 이상의 것도 포괄한다. 오늘날의 생태와 관련 해 우리가 '결정적인 순간'에 직면해 있다면 그것은 자연과 인간의 재생산에 대 한 자본주의의 온갖 영향과 관계가 있다. 온갖 환경문제 가운데 다른 것들은 다 놔두고 오직 하나(예를 들어 기후변화 문제)만을 해결하려는 식의 시도는 예외 없이 실패할 것이다. 각종의 생태위기들은 다양한 방식으로 서로 구별되지만 대 개는 공통의 원인을 갖고 있기 때문이다.

인간이 하는 생산을 사회적인 것으로만이 아니라 자연에 대한 물질대사 관계 에 뿌리를 두고 있는 것으로도 보는 통합적인 비전만이 이제는 지구만큼이나 넓 어진 생태적 균열에 맞서는 데 필요한 토대를 제공해줄 것으로 우리는 생각한다. 이런 통합적인 비전이 이 책에 실린 글들에 들어 있다.

왜 아니겠는가?

위대한 창의적 예술가 중 한 사람이고, 혁명적 사회주의 지식인이며, 19세기 후반의 환경사상가인 윌리엄 모리스는 1884년에 사회주의 저널인 〈코먼웰(Commonweal)〉을 통해 '왜 아니겠는가?(Why Not?)'라는 제목의 글을 발표했다. 그는 그 시대의 많은 사회주의자들을 포함해 자본주의의 해악에 대항하는 사람들 대부분이 환경적으로나 인간적으로 가장 파괴적인 '자본주의의 가장 나쁜 측면'에서 크게 벗어나지 않는 형태로 미래를 그리는 경향이 있다는 사실에 특히 관심을 두었다. 모리스는 다음과 같이 썼다.

현재의 자본주의 체제 아래서는 이제 이 끔찍한 벽돌건물의 증가를 중단시킬 무언가를 찾기 어렵다. 농촌과 작은 마을에서는 인구가 줄어드는 반면에 상업과 제조업의 거대한 중심지에서는 인구가 늘어나는 추세가 확실하다. 그러나 우리가 토지의 독점, 개인의 이윤을 위한 제조업, 그리고 경쟁적인 유통의 어리석은 낭비를 제거한다면 이런 소름끼치는 악은 더 이상 필요악이 아닐 것이다.

대부분의 사람들이 억압받는 삶을 살게 하는 '공포와 힘든 노동'을 넘어 사회적 삶의 다른 목적들을 인식할 필요가 있다고 모리스는 주장했다. 특히 '삶의 즐거움'을 인식할 필요가 있고, "사회주의자들은 삶의 즐거움을 꿈꿔야 한다"고 그는 말했다. 아울러 그는 다음과 같이 물었다.

왜 영국의 3분의 1이 매연 때문에 질식당하고 더렵혀져서, 예를 들어 요크셔의 대다수 지역에서 양이 원래 검은 것이라고 사람들이 생각할 정도여야 하는가? 그리고 왜 요크셔와 랭커셔의 강에는 온통 오물과 염료뿐인가?

이윤은 이렇게 말할 것이다. 품위 있는 삶을 해치는 그런 범죄를 막기가 쉽지 않은 것처럼 이야기할 사람은 이제 아무도 없겠지만, '노동을 조직하는 사람들'(사실 이 말은 '오물을 조직하는 사람들'이라고 표현하는 것이 더 나을 것이다)은 그런 범죄를 막는 것이 이롭지 않을 것임을 알고 있다고. 그리고 그들은 자신의 교외 대저택에서 살거나, 산에 있는 작은 농장의 주인으로서 사냥을 즐기거나 지중해에서 요트를 타며 연중 대부분의 나날을 안전하게 지낸다. 그래서 오히려 그들은 자신의 상상력을 자극해주는 무언가 기분풀이를 위해 매연이 자욱한 마을을 내려다보기를 좋아한다. 이제 우리는 신학적이어서는 안 된다는 태도로.

모리스는 그 모든 것을 거부하며 이렇게 물었다. "모두가 공통의 어머니인 지구의 일부가 되는 삶의 방식, 즉 더 품위 있고, 더 아름답고, 더 만족스럽고, 더 건강하고, 덜 지옥 같은 생활방식을 창조하는 것이 불가능한가?" 이윤만 좇는 탐욕스런 세계는 결국 종말에 이르지 않을까? 왜 아니겠는가?[14]

(오수길 옮김)

자본주의에서 사회주의로의 이행과 생태

존 벨러미 포스터

자본주의에서 사회주의로의 이행은 사회주의의 이론과 실천에서 가장 어려운 문제다. 그러므로 여기에 생태문제를 덧붙이는 것이 이미 다루기 힘든 쟁점을 쓸데없이 더 복잡하게만 만드는 것으로 보일지도 모른다. 하지만 여기서 나는 인간이 자연과 어떻게 관계를 맺는가가 사회주의로의 이행에서 핵심에 해당하는 문제라고 주장할 것이다. 자본주의의 한계, 초기 사회주의 실험의 실패, 평등하고 지속가능한 인간개발을 위한 전반적인 투쟁 등을 우리가 이해하는 데서 생태적 관점은 중요하다.

나의 주장은 세 부분으로 구성된다. 첫째, 고전적 마르크스주의와 생태적 분석 사이에 긴밀한 관계가 있음을 이해하는 것이 중요하다. 생태주의는 우리가 흔히 그렇다고 생각하게 된 것처럼 사회주의에서 변칙적인 것이 결코 아니며, 처음부터 사회주의 프로젝트의 필수적인 구성요소였다. 나중에 소련식 사회들이 보여준 무수한 결함에도 불구하고 그렇다. 둘째, 현재 우리가 직면하고 있는 지구적 생태위기는 '세계소외'를 초래하는 자본축적 논리에 깊은 뿌리를 두고 있다. 그러한 자본축적 논리의 유래는 하나의 체제로서의 자본주의를 낳은 그 역사적 기원으로까지 거슬러 올라가 찾을 수 있다. 셋째, 자본주의에서 사회주의로의 이행은 자본주의 세계체제의 주변부에 있는 사회들이 주도해온 지속가능한 인간개발을 위한 투쟁의 과정이다.

고전적 마르크스주의와 생태

지난 20년간의 연구를 통해 고전적 마르크스주의가 강력한 생태적 관점을 갖고 있었다는 사실이 입증됐다. 마르크스의 관점에서는 지구와 인간의 관계가 변하는 것이 봉건주의에서 자본주의로 이행하기 위한 필수적 전제조건이었던 것과 마찬가지로 자연과의 물질대사 관계에 대한 합리적 조절이 자본주의에서 사회주의로 이행하기 위한 필수적인 전제조건이었다.[1] 마르크스와 엥겔스는 자본주의와 계급사회 일반에서 생기는 생태문제에 대해, 그리고 사회주의 아래서 이런 문제를 뛰어넘어야 할 필요성에 대해 폭넓게 글을 썼다. 그들이 남긴 글에는 19세기의 토양위기에 대한 논의가 포함돼 있다. 마르크스는 이런 논의를 통해 자연과 사회 사이의 물질대사 균열에 대한 자신의 이론을 개발했다. 그는 독일의 화학자인 유스투스 폰 리비히(Justus von Liebig)의 저작에 대한 분석을 토대로 토양의 영양분(질소, 인, 칼륨)이 토양에서 제거되어 먼 거리에 있는 도시로 옮겨지고 그런 과정이 결국은 물과 대기를 오염시키고 노동자들의 건강을 악화시킨다는 점을 지적했다. 그가 보기에 이렇게 자연과 사회 사이의 필수적인 물질대사 순환이 파괴된다는 것은 '후속 세대들'을 위한 생태적 지속가능성의 '회복'을 요구하는 것이었다.[2]

이와 관련해 마르크스와 엥겔스는 인간사회의 주요 생태문제들을 거론했다. 그것은 도시와 농촌의 구분, 토양의 소모, 산업적 오염, 도시의 난개발, 노동자들의 건강 악화와 산재, 영양실조, 독성물질, 공유지의 사유지화, 농어촌의 빈곤과 고립화, 산림파괴, 인간에 의해 야기되는 홍수, 사막화, 물 부족, 지역적 기후변화, 석탄을 비롯한 자연자원의 고갈, 에너지의 보존, 엔트로피, 산업폐기물을 재활용해야 할 필요성, 생물종과 환경 사이의 상호연계성, 역사적인 배경을 가진 과잉인구, 기근의 원인, 과학과 기술의 합리적 채용 등과 관련된 문제들이었다.

이러한 생태적 이해는 마르크스의 근본적인 비전에서 가장 중요한 부분을 차지하는 심층 유물론적 자연 개념을 통해 이루어졌다. "인간은 자연으로부터 생명을 얻어 살아간다. 즉 자연은 인간의 몸이다. 그리고 인간이 죽지 않으려면 자연과의 지속적인 대화를 유지해야 한다. 인간의 육체적, 정신적 삶이 자연에 연결돼있다고 말하는 것은 자연이 그 자신과 연결돼있다는 것을 의미할 뿐이다. 왜냐하면 인간은 자연의 일부이기 때문이다."[3] 마르크스는 자본주의에 반대하는 입장에서 지구는 어떤 개인의 소유도, 어떤 민족이나 국민의 소유도 아니라고 선언했을 뿐 아니라 지구는 후속 세대들의 것이고, 가정을 잘 관리해 나가는 것과 같은 원칙에 따라 지구를 돌보아야 한다고 주장했다.[4]

다른 초기의 마르크스주의자들도 항상 일관된 것은 아니었지만 자신들의 분석에 생태적 관심을 반영하고 일반적인 유물론적, 변증법적 자연 개념을 구체화하는 데서 마르크스의 선례를 따랐다. 윌리엄 모리스, 아우구스트 베벨, 칼 카우츠키, 로자 룩셈부르크, 니콜라이 부하린은 모두 마르크스로부터 생태적 통찰력을 얻었다. 일찌감치 생태경제학을 발전시키려고 한 우크라이나의 사회주의자 세르게이 포돌린스키의 시도는 마르크스와 엥겔스의 저작으로부터 자극을 받은 결과였다. 레닌은 토양의 영양분을 재활용하는 것이 중요하다고 강조했고, 군집생태학 분야의 선구적인 실험(특정 자연환경 내 개체군들 사이의 상호작용에 관한 연구)과 자연보존을 지지했다. 이런 노력은 1920년대와 1930년대 초반에 걸쳐 소련에서 그 시대의 세계에서는 아마도 가장 선진적이었을 생태적 에너지학(ecological energetics) 또는 영양역학(trophic dynamics, 현대 생태계 분석의 기초)의 발달로 이어졌다. 그와 같은 혁명적이고 과학적인 분위기는 베르나드스키의 생물권(biosphere) 이론, 오파린의 생명기원 이론, 바빌로프의 유전요소의 세계적 중추(세계 농작물의 유전적 기원) 이론을 낳았다. 서구, 그 가운데서도 특히 영국에서는 1930년대에 존 홀데인, 존 버널, 하이먼 레비, 랜슬럿 호그벤, 조지프 니덤과 같이 마르크스주의의 영향을 받은 선도적인 과학자들이 자연의 변증법에 대한 탐구를 이끌었다. 생태학은 거의 전적으로 좌파 사상가(사회주의자, 사회민주주의자, 무정부주의자)들의 연구작업에서 그 기원을 찾을 수 있다고 해도 무방하다.[5]

사회주의 전통의 발전과정이나 그 주요 인물들이 모두 다 생태적이었다고 말할 수 없는 것은 분명하다. 소련의 마르크스주의는 20세기 초의 근대성 일반이 갖고 있었던 특징인 극단적인 형태의 생산주의에 의해 압도되면서 나름대로의 생태계 파괴를 낳았다. 소련에서 전개된 생태주의의 선도적인 발달은 스탈린주의 체제의 등장과 함께 대체로 무너졌다(부하린과 바빌로프 같은 초기의 일부 생태지향적 마르크스주의자들은 살해당했다). 이와 동시에 실증주의가 극단적으로 거부되고 자연과학에 대한 반감이 깊어짐으로써 서구의 마르크스주의에서 자연의 변증법을 이론화하는 시도가 포기됐고, 이에 따라 서구의 마르크스주의와 생태학 사이의 연계가 심각하게 약화됐다. 오직 프랑크푸르트학파만이 과학에 대한 비판의 일부로 자연지배에 대해 문제제기를 했을 뿐이다. 사회주의와 생태학이 변증법적으로 서로 연결된 것이라는 점이 오늘날 재인식되고 있다면 그것은 자본주의의 생태적 모순이 더욱 진전되고 사회주의의 자기비판이 발전한 덕분일 것이다.

자본주의의 세계소외

자본주의와 환경의 관계를 이해하는 데 핵심이 되는 것은 자본주의의 역사적 기원, 즉 봉건주의에서 자본주의로의 이행을 조사하는 것이다. 이 이행은 엄청나게 복잡한 과정이었고, 몇 세기에 걸쳐 일어났다. 여기에서 그 과정을 충분히 다 소개할 수는 없다. 나는 몇 가지 요소에만 초점을 맞춰볼 생각이다. 부르주아는 봉건제 경제의 틈새에서 생겨났다. 그 이름이 암시하는 바와 같이 하나의 계급으로서의 부르주아지는 도심과 상업에서 주로 출현했다. 하지만 부르주아 사회가 하나의 체제로 완전히 등장하기 위해서는 봉건적 생산양식의 혁명적 변혁이 필요했고, 봉건적 생산관계가 자본주의적 생산관계로 대체되는 것이 필요했다. 봉건주의는 압도적으로 농업체제였으므로 그것은 당연히 농업관계의 변혁, 즉 생산수단으로서의 토지에 대해 노동자가 갖는 관계의 변혁을 의미하는 것이었다.

그러므로 자본주의가 발전하려면 자연과의 새로운 관계가 필요했다. 그것은 공유자산과 관련된 모든 재래의 권리를 해소하는 것과 더불어 생산수단으로서의 지구에 대한 노동의 직접적인 관계를 끊어내는 관계여야 했다. 산업혁명의 발상지는 영국이다. 영국에서는 15세기에서 18세기까지 인클로저라는 몰수의 방식으로 노동자들을 토지에서 몰아냈다. 식민주의와 제국주의 아래에서는 자본주의 세계경제의 변두리나 그 외부에서 훨씬 더 잔혹한 변혁이 일어났다. 그런 곳에서는 마르크스가 "원주민의 절멸과 노예화, 그리고 광산에의 매몰"이라고 표현한 과정을 통해 인류역사상 가장 폭력적인 몰수의 방식으로 자연에 대한 인간의 기존 생산적 관계가 모두 파괴됐다.[6]

그 결과로 노동자 대중이 일터에서 내쫓겨 도시로 이동했고, 이에 따라 체제의 중심 내부에서 프롤레타리아가 생겨났다. 그들은 거기서 조직화된 약탈을 통해 축적을 이루고 있었던 자본과 만났고, 이 만남이 바로 마르크스가 말한 '근대

산업'을 탄생시켰다. 이와 동시에 다양한 형태의 노역과 지금 우리가 '불안정한 일자리'라고 부르는 것이 주변부에 부과됐다. 주변부에서는 언제나 사회적 재생산이 탐욕스러운 제국주의의 착취에 대해 종속적인 위치에 머물렀다. 주변부에서 강제적으로 추출된 잉여는 세계경제 중심부의 산업화를 뒷받침했다.[7]

이 새로운 체제를 작동하게 만든 것은 순환을 거듭하며 끊임없이 축적되는 자본이었다. 순환의 끝 지점이 새로운 축적국면의 출발점이 되는 식이었다. 이는 인간과 자연 사이의 물질대사가 세계적으로 더욱 파괴적인 성격을 띠게 되면서 인류가 더욱 분열되고 더욱 소외되게 됐다는 것을 의미한다. 조지프 니덤이 말한 대로 자본주의 아래에서 자연정복은 인간정복으로 전화되고, 자연지배에 활용되는 기술적 수단들이 사회지배의 메커니즘에 질적인 변환을 가져온다.[8]

이러한 지배와 파괴의 변증법이 현재 지구적 차원에서 통제할 수 없는 수준으로 관철되고 있다. 경제적으로는 각 자본주의 국가 안에서 계급불평등이 심화됨과 더불어 세계체제의 중심부 국가들과 주변부 국가들 사이의 전반적인 불평등도 증가하고 있다. 생태적으로는 가속화되는 지구온난화 과정에 의해 세계의 기후와 지구 전체의 생명지지 체계가 변혁되고 있다.[9]

이러한 지구적 환경문제를 다룰 때에는 한나 아렌트가 50년 전에 《인간의 조건(The Human Condition)》에서 소개한 '세계소외(world alienation)'라는 개념이 유용하다. 아렌트가 보기에 '세계소외'는 콜럼버스, 갈릴레이, 루터의 시대에 전개된 '지구로부터의 소외'에서 시작됐다. 갈릴레이는 망원경으로 하늘을 관찰해서 인류를 우주의 창조물로 바꿔놓았고, 이로써 인류는 더 이상 지구상의 존재만이 아니게 됐다. 과학은 세계를 움직일 수 있는 '아르키메데스의 지렛목(Archimedean point)'을 얻기 위해 우주의 원리를 파고들었지만, 그 결과로 인간이 세계소외를 감수해야 하는 대가를 치렀다. 인간은 더 이상 자신의 오감을 통해 직접 얻은 증거를 통해서는 곧바로 세계를 이해할 수 없게 된 것이다. 고대 그리스의 도시국가에서 찾아볼 수 있는 인간과 세계의 관계가 갖고 있었던 원래의 통일성은 상실됐다.

아렌트는 목재 소비자의 나무와 목재 판매자의 나무를 포함한 모든 자연의 사물이 사유재산과 보편적인 상품의 형태로 전환되면서 세계가 '탈자연화'되고 있다고 지적하면서 마르크스가 초기 저작에서부터 이러한 세계소외에 대한 날카로운 인식을 보여주었다고 말했다. 마르크스가 묘사한 본원적 또는 원시적 축적, 즉 토지로부터의 인간소외는 세계소외의 결정적인 표현이었다. 하지만 아렌트의 관점에서 보면 마르크스는 세계소외보다는 노동에 뿌리를 둔 인간의 자기소외를 강조하고자 했다. 반면에 아렌트는 "마르크스가 생각한 자기소외가 아닌 세계소외가 현 시대의 특징"이라는 결론을 내렸다.

더 나아가 아렌트는 "우리가 알고 있는 부의 축적과정은 세계소외의 확대에 의존한다"고 주장했다. 그러한 부의 축적과정은 "세계, 그리고 바로 그 세계 속의 인간 자체가 희생돼야만 가능하다"는 것이다. 현 시대에는 그러한 부의 축적과정이 "지구상의 모든 유기적 생명체를 파괴할 수 있고, 아마도 언젠가는 지구 자체도 파괴할 수 있을 만큼 인간의 파괴력을 엄청나게 증대시키고 있다"고 아렌트는 지적했다. 또한 그녀는 이렇게 설명했다. "현대의 조건 아래서는 파괴가 아닌 보존이 오히려 파멸을 예고한다. 보존된 사물의 지속성 자체가 자본순환 과정에 가장 큰 장애가 되기 때문이다. 어디에 뿌리를 내리든 간에 속도의 부단한 증가만이 유일하게 남은 불변성이다."[10]

아렌트는 자신이 제기한 절박한 문제에 대한 최종적인 해답을 갖고 있지 못했다. 그녀는 부의 축적에 뿌리를 둔 파괴의 체제에 세계소외를 연결시켰지만, 자본주의 그 자체보다는 과학, 기술, 현대성의 발전을 세계소외와 동일시하고 말았다. 그녀가 보기에 세계소외란 호모 파베르(homo faber, 도구를 사용하는 인간)와 아니말 라보란스(animal laborans, 노동을 하는 동물)의 승리였다. 아렌트의 이런 비극적인 개념은 그녀의 독자들에게 마르크스의 저작에서 제시된 바와 같이 보다 높은 수준으로 인간과 자연 간 물질대사를 회복하는 것을 토대로 새로운 사회를 지향하도록 요구하기보다 인류가 잃어버린 고대 그리스 도시국가의 통일성을 회고하도록 요구한다. 결국 아렌트에게 세계소외는 지구 전체의 수준으로 끌어올려진 그리스 비극이었다.

오늘날 이러한 세계소외가 도처에서 구체적으로 나타나고 있다는 것은 의심할 바 없이 명백한 사실이다. 가장 최신의 과학적 자료를 보면 정부간기후변화위원회(IPCC; Intergovernmental Panel on Climate Change)가 1990년대 후반에 제시한 시나리오들 가운데 화석연료 집약도가 가장 높은 시나리오보다 경제성장이 더 빠른 속도로 이루어지고 있고, 이에 따라 2000년대에 들어 전 세계에 걸쳐 화석연료로부터의 온실가스 배출이 급속히 증가하고 있다. 게다가 10년 단위로 비교해보면 그동안 대기 중 이산화탄소(CO_2)의 평균농도가 점점 더 빠른 속도로 상승해왔음을 알 수 있다. 온실가스 배출은 중국과 같은 소수의 신흥산업화 국가들에서 가장 빠르게 증가해왔다고 하지만, 사실 현재 "세계의 어느 지역에서도 에너지 공급이 탈탄소화하고 있다고 볼 수 없다"는 지적도 있다. 지구상의 모든 생태계가 위축되고 있고, 물 부족이 심해지고 있으며, 에너지 자원은 전쟁을 통해 그 어느 때보다도 세계적인 독점화의 대상이 되고 있다.

이에 따라 "인간으로 인한 지구온난화의 흔적"이 "지표의 온도, 습도, 해양의 수증기, 기압, 강수량, 들불, 동식물 종의 변화, 지표의 물 흐름, 상층 대기권의 온도, 세계 대양의 열 함량 등 지구환경의 10가지 측면에서" 발견되고 있다고 한다. 세계가 경로를 과감하게 바꾸지 않는 한 현재 세계에 부과되고 있는 비용이 문명과 생명 그 자체를 엄청나게 퇴화시킬 것이다. 다시 말해 결국은 한계에 부닥치게 될 파괴의 경제, 파괴의 생태가 지금 진행되고 있다는 것이다.[11]

사회주의와 지속가능한 인간개발

우리는 이러한 도전, 그동안 인간문명이 마주친 도전 가운데 가장 강력한 이러한 도전에 어떻게 맞서야 할까? 세계소외에 대한 아렌트의 비극적 이해를 넘어서서 생태문제에 대한 진정한 해답을 얻으려면 인간의 자기소외(노동의 소외)와 세계소외(자연의 소외) 둘 다에 대응할 수 있는 지속가능한 인간개발이라는 혁명적 개념이 요구된다. 인간개발을 강조한 인물로는 에르네스토 체 게바라가 가장 널리 알려져 있다. 그는 〈쿠바에서의 인간과 사회주의〉라는 글을 통해 사회주의 건설에서 가장 중요한 문제는 경제개발이 아니라 인간개발이라고 주장했다. 우리는 그의 이런 주장을 마르크스의 논의에 부합하는 방향으로 확장시킬 필요가 있다. 다시 말해 진정한 문제는 지속가능한 인간개발을 이루는 것이라는 점과 이를 위해서는 인간의 노동을 통한 인간과 자연 사이의 물질대사를 명시적으로 다루어야 한다는 점을 인식하는 것을 통해 그러한 확장이 이루어져야 한다.[12]

사회주의로의 이행은 그동안 인간의 필요와 사회적 관계의 발전이라는 관점에서보다는 단순히 생산수단의 확장이라는 관점에서 기계적으로 다루어지는 경우가 너무 많았다. 소련에 등장한 체제에서는 계획이라는 필수적인 도구가 생산을 위한 생산에 잘못 맞춰짐으로써 인간의 진정한 필요가 간과되고 결국은 새로운 계급구조가 생겨났다. 그 체제 아래서는 자본주의에 의해 도입된 세세한 노동분업이 유지됐을 뿐 아니라 더 높은 생산성을 위해 확대되기까지 했다. 체 게바라가 비판적으로 논평한 대로 그 체제와 같은 유형의 사회에서는 "사회주의 건설의 기간이 … 국가를 위해 개인을 소멸시킨다는 특징을 띠게 된다."[13]

오늘날 중남미 사회주의의 혁명적 특징이 보여주는 힘은 소련의 경험이 남긴 부정적인 교훈(약간의 긍정적인 교훈만이 아니라)을 분명하게 인식한 데서, 그리고 부분적으로는 체 게바라가 제기한 사회주의적 인간개발의 필요성을 이해한

데서 비롯된 것이다. 더욱이 차베스가 선포한 볼리바르 비전은 마르크스주의 이전의 사회주의에서 영감을 얻고 있다. 1847년에 시몬 볼리바르(19세기 초반에 활약한 중남미의 혁명적 독립운동가―옮긴이)의 스승인 시몬 로드리게스(Simón Rodriguez)는 이런 글을 썼다. "상품생산에서의 노동분업은 노동자들을 학대하는 데 기여할 뿐이다. 값싸고 우수한 손톱 깎는 가위를 생산하기 위해 노동자들을 기계로 전락시켜야 한다면 우리는 차라리 이빨로 손톱을 자르는 것이 나을 것이다." 아닌 게 아니라 볼리바르의 원칙 가운데 오늘날 우리가 가장 감탄하게 되는 것은 "평등은 법칙 중의 법칙"이라는 그의 비타협적인 주장이다.[14]

마르크스도 이와 똑같은 평등하고 보편적인 인간개발을 기본적으로 강조했다. 그가 보기에 연합된 생산자들의 사회가 펼쳐지는 것은 인간소외를 적극적으로 초월하는 것과 같은 뜻이었다. 그 목표는 다방면에 걸친 인간개발이었다. 모든 역사가 "인간성의 지속적인 변화에 불과"한 것처럼, 배양된 오감 역시 "모든 이전 역사의 작품"이라는 것이다. 이처럼 사회주의는 감각, 다시 말해 인간이 지닌 감각능력의 '완전한 해방'과 그 폭넓은 개발로 실현된다고 마르크스는 보았다. 그는 "완전히 발전된 자연주의로서의 공산주의는 인본주의와 같고, 완전히 발전된 인본주의는 자연주의와 같다"고 썼다.[15]

이러한 혁명적, 인본주의적, 자연주의적 비전과 오늘날의 세계를 지배하는 기계적, 착취적 현실은 더할 나위 없이 뚜렷하게 대조된다. 우리는 역사상 잠재적으로 가장 위험한 제국주의적 개발의 시대를 살아가고 있다.[16] 우리가 알고 있는 상태의 지구에서 생명이 파괴될 수 있는 방식에는 두 가지가 있다. 그것은 세계적인 핵전쟁이라는 참극을 통해 즉각적으로 생명이 파괴되는 것과 기후변화를 비롯한 환경파괴에 의해 몇 세대에 걸쳐 서서히 생명이 파괴되는 것이다. 강대국들에 의해 세계적으로 불안정한 상황이 조장되는 가운데 핵무기가 지속적으로 확산되고 있다. 화석연료와 각종 형태의 산업생산에서 비롯된 탄소배출이 지구온난화를 초래하고 있는 가운데 중동에서 석유에 대한 지정학적 통제권을 놓고 전쟁이 벌어지고 있다. 오늘날 임박한 세계적인 석유부족에 대응해 주요 대안으로 제시되고 있는 바이오연료는 세계적으로 기아를 확산시킬 뿐이다.[17] 수자원은 세계적인 기업들에 의해 독점되고 있다. 세계인구 가운데 다수의 경우에는 극단적인 궁핍의 형태로, 보다 부유한 나라 사람들의 경우에는 생각할 수 있는 자기소외 중 가장 철저한 자기소외(이런 자기소외는 생산에만 그치지 않고 관리되는 소비에까지 확장되고, 소외를 일으키는 임금노동에 대한 의존을 평생토록 강요한다)의 형태로 인간의 필요가 모든 곳에서 부정된다. 삶은 진정한 필요로부터 분리된 인위적인 필요로 뒤범벅되어 그 가치가 더욱더 저하된다.

이 모든 것이 우리로 하여금 자본주의에서 사회주의로의 이행에 대해 생각하는 방식을 바꾸게 하고 있다. 사회주의는 항상 자본주의의 착취관계를 뒤엎고 자본주의의 착취관계가 야기해온 다양한 사회적 해악을 제거하는 데 목표를 두는 사회로 이해돼왔다. 그러한 사회주의는 생산수단의 사유재산제를 폐지하고, 모든 면에서 높은 수준의 평등을 실현하고, 시장의 맹목적인 힘을 진정한 사회적 필요와 합치되는 연합된 생산자들의 계획으로 대체할 것을 요구한다. 그것은 또한 도시와 농촌의 구분, 정신노동과 육체노동의 구분, 인종의 구분, 젠더의 구분 등과 관련된 불공평한 차별의 제거를 요구한다. 하지만 사회주의에 근본적인 문제가 되는 것은 이보다 훨씬 더 깊은 곳에 존재한다. 사회주의로의 이행은 인간 자신의 혁명을 일으키는 혁명적인 실천을 통해서만 가능하다.[18] 이것을 달성하기 위한 유일한 방법은 우리의 인간적, 사회적 관계를 변화시키는 것과 함께 인간과 자연 사이의 물질대사를 변화시키는 것을 통해 자연의 소외와 인간의 소외를 모두 넘어서는 것이다. 헤겔과 마찬가지로 마르크스도 "인간과 관련된 것은 그 무엇도 나로부터 소외돼있지 않다"라는 테렌티우스의 유명한 말을 즐겨 인용했다. 이제 우리는 이 말을 다음과 같이 더욱 심화시키고 확장해야 할 것이다.

"이 지구와 관련된 것은 그 무엇도 나로부터 소외돼있지 않다."[19]

주류 환경주의자들은 거의 전적으로 세 가지 기계적인 전략을 통해 생태문제를 해결하고자 한다. 기술적 수단을 이용하는 것, 자연의 모든 측면으로 시장을 확장하는 것, 자연의 서식환경이 거의 전반적으로 착취되고 파괴되는 세계에서 섬과 같이 고립된 보존구역을 설정하는 것이 그것이다. 반면에 소수의 비판적인 인본적 생태주의자들은 우리의 근본적인 사회관계를 변화시켜야 할 필요성을 이해하게 됐다. 최고의 생태주의자들 가운데 일부, 즉 걱정을 하게 되어 구체적인 변화의 모델을 찾는 생태주의자들은 '시장의 힘보다는 사회적 계획에 상당한 정도로 더 의존한다는 의미에서 사회주의적인 동시에 생태주의적인 지향'을 가진 국가나 지역들에 초점을 맞추게 됐다. 이리하여 쿠바, 브라질의 쿠리티바와 포르투알레그레, 인도의 케랄라가《자연의 종말(The End of Nature)》의 저자로 잘 알려진 빌 맥키벤(Bill McKibben)과 같은 몇몇 가장 헌신적인 환경주의자들에 의해 생태적 변혁을 선도하는 곳으로 부각됐다.[20] 보다 최근에는 베네수엘라가 석유에서 생긴 잉여를 활용해 지속가능한 인간개발의 방향으로 사회를 변화시킴으로써 생산을 녹색화하기 위한 토대를 놓고 있다. 베네수엘라의 '석유사회주의'라는 것에 모순이 없지는 않지만 석유에서 생겨난 잉여가 이른바 '석유의 저주'로 연결되지 않고 진정한 사회적 변혁을 위해 사용된다는 사실이 베네수엘라를 독보적인 사례로 만들고 있다.[21]

물론 체제의 중심부 안에도 우리가 희망을 걸 만한 강력한 환경운동들이 존재한다. 하지만 그 환경운동들은 강력한 사회주의 운동이나 혁명적 상황과는 단절되고, 지배적인 축적체제에 적응해야 할 필요성에 대한 인식에 의해 상당한 제약을 받음으로써 오히려 생태적 투쟁의 토대를 현저하게 훼손해왔다. 그러므로 생태나 사회와 관련된 혁명적 전략과 운동들은 현재 대체로 자본주의 체제의 주변부나 약한 고리, 그리고 자본주의 체제로부터 분리된 곳 등에 존재하는 세계사적 세력들에게 존재한다.

나는 개발도상지역에서 나타나는 이러한 급진적인 동시에 생태적인 변혁 움직임의 몇몇 중요한 측면들을 가리켜 보일 수 있을 뿐이다. 쿠바에서는 체 게바라가 내세운 인간개발이라는 목표가 흔히 '쿠바의 녹색화'로 간주되는 것을 통해 새로운 형태로 추구되고 있다. 이런 움직임은 이 나라에서 지구상에서 가장 혁명적인 농업생태학 실험이 등장하고, 이 나라의 보건, 과학, 교육 분야에서 그것과 관련된 변화가 일어나는 데서 명백하게 드러난다. 맥키벤은 이렇게 말했다. "쿠바인들은 세계에서 가장 큰 규모로 작동하는 '어느 정도 지속가능한 농업모델'이라고 할 수 있는 것을 만들어냈다. 이것은 석유와 화학물질에 대한 의존도와 엄청난 양의 식량을 이리저리 수송하는 것에 대한 의존도가 세계의 다른 곳들에 비해 훨씬 낮은 농업이다. … 쿠바는 아바나 지역에만 200개가 넘고, 전국적으로는 수천 개에 이르는 오르가노포니코(organopónico, urban garden, 도시농장)를 갖고 있다." 세계야생기금(WWF; World Wildlife Fund)의 《살아있는 지구 보고서(Living Planet Report)》에 따르면 전 세계에서 쿠바만이 높은 수준의 인간개발을 달성했다. 쿠바는 1인당 생태발자국이 세계 평균보다 작은 동시에 인간개발지수가 0.8 이상이라는 것이다.[22]

이러한 생태적 변혁은 자주 이야기된 바와 달리 단순히 소련이 몰락한 직후의 '특별한 시기(Special Period)'에 쿠바가 어쩔 수 없이 취하게 된 대응책이라기보다는 쿠바혁명에 깊은 뿌리를 갖고 있는 것이다. 생태학자인 리처드 레빈스(Richard Levins)가 지적했듯이 이미 1970년대에 쿠바 생태학의 창시자 가운데 한 사람인 카를로스 라파엘 로드리게스(Carlos Rafael Rodriguez)는 '통합적 개발' 이론을 도입해 "사회와 자연 사이의 관계와 경제의 조화로운 발전을 위한 토대를 놓았다." 그 뒤 1980년대에 쿠바에서 생태사상이 점차 꽃을 피웠다. '특별한 시기'는 쿠바 안에서 전개된 과학과 사회의 발전을 통해 생겨난 '신념에 따른 생태주의자들'로 하여금 '필요에 따른 생태주의자들'을 끌어들이고 그들 가운데 다수를 '신념에 따른 생태주의자들'로 전환시킬 수 있도록 했다.[23]

차베스가 이끄는 베네수엘라는 볼리바르 집단과 지역평의회의 성장, 그리고 공장에 대한 노동자의 통제 확대와 더불어 혁명적인 새로운 사회관계를 증진시켰을 뿐만 아니라 이스트반 메자로스(István Mészáros)가 상품의 생산과 교환에서의 새로운 '사회주의적 시간회계'라고 부른 것과 관련해 몇 가지 중요한 이니셔티브를 도입했다. 새로이 출범한 '미주볼리바르대안(ALBA: Bolivarian Alternative for the Americas)'에서는 교환가치보다는 활동의 교환을 의미하는 공동체적 교환이 강조된다.[24] 시장으로 하여금 경제 전체의 우선순위 목표들을 설정하도록 하기보다는 가장 궁핍한 사람들과 대부분의 민중에게 자원과 역량을 재분배하기 위한 계획이 도입되고 있다. 여기서 특히 생리적인 필요와 관련된, 사회의 가장 절박한 개인적, 집단적 요구에 부응하도록 목표가 설정됨으로써 인간과 자연의 관계라는 문제가 직접적으로 제기된다. 이것이 바로 지속가능한 사회를 창출하기 위한 절대적인 전제조건이다. 농촌에서는 베네수엘라의 농업을 녹색화하기 위한 초보적인 시도가 이루어져왔다.[25]

볼리비아에서는 원주민들의 필요에 내장돼 있는 사회주의적 조류(현재 궁지에 몰려 있긴 하지만), 그리고 물과 탄화수소와 같은 기초적인 자원에 대한 통제가 다른 종류의 개발에 대한 희망을 제시한다. 브라질의 쿠리치바와 포르투알레그레 같은 도시들은 좀 더 급진적인 형태로 도시공간과 수송이 관리될 가능성을 보여주고 있다. 맥키벤에 따르면 쿠리치바는 "제3세계의 혼잡하고 급성장하는 도시들에 좋은 사례가 되는 만큼이나 불규칙하게 확장되면서 퇴락해가고 있는 제1세계의 도시들에도 좋은 사례가 된다." 인도의 케랄라 주는 만약 진정한 사회주의적 계획이 활력을 불러일으킨다면 가난한 국가나 지역이 교육, 보건, 기본적 환경여건에서 인간의 잠재력이 발휘되도록 하는 데 큰 진전을 이룰 수 있음을 우리에게 가르쳐주었다. 케랄라에서는 "좌파가 지구상에서 '지속가능한 발전'을 실제로 실현시킬 가능성이 가장 높은 일련의 '새로운 민주적 이니셔티브들'이 시작됐다"고 맥키벤은 말한다.[26]

주로 이런 사례들이 현재 '희망의 섬'인 것이 분명하다. 이런 사례들은 사회관계에서, 그리고 자연과 인간의 물질대사에서 변화를 일으키기 위한, 아직은 연약하지만 새로운 실험을 하고 있다. 하지만 그 사례들은 보다 큰 체제에 의해 위로부터 부과되는 계급과 제국주의 전쟁에 여전히 종속돼 있다. 전체로서의 지구는 자본과 그 '세계소외' 작용에 단단히 속박돼 있다. 도처에서 우리는 물질대사의 균열이 나타나고 있음을 본다. 그 균열이 이제는 생물권 수준으로까지 확장되고 있다.

따라서 현재 주변부에서 등장하고 있는, 정의롭고 지속가능한 사회를 위한 투쟁 속에서 사회관계를 변혁하려는 시도들이 선진 자본주의 세계에서 일어나는 생태혁명과 사회혁명을 위한 운동들에 어느 정도의 반향을 일으키지 않는 한 필요한 세계 생태혁명이 실제로 이루어질 전망은 거의 없다. 지구에 대한 압박이 주로 발생하고 있는 체제의 중심부에서 근본적인 변화가 있어야만 최종적인 생태적 파괴를 진정으로 피할 수 있는 가능성이 생기는 것이다.

어떤 사람들에게는 이것이 불가능한 목표로 보일지도 모른다. 그렇지만 이제는 혁명적인 변화의 정치경제학뿐만 아니라 혁명적인 변화의 생태학도 존재함을 인식하는 것이 중요하다. 우리 시대에 세계 주변부 내의 다양한 혁명적 틈새에서 지속가능한 인간개발의 시도가 등장하는 것은 세계소외와 인간의 자기소외에 대항하는 보편적인 봉기의 시작을 의미하는 것일 수 있다. 그러한 봉기가 일관성을 갖추려면 하나의 공통된 목표가 설정돼야 한다. 그 목표는 자연과의 물질대사 관계를 합리적으로 규율하는 연합된 생산자들의 사회를 창출하는 것이다. 그리고 이때 자연과의 물질대사 관계에 대한 규율은 연합된 생산자들 자신의 필요와 일

치할 뿐 아니라 미래 세대들과 생명 전체의 필요와도 합치되는 방향으로 이루어
져야 한다. 오늘날 사회주의로의 이행과 생태적 사회로의 이행은 동일한 것이다.

(오수길 옮김)

균열과 전환: 환경위기의 뿌리 찾기

브레트 클라크, 리처드 요크

인간은 인간을 떠받쳐주는 생태계의 기능에 의존하며, 인간의 행동은 바로 그 생태계에 영향을 미친다. 그 결과로 인간과 지구 사이에 필연적으로 '물질대사적 상호작용(metabolic interaction)'이 존재하게 되며, 이는 자연의 역사와 사회의 역사 둘 다에 영향을 미친다. 인간의 영향이 미증유의 규모로 지구환경을 바꾸어가게 되면서 자연의 상태가 점점 더 자본주의 시스템의 작동에 의해 규정되고 있다. 지구의 기후는 화석연료 연소와 산림파괴로 인해 급속도로 변화하고 있다. 또한 탄소의 축적, 비료의 유출, 어류의 남획에 의해 생물다양성과 그것이 제공해주던 자연서비스가 훼손되면서 인간의 영향으로부터 자유로운 바다를 이제는 지구상의 어디에서도 찾아볼 수 없게 됐다. 〈밀레니엄 생태계 평가(Millennium Ecosystem Assessment)〉라는 보고서는 세계의 생태계 가운데 3분의 2 이상이 과잉착취되고 있다면서 그 내용을 기술하고 있다. 환경문제들 사이의 상호관련성도 점점 더 커지고 있다. 미국의 선도적 기후학자인 제임스 한센(James Hansen)

은 우리가 지구를 '티핑 포인트'를 넘어서도록 밀어붙이는 데서 위험한 수준에 이르고 있으며, 이는 자연의 조건을 근본적으로 변화시키게 될 온갖 환경문제를 초래하게 될 것이라고 경고한다.[1]

생태위기가 대중의 주목을 받게 됐음에도 불구하고 지배적인 경제적 세력들은 사회를 크게 변혁하지 않고도 자본, 기술, 시장을 이용해 모든 위협을 다 막아낼 수 있다고 우리에게 장담하면서 기회포착을 시도하고 있다. 예를 들어 그들은 지구적 기후변화를 완화시키기 위한 수많은 기술적 해결책을 제시하고 있다. 여기에는 농작물연료(agrofuel)와 핵에너지도 포함되고, 탄소를 포획해 땅속에 격리시키는 새로운 석탄화력발전소도 포함된다. 이처럼 생태위기는 더 나은 독창성, 기술혁신, 시장의 마술을 통해 기존 시스템 안에서 교정할 수 있는 기술적인 문제로 제시된다. 이런 관점에서 따르면 경제는 점점 더 탈물질화되고, 그 결과로 자연에 부과되는 요구가 점점 더 줄어들게 돼있다.[2] 나아가 환경적 도전에 대처하는 바로 그 과정 속에서 시장이 자본축적의 새로운 장을 창출해줄 것이라고 한다.

하지만 이런 종류의 사고는 생태위기의 근본원인을 무시하고 있다. 자본주의가 끝없는 축적과 점점 더 큰 규모의 생산을 추구하는 과정에서 자본주의의 사회적 물질대사 질서는 자연을 체계적으로 종속시키며, 따라서 그러한 질서는 본질적으로 반생태적이다. 사회생태적 문제에 대한 기술적 조정은 대체로 의도하지 않은 결과를 낳게 되며, 문제의 뿌리에 놓인 정치경제 질서를 다루는 데 실패한다. 자본은 물질대사의 균열(metabolic rift), 자연의 한계, 생태적 모순을 인정하기보다는 자신이 만들어내는 환경문제를 호도하려고 하며, 환경문제의 근본원인을 해결하려고 하기보다 환경문제를 그저 이리저리 떠넘길 뿐이다.

자본이 생태문제를 전가하는 가장 분명한 방식은 단순히 지리적으로 위치이동을 하는 것이다. 어느 한 지역의 자원이 감소하면 자본가들은 군대나 시장을 앞세워 세계를 이리저리 돌아다니며 다른 지역의 자원에 대한 통제권을 확보한다. 유럽의 여러 나라가 급속한 산업화 과정 속에서 더 많은 자연자원을 필요로 하게 된 것은 분명히 식민주의의 추동력 가운데 하나였다.

하지만 지구적 자본주의가 통제하는 영역이 확장되는 것은 자본가들이 생태문제를 전가하는 여러 가지 방식 가운데 하나일 뿐이다. 자본가들은 어떤 하나의 환경위기를 질적인 방식, 즉 생산방식의 변화를 통해 '해결'하기도 하지만, 그것은 대개 단기적인 해결일 뿐이며 또 다른 위기의 원인이 된다. 예를 들어 다양한 소비재의 제조에서 나무 대신 플라스틱을 사용하게 된 것은 목재의 채취와 관련된 문제를 플라스틱의 생산이나 처리와 관련된 문제로 바꾸어 놓았다.

이처럼 하나의 문제는 또 다른 문제로 변형되며, 따라서 균열의 유형만 바뀔 뿐이다. 이 점에 대해 우리는 마르크스가 당대에 간파한, 그리고 지금도 계속되고 있는 토양위기 및 현재의 에너지위기와 기후위기를 중심으로 검토해보고자 한다.

자본의 사회적 물질대사 질서의 확장과 생태위기

물질대사 관계에는 물질들 사이의 상호교환(interchange)을 지배하는 조절과정이 수반된다. 마르크스는 영양순환과 같은 자연체계들은 각자 고유한 물질대사 구조를 가지고 있으며, 이는 인간사회로부터 독립적이면서도 그것과의 관계 속에서 작동하면서 자연체계들의 재생산이나 지속을 가능하게 한다고 기술했다. 존 벨러미 포스터의 설명에 따르면 마르크스는 "인간과 자연 사이에 일어나는 물질과 에너지의 복잡하고 역동적인 상호교환"을 가리키기 위해 사회적 물질대사라는 개념을 채택했으며, 이 개념은 "자연이 부과한 조건들"과 인간행동이 그러한 조건들과 관련된 과정을 변형시키는 방식을 인식할 수 있게 해준다. 각각의 생산양식은 사회와 자연 사이의 상호교환을 규정하는 특정한 사회적 물질대사 질서를 만들어낸다. 그리고 그러한 상호작용은 사회와 생태계의 재생산에 영향을 미친다.[3]

이스트반 메자로스는 자본주의의 시작과 함께 새로운 사회적 물질대사 질서가 사회와 자연 사이의 물질적 상호교환을 지배하게 됨에 따라 사회적 물질대사에 근본적 변화가 발생했다고 설명한다. 자본주의의 작동원리는 "인간을 포함하는 모든 것이 적응해야만 하는, 그리고 그렇게 함으로써 자신의 '생산적 생존력'을 증명해야 하고 그렇게 하지 못하면 소멸할 수밖에 없게 하는", 그리고 "모든 것을 포괄해가는(totalizing)" 통제의 틀이다. 이런 점에서 자본주의는 "인간과 자연의 생산적인 상호교환"에 특수한 형태를 부과한다. 자본가들은 모든 자연적, 사회적 관계를 자본축적 충동에 종속시키면서 다른 어떤 이익보다도 이윤의 극대화라는 이익을 추구한다. "자본에 직접적으로 의미가 있는 유일한 시간의 양식은 필요노동시간과 그 기능상의 형태이며, 이는 이윤지향 시간회계(profit-oriented time-accountancy)의 조건을 확보하고 보호하기 위해, 그리고 그렇게 함으로써 확장된 규모에서 자본축적을 실현하기 위해 요구되는 것"이므로 자연의 순환과 과정들은 경제적 순환의 변덕스러운 변화에 의해 좌우된다. 자본간 경쟁은 자연의 체계들과 자연의 순환들 내부의 복잡한 상호교환 관계를 규율하는 조절과정을 짓밟는 "궁극적으로 통제할 수 없는 사회적 물질대사 통제양식"을 만들어낸다는 것이다.[4]

폴 스위지(Paul Sweezy)는 자본주의 경제체제는 "결코 가만히 머물러있지 않는 것이자 새로운 생산과 분배 양식에 적응하면서 낡은 생산과 분배 양식을 폐기하고, 새로운 영역을 개척하고, 스스로를 보호할 힘도 없는 허약한 사회를 자신의 목적에 종속시키면서 스스로 변화하기를 영구히 멈추지 않는 것"이라고 설명했다. 요컨대 자본은 자연의 활력을 보장하는 자연적 조건들을 거스르면서 생태적, 인간적 지속가능성이 의존하는 토대를 훼손하는 경향을 갖고 있다. 이는 부분적으로 자본이 자연과 자연의 선물을 자유롭게 전유하기 때문이며, 그 과정은 "그것은 단지 유용성의 문제"라고 말하는 듯하다. 자연과 노동에 대한 착취는 이윤창출과 더 많은 자본축적이라는 가장 중요한 목표를 달성하기 위한 수단으로 기능한다. 따라서 자본의 사회적 물질대사 질서가 확장되고 강화되는 것은 자연의 순환과 과정에 균열을 만들어내고, 자본으로 하여금 일련의 전가를 하도록 하면서 환경악화의 범위를 확장시킨다.[5]

마르크스와 토양 영양분의 물질대사 균열

자연에 대한 자본주의의 파괴적 물질대사 관계라는 문제는 19세기에 마르크스에 의해 제기됐다. 독일의 화학자인 유스투스 폰 리비히(Justus von Liebig)는 1850~60년대에 토양 영양분에 대한 연구에서 물질대사라는 개념을 채용했다. 그는 영국의 농업이 농작물을 시장에 내다팔기 위해 그 수확량을 증대시키려고 집약적인 경작방식을 도입함으로써 토양의 생명력을 파괴하는 약탈체제처럼 운영되고 있다고 설명했다. 리비히는 토양이 작물을 생산하는 능력을 유지하려면 질소, 인, 칼륨과 같은 특정한 영양분을 필요로 한다는 점에 대해 자세히 설명했다. 작물은 성장하면서 그러한 영양분을 흡수한다. 과거의 사회들에서는 자연의 산물이 대부분 대지로 되돌아가 대지를 비옥하게 만들었다. 하지만 농촌지역의 인구감소를 가져온 토지소유의 집중과 도시와 농촌 사이의 구분 확대는 그러한 과정에 변화를 가져왔다. 농촌에서 생산된 식량과 섬유소는 먼 곳에 있는 시장으로 수송되게 됐다. 그 과정에서 토양의 영양분도 농촌에서 도시로 이전됐고, 도시로

간 영양분은 토양으로 되돌아가지 못한 채 쓰레기로 축적되면서 도시의 오염을 심화시켰다. 이것이 영양순환을 파괴하는 원인이 됐다.

리비히의 연구로부터 영향을 받은 마르크스는 토양의 비옥도와 자연의 조건이 사회적 관계의 역사적 발전에 구속된다는 점을 인식했다. 마르크스는 토양과학 연구를 통해 영양순환과 토양의 소모가 일어나는 방식에 대해 통찰력을 갖게 됐다. 그는 그 통찰력을 토대로 근대 농업에 대해 유물론적 비판을 가하면서 자본주의의 작동이 자연 재생산의 기본적 과정들을 훼손하고 필요한 영양분의 토양 복귀를 방해함으로써 필연적으로 물질대사 균열을 낳는 과정을 설명했다.[6]

영양분의 이전과 손실은 자본축적 과정과 연결된 것이었다. 마르크스는 자본이 인간과 대지 사이의 '물질대사적 상호작용'에 어떻게 균열을 만들어내는가를 묘사했는데, 그러한 균열은 대규모 영농, 장거리 교역, 도시의 과잉성장에 의해 갈수록 더 심화됐다. 이러한 발전들로 인해 영양순환이 방해받고 토양은 지속적으로 영양분을 잃게 됐다. 마르크스는 다음과 같이 설명한다. 자본축적의 충동은 "농업인구를 점점 더 작아지는 최소규모로 줄어들게 하며, 대도시에서 점점 더 늘어나 붐비는 산업인구에 그러한 농업인구를 대치시킨다. 이러한 방식으로 자본축적의 충동은 생명의 자연법칙 그 자체에 의해 규정되는 사회적 물질대사의 상호의존적 과정에 회복될 수 없는 균열이 생겨날 조건을 만들어낸다. 그 결과로 토양의 생명력이 소진되고, 교역으로 인해 이런 현상이 개별 국가의 경계를 넘어 널리 확장된다."[7]

자본주의의 발달은 식민주의를 통해서든, 제국주의를 통해서든, 시장의 힘을 통해서든 대양 너머의 먼 지역들을 중심부 국가 자본가들의 이익에 복무하는 생산과정에 편입시키면서 물질대사의 균열을 지구적 수준으로 확장시킨다. 먼 곳에 있는 토지를 지구경제에 통합시키는 것(이는 지리적 위치이동의 한 형태다)은 중심부 국가의 농업생산에 부과되던 요구 가운데 일부를 덜어내는 데 도움이 되기는 하지만 그것이 물질대사의 균열에 대한 치유책이 될 수는 없다. 더 큰 규모로 생산이 체계적으로 확장되는 것이 자연세계를 자본의 명령에 더욱 종속시켰다. 마르크스가 지적했듯이 그 결과로 "그것은 인간과 대지 사이의 물질대사적 상호작용을 교란시킨다. 즉 그것은 식량과 의복의 형태로 인간에 의해 소비되는 토양의 구성요소들이 토양으로 되돌아가는 것을 가로막는다. 그러므로 그것은 토양의 지속적인 비옥함을 떠받치는 영구적인 자연조건이 작동하는 것을 방해한다."[8]

균열과 전가, 그리고 토양위기

영양순환의 측면에서 본 물질대사의 균열과 토질의 악화는 생산을 더욱 확장하고 증대시키기 위해 점점 더 집약적인 생산방법을 채택하는 소수의 토지소유자들에게로 농업생산을 가속적으로 집중시킨다. 자본과 경쟁의 논리는 '과거의 경로를 넘어서는 부르주아적 생산'을 촉진하며 자본으로 하여금 노동의 생산력에 대한 착취를 강화하도록 강요한다. 마르크스는 자본과 경쟁의 논리는 "자본에 휴식할 틈을 주지 않으며", "자본의 귀에 '계속해! 계속해!'라고 계속 속삭인다"고 지적했다.[9] 이에 따라 일련의 균열과 전가가 일어나게 된다. 잇달아 생겨나는 물질대사의 균열은 대개 위기의 수준에 이른 다음에야 균열의 유형이 바뀌는 것에 의해 해소된다. 근시안적인 관찰자들에게는 자본주의가 어느 시점에든 환경문제 가운데 일부에 대해서는 잘 대처하는 것처럼 보일 수 있다. 자본주의가 때로는 위기를 경감시키기도 하기 때문이다. 하지만 보다 멀리 내다보는 관찰자들은 새로운 위기는 기존의 위기가 해결된 것처럼 보이는 바로 그 지점에서 새롭게 생겨난다는 것을 안다. 자본이란 부단히 확장을 추구하기 때문에 이렇게 새로운 위기가 생겨나는 것은 불가피하다.

1800년대에 중심부 국가들에서 물질대사의 균열과 토양의 비옥도 감소가 진행된 결과의 하나로 국제적인 구아노/질산염 무역이 발달한 적이 있다. 바닷새의 대규모 서식처가 있는 페루의 바다연안 섬에서 채취된 구아노(새의 배설물)에는 인산과 질소가 많이 함유돼 있었다. 그 당시에 구아노는 토양을 비옥하게 만들어주고 농작물의 수확량을 늘려주는 최상급의 비료 가운데 하나로 인정받고 있었다. 이로 인해 구아노가 많이 퇴적된 섬을 확보하려는 국제적인 경쟁이 일어났다. 페루로 보내진 쿨리(중국인 노동자)들이 그곳에서 노예노동보다 열악한 조건 아래 수백만 톤의 구아노를 채취했고, 이렇게 채취된 구아노는 미국과 유럽국가들로 수출됐다. 미국과 유럽국가들이 비료를 수입해야 했던 것은 자본주의 농업의 위기를 극복해야 했기 때문이다. 하지만 그러한 비료 수입이 물질대사의 균열을 치유하지는 못했다.

미국과 유럽국가들의 구아노 수입은 여러 세기에 걸쳐 페루의 토양을 비옥하게 만들어온 자연자원이 지구적 시장을 지향하게 했고, 이로 인해 페루의 섬들에서는 그 자연자원이 급속도로 줄어들었다. 질산염 무역으로 인해 페루와 볼리비아가 칠레와 싸우게 되어 태평양전쟁(War of the Pacific)이 벌어졌는데, 영국의 질산염 투자자들이 이 전쟁을 조장하고 뒷받침했다. 그것은 중심부 국가들의 비료 수요를 충족시키는 데 이용되는 질산염의 퇴적지에 대한 통제권을 놓고 가난한 나라들끼리 벌인 전쟁이었다. 그럼에도 불구하고 중심부 자본주의 국가들에서 토질악화와 관련된 물질대사의 균열은 계속됐다. 농업에서 근본적인 전환의 계기가 된 것은 1차 세계대전 직전에 독일의 화학자이자 민족주의자인 프리츠 하버(Fritz Haber)가 대기 중의 질소를 고정시키는 과정을 고안해낸 것이었다. 그 뒤로는 인공 질소비료가 대량으로 생산되어 농작물 수확량 유지를 위해 토양에 뿌려지게 됐다.[10]

자본주의의 사회적 물질대사 질서는 토양 영양분의 재생과 사용을 가능하게 하는 자연의 순환과 과정들을 훼손했다. 생산을 유지하기 위해 다양한 지질학적, 기술적 전환이 시도됐지만, 그것은 새로운 균열을 만들어냈을 뿐 아니라 대개는 이전의 균열도 경감시키지 못했다. 자본주의 사회의 사회적 물질대사 질서가 심화되면서 산업의 과정들이 점점 더 농업활동에 통합되어갔다. 그 결과로 농업은 스스로를 유지하기 위해 산업적 조작(예를 들어 질소의 산업적 고정)과 산업적 물질에 점점 더 많이 의존하게 됐다. 마르크스는 당시에 이미 농업에서 일어나고 있었던 전환적 변화들을 인식했고, 이에 대해 다음과 같은 글을 남겼다.

이제 더 이상 농업 안에서는 그 자체의 생산을 위한 자연적인 조건, 즉 자연스럽게 생겨나고 자생적이며 곧바로 이용할 수 있는 농업생산의 자연적인 조건을 찾아볼 수 없다. 그러한 조건은 농업과 분리된 독립적인 산업으로 존재한다. 그리고 그러한 분리와 더불어 그 산업을 포함한 상호관련성의 복잡한 조합 전체가 농업생산의 조건이라는 영역 안으로 유입되고 있다.[11]

마르크스는 자본주의의 산업화된 작동이 확장되는 것이 착취와 환경악화의 규모를 증대시키면서 자연을 탐욕스런 자본의 논리에 종속시킨다고 설명했다.

대규모 산업과 산업화된 대규모 농업은 동일한 결과를 낳는다. 전자는 쓰레기를 낳고 노동력을 파괴함으로써 인간의 자연적 능력을 파괴하지만 후자는 토양의 자연적 능력을 파괴한다는 점에서 그 둘이 애초에는 서로 구분되지만, 산업과 그 무역이 토양을 소모하는 수단을 농업에 제공하는 것과 비슷하게 농업에 적용되는 산업 시스템은 거기서 일하는 노동자들을 무기력하게 만들기 때문에 발전의 과정이 더 진행되면 나중에는 그 둘이 서로 얽히게 된다.[12]

노동분업을 촉진시키게 되든, 노동과 자연의 착취를 통해 생산을 증가시키게 되든 기술은 자본주의적 관계를 구현한다는 점에서 결코 중립적이지 않다. 기술 혁신은 자본의 사회적 물질대사 질서를 확대시키고 확장시키는 추가적인 수단으로 기능한다. 자본주의적 농업에 대해 마르크스는 다음과 같이 설명했다.

자본주의적 농업의 모든 진보는 노동자를 약탈하는 기술의 진보일 뿐만 아니라 토양을 약탈하는 기술의 진보이기도 하다. 주어진 시간 안에 토양의 비옥도를 높이는 모든 진보는 그 비옥도의 보다 장기적인 원천을 파괴하는 방향의 진보다. … 따라서 자본주의적 생산은 모든 부의 애초 원천, 즉 토양과 노동자를 동시에 훼손함으로써 생산의 사회적 과정을 결합하는 기법과 그러한 결합의 정도를 발전시킬 뿐이다.[13]

자연의 기능과 그 기능이 생산해내는 것들을 복제하고, 대체하고, 재생산하기 위해 농업에서 화학적 과정과 화학적 투입이 시작됐다. 합성비료가 농업생산을 유지하거나 증대시키기 위해 폭넓게 도입됐다. 그러나 그것이 영양순환 내 물질대사의 균열을 해결하지는 못했다. 칼 카우츠키(Karl Kautsky)는 마르크스와 리비히의 저작을 참고하면서 인공비료에 대해 다음과 같이 설명했다.

인공비료는 토양 비옥도의 감소를 회피할 수 있게 해준다. 그러나 인공비료는 점점 더 많은 양을 사용해야 할 필요가 있다는 점이 농업에 추가적인 부담이 된다. 그 부담은 불가피하게 자연에 부과되는 것이 아니라 현 사회조직의 직접적인 결과로 생겨나는 것이다. 도시와 농촌 사이의 대립이 극복된다면 … 토양에서 제거되는 물질을 전부 다 토양으로 되돌릴 수 있을 것이다. 그렇게 되면 비료가 토질의 악화를 막는 것이 아니라 토질을 더욱 개선하는 역할을 수행하게 될 것이다. 그러면 경작의 진보란 인공비료를 투입할 필요 없이 토양 안에 들어있는 가용성 영양물질의 양을 증가시키는 것을 의미하게 될 것이다.[14]

카우츠키는 영양분이 소모된 토지에서 많은 양의 수확을 하기 위해 인공비료의 공급이 계속적으로 필요하게 되는 '비료의 반복적 투입에 대한 의존'이 생겨난다는 사실을 정확하게 간파한 것이다. 영양분이 소모된 토지라는 자연조건으로 인해 자본은 생산을 계속하기 위해 그 자신의 작동방식을 전환시킨다. 이러한 작동방식의 전환과 그에 뒤따르는 변화는 추가적인 환경문제를 만들어냄으로써 생태위기의 규모를 더욱 키우게 된다.

덜 비옥한 땅으로 농업생산을 확장하는 것을 통해(이때 그 지역의 토양 속 영양분은 줄어들게 된다), 그리고 대량의 석유를 농업의 과정에 끌어들여 통합시키는 것을 통해 식량생산이 증가해왔다. 농업의 과정에 유입된 석유는 화학비료와 살충제를 합성하는 데 사용됐고, 이는 지구의 환경변화를 심화시키고 그 밖에도 수많은 환경문제를 야기했다. 현대의 농업은 '석유를 식량으로 변환시키는 기술'로 변해왔다.[15] 토양이 소모됨을 고려하면 이러한 농업의 과정을 유지하기만 하기 위해서도 계속적인 투입이 필요하다. 유전자조작 작물은 영양분이 소모되어 불모화된 땅에서도 재배될 수 있도록 개발됐지만, 그렇게 하는 데에도 인공비료의 보조가 필수적이다. 이러한 각 단계의 조치는 그 생태적 의미가 어떻든 간에 축적을 위해 장애물을 극복하기 위한 시도라는 성격을 갖고 있다.

인공 질소비료라는 '기술적 조정(technological fix)'의 도입은 추가적인 생태적 균열과 그 밖의 다른 환경문제들을 만들어냈다. 합성비료의 생산은 대기 중에 질소화합물이 생겨나게 하여 지구온난화를 촉진했다. 빗물에 녹아 땅에 떨어진 질소는 해양생태계에 과도한 영양분이 축적되도록 하는 원인이 되고, 이는 일반적으로 수로로부터 영양분을 제거하는 자연과정의 효과를 저해한다. 하천이나 바다 속 영양물질 농도의 증가는 부영양화의 원인이 된다. 부영영화는 물 속 용존산소의 부족과 저산소구역(hypoxic zone)의 형성으로 이어진다. 저산소구역에서는 갑각류나 어류가 숨을 쉴 수 없기 때문에 그러한 구역이 '죽음의 구역(dead zone)'으로 불리기도 한다.

그러므로 전환된 생태파괴의 논리는 균열을 시스템 전체로 퍼뜨린다. 농업생산을 늘리려는 움직임, 도시와 농촌의 분리, 토지 영양분의 손실 등은 토양의 영양순환에 물질대사 균열을 만들어낸다. 자본은 자연의 한계를 극복해서 생산을 유지하기 위해 자연비료의 수입과 인공비료의 생산과 같은 일련의 전환에 나섰다. 하지만 그 결과로 자본의 요구에 종속되는 자연의 범위가 넓어지면서 사회적 물질대사가 강화되고 추가적인 생태문제가 야기됐다.

에너지와 기후위기

에너지 문제에 대한 기술적 조정은 기존의 생태위기를 경감시키려는 시도 속에서 새로운 생태위기를 만들어낸다. 이런 점에서 에너지 생산기술의 발달은 균열과 전환이 어떤 것인지를 보여주는 가장 좋은 사례가 된다. 특히 나무를 포함한 바이오매스가 그렇다. 바이오매스는 역사적으로 가장 오랜 세월 동안 인간이 의존해온 일차에너지원 가운데 하나다. 금속을 녹이는 것과 같은 보다 에너지집약적인 과정이 발달되려면 그렇게 하는 데 필요한 불을 지피기 위해 나무가 사용돼야 하므로 숲에 대한 압박이 커질 수밖에 없다. 유럽에서 산업혁명이 시작된 직후에 이미 유럽대륙의 광범한 지역, 특히 주요 산업생산지에서 가까운 곳들의 산은 벌거벗은 상태가 됐고, 삼림파괴의 대부분은 연료에 대한 수요가 증가한 결과였다. 산업화가 진전될수록 점점 더 큰 규모의 생산을 가능하게 해주는 기계에 연료를 공급하기 위한 새로운 전력원이 필요해졌다. 모든 숲이 전례 없는 속도로 파괴되어갔고, 나무는 점점 더 귀해졌다. 자본축적의 확대를 위한 새로운 기술을 소유하고 있는 자본가들의 욕구와 지구의 생물물리학적 한계 사이의 긴장은 산업혁명이 시작될 때부터 이미 분명히 드러났다. 하지만 자본주의의 내적 모순에 대해 자본가들은 그것이 그들이 뛰어넘어야 하는 장애물이 되기 전에는 관심을 기울이지 않았다. 지배엘리트들은 오늘날 우리가 지속가능성이라고 부르는 것에는 관심도 갖지 않았다. 오히려 처음에는 석탄이, 그리고 그 다음에는 다른 화석연료들이 잇달아 빠르게 표준적인 산업연료가 되어갔다. 이에 따라 엄청난 벌목에도 불구하고 일어난 나무연료(땔감)의 위기는 진정됐지만 대신 이산화탄소 방출이 극적으로 늘어나게 되어 지금 우리가 겪고 있는 지구적 기후변화 위기의 토대가 그때 놓여졌다.[16]

산업혁명의 초기와 비슷한 양상이 그 뒤에도 지금까지 되풀이돼왔다. 석탄에 이어 석유가 신속하게 연료원에 추가됐고, 그 밖의 다양한 에너지원들도 점점 더 많이 이용되고 있다. 여기에는 수력발전도 포함된다. 수력발전은 강을 댐으로 막아야 하기 때문에 수중 생태계를 파괴한다. 한 가지 예로 20세기에 미국 북서부의 태평양 연안지역에서 수력발전이 확대된 것이 연어 회귀의 전반적인 감소 내지 소멸을 낳은 주된 원인이었다는 점을 들 수 있다. 핵발전은 두말할 필요 없이 가장 크게 논란을 불러일으킨 추가 전력원이다. 계산도 할 수 없을 정도로 매우 저렴하고 깨끗한 전력을 무한하게 공급할 것이라던 애초의 주장과 달리 핵발전은 수명이 매우 긴 고준위 방사성 폐기물을 만들어내기 때문에 그러한 폐기물을 장기간 안전하게 보관하기 위한 저장소를 필요로 하지만 그러한 저장소를 설치하는 것 자체가 거의 불가능하다고 할 정도로 어렵다는 점에서 비용이 많이 들고 위험한 전력원인 것으로 판명됐다.

21세기 들어 마침내 지구의 기후변화가 지배엘리트들에게도 심각한 문제로 인식됐지만, 지금까지 제안된 해결책들은 하나의 에너지 형태에서 새로운 에너지 형태로 문제의 소재를 옮기는 것일 뿐이다. 핵발전은 높은 비용과 광범위한 대중적 반대로 인해 지난 세기 말에는 인기가 떨어졌지만 이번 세기에 들어서는 그것이 방사성 폐기물 문제를 여전히 안고 있음에도 불구하고 '어떻게 더 안전해질 수 있는가'에 관한 새로운 약속과 더불어 다시 신속하게 아젠다에 복귀했다. 또한 농작물연료와 관련된 약속이 사람들을 흥분시키고 있지만, 농작물연료는 아이러니하게도 우리를 석탄에너지 위기 이전의 시기로 되돌려 놓고 있다. 최근의 과학적 보고들은 차량에 사용되는 농작물연료를 생산하기 위한 작물재배가 대기로의 탄소 배출을 증가시킬 수 있다고 지적하고 있다.[17] 그러나 이런 보고들도 농작물연료 생산이 대량의 비료 투입을 요구하는 지속가능하지 못한 영농법에 토대를 두게 됨으로써 토양 영양분의 소모를 가속화시킬 것이라는 사실을 간과하고 있다. 그것은 바로 일찍이 마르크스가 다루었던 물질대사 균열의 문제다.

　기후변화를 경감시키기 위한 최근의 기술적 접근 가운데 두 가지 사례는 기술적 낙관주의가 어떻게 환경문제의 정치경제적 원인으로부터 우리의 시선을 흩트리는지를 잘 보여준다. 노벨상 수상자인 파울 크루첸(Paul Crutzen)은 인간의 행태로 인한 성층권의 오존 감소를 파악하고 분석하는 데서 중심적인 역할을 훌륭하게 해왔다. 그런 그가 최근에는 성층권으로 유황 분자를 분사해 지구의 알베도를 증가시키고 이를 통해 더 많은 태양에너지가 우주로 반사되게 해서 대기 중 온실가스 농도의 증가로 유발되는 온난화를 억제하면 기후변화를 피할 수 있다고 주장했다. 이것은 그로서는 진지하게 내놓은 제안인 동시에 권력자들이 고조되는 기후변화 위기를 적절히 다루지 못하는 상황에 대한 절망감에서 내놓은 제안인 것이 틀림없다. 하지만 기후변화 문제를 그렇게 기술적으로 틀 짓는 것은 정치권과 기업계의 지도자들로 하여금 온실가스 배출 문제를 쉽게 우회할 수 있게 해준다. 왜냐하면 그렇게 틀 지은 경우에는 그들이 기술적 조정을 하면 되므로 숲을 보존하고 화석연료 연소를 줄이기 위한 행동을 취하는 것은 불필요하다고 주장할 수 있게 되기 때문이다. 그와 같은 규모로 대기를 기술적으로 관리하려는 시도는 광범위한 영향을 초래하는 결과들(가장 분명하게 예상되는 결과로 산성비를 들 수 있다)을 낳을 가능성이 높고, 게다가 그런 결과들 가운데 다수는 그 영향이 어떤 것인지를 예상하기도 어렵다.

이와 유사한 맥락에서 저명한 물리학자인 프리먼 다이슨(Freeman Dyson)은 최근에 세계 산림의 4분의 1을 베어내고 대신 탄소를 흡수하는 유전자조작 나무를 심으면 지구의 기후변화를 막을 수 있다고 주장했다. 그러나 그러한 조치는 엄청난 생태적 결과를 낳을 것이다.

소위 해결책이라고 제시된 이 두 가지 방안은 주로 화석연료를 태우는 것을 중심으로 구축되고, 부단히 더 큰 규모로 스스로를 갱신해야 하고, 자연을 함부로 다루는 경제시스템의 운동논리를 문제 삼기를 회피한다. 대부분의 기술적 해결책은 현실세계와는 완전히 동떨어진 것으로 보인다. 그렇게 좁은 관점의 '해결책'은 생태를 악화시키는 추세들을 떠받쳐주는 수단으로만 기능해서 추가적인 생태적 균열을 만들어내고, 그럼으로써 생태를 악화시키는 추세들의 계속적인 작동을 돕기 십상이다.[18]

결론: 새로운 사회적 물질대사 질서를 향해

이윤추구는 자본주의의 직접적인 추동요소이며, 자본주의는 점점 더 큰 규모로 자신을 재생산한다. 자본주의 경제시스템은 자연의 재생산에 대한 고려를 필요로 하는 조건 아래서는 제대로 기능하지 못한다. 자연의 재생산에 대한 고려를 필요로 하는 조건이란 생명의 여건이 유지되도록 돕는 특정한 통합적 자연순환은 말할 것도 없고 수백 년 또는 그 이상의 긴 시간도 포함한다. 자본은 자연을 자유롭게 전유하고, 자신이 직면하게 되는 그 어떠한 자연적, 사회적 장애물도 일시적으로나마 극복하려고 하기 때문에 자본의 사회적 물질대사 질서는 균열과 전환을 특징으로 한다. 이런 점에서 마르크스는 자본은 "오직 자본의 영향이 토지를 고갈시킨 뒤에야, 그리고 자본이 토지의 자연적 특성을 황폐화시킨 뒤에야 토지와 관련된 문제에 눈길을 돌린다"고 지적했다. 그리고 그때 자본은 근본적인 위기의 원인, 즉 생태위기를 추동하는 힘인 자본주의 그 자체는 다루지 않고 당장의 절박한 우려를 해결하기 위한 전환을 만들어내거나 기술적 조정을 제안한다. 메자로스는 경고한다. "기적 같은 해결책이 부재한 가운데 인과관계와 시간의 객관적 결정에 대해 자의적으로 자기주장을 하는 자본의 태도가 결국은 인간과 자연 그 자체를 희생시키면서 쓰디 쓴 결과를 가져올 것이다."

자본은 활동범위를 지구 전체로 확대시키면서 지구적인 생태위기를 만들어내고 있다. 근본적인 구조적 위기는 이런 시스템의 작동구조 안에서는 결코 치유될 수 없다. 마르크스는 생명의 조건을 고갈시키는 사회적 물질대사의 결과로 인류의 미래가 황폐화될 것이라고 지적했다. 자본은 그 탐욕스런 성격 때문에 속도를 늦출 기미를 전혀 보이지 않는다. 현재의 생태위기는 아주 오랜 시간에 걸쳐 만들어진 것이며, 지금과 같은 상태가 지속되는 것의 가장 심각한 결과는 현재의 세대보다는 미래의 세대가 부담하게 될 것이다. 제임스 한센이 경고했듯이 우리가 생태위기를 추동하는 힘들에 대응하고 그런 힘들을 변화시킬 수 있는 시간은 점점 더 줄어들고 있다. 결정적인 조치를 취하기를 미루면 미룰수록 문제는 더욱 복잡해지고 필요해지는 개입의 규모는 그만큼 더 커질 것이다.

자본주의는 환경적으로 지속가능한 방식으로 자연과의 사회적 물질대사를 조절할 능력이 없다. 자본주의의 작동 그 자체가 자연의 복원과 물질대사의 복구를 규율하는 법칙에 위배된다. 자본축적 과정을 밀어붙이는 부단한 충동은 자연계에 미칠 영향에는 아랑곳하지 않고 자연에 자본의 요구를 부과하면서 파괴적인 사회적 물질대사를 심화시킨다. 자본주의는 실패한 전략을 똑같이 거듭 되풀이한다. 환경문제에 대한 해결책이 새로운 환경문제를 만들어내며, 기존의 환경문제가 완화되지도 못한 상태에서 그렇게 되는 경우가 많다. 하나의 위기 뒤에는 시스템의 내적 모순에 기인한 또 다른 위기가 온다. 끝없는 실패의 연속이다. 만약 우리가 환경위기를 해결하고자 한다면 문제의 뿌리로 들어가야 한다. 즉 사회적 물질대사 질서가 '존재의 생명과 관련된 조건'을 침해하고 있음을 고려한다면 자본 그 자체의 사회적 관계를 문제 삼지 않을 수 없다.[19]

이처럼 생태위기를 해결하려면 결국 자본의 논리 및 그것이 창출하는 사회적 물질대사 질서와의 완전한 결별이 요구된다. 그렇다고 해서 우리가 현재의 시스템 안에서 유익한 조치(그 조치가 시스템의 내적 논리에 필연적으로 반하게 되더라도)를 취할 수 없다고 말하려는 것은 아니다. 마르크스는 연합된 생산자들의 사회는 인간이 세대를 이어가며 생존하고 재생산할 수 있게 하는 '제거될 수 없는 조건'을 유지하기 위해 사회적 물질대사를 자연의 물질대사와 조율시킬 수 있게 해주는 토대가 될 것이라고 말했다. 인간사회는 언제나 자연과 상호작용해야 한다고 본다면 어떤 사회에나 사회적 물질대사와 관련된 우려가 존재할 것이다. 하지만 연합된 생산자들이 자연의 과정과 순환이 갖고 있는 스스로 재생하는 성격을 보존하면서 자연의 한계와 법칙에 맞게 자연과의 교환을 조율할 수 있는 생산양식은 환경적으로 지속가능한 사회질서의 근본적 요소일 것이다.

엥겔스가 강조했듯이 "자유는 자연법칙으로부터의 독립이라는 꿈 속에 존재하는 것이 아니라 자연법칙에 대한 지식 속에 존재한다." 사실 진정한 인간의 자유는 그동안 인간이 알게 된 자연법칙과 조화를 이루는 존재로 살아야만 확보할 수 있다.[20]

생명체가 의존하는 생태계를 붕괴시키는 수많은 환경문제들이 존재하며, 그

러한 환경문제들 사이의 상호연계성이 점점 더 강화되고 있음에도 각각의 환경
문제는 고유한 운동논리를 가지고 있다. 우리는 특정한 사회적 힘의 작용에 기인
한 지구적 수준의 생태위기에 직면해 있다. 우리는 단순히 그 문제를 이렇게 저
렇게 전가하고 전환시키려고 시도하면서 물질대사의 균열과 생태위기를 만들어
내는 사회적 물질대사 질서를 영속시키려고 하기보다는 자연이 그 자신을 지속
적으로 재생산하기에 적합한 수준의 시간적 지평 안에서 스스로를 보충하고 복
원할 수 있도록 허용하는 사회적 물질대사 질서를 창출해야 한다. 그리고 그렇게
하려면 지금의 이 시스템을 뛰어넘을 필요가 있다.

(엄은희 옮김)

기후변화, 성장의 한계, 사회주의

민치 리

유엔의 정부간기후변화위원회(IPCC)는 2007년도 보고서에서 산업혁명 이후에 일어난 지구온난화에 대한 책임은 인간의 활동, 그 가운데서도 주로 화석연료 및 토지개발과 관련된 인간의 활동에 있는 게 거의 분명하다고 확인했다. 지금의 경제적, 사회적 추세 속에서는 세계가 전례 없는 생태적 대참사로 가는 길 위에 있다고 말할 수 있다.[1] IPCC 보고서가 발간될 즈음에는 그 보고서가 제시한 것보다 훨씬 더 빠른 속도로 기후변화가 이미 일어나고 있었고, 그 잠재적 결과가 훨씬 더 무시무시할 것임을 보여주는 새로운 증거도 드러나고 있었다.

지금까지 제시된 증거에 따르면 이르면 2013년 여름에 북극해는 빙하가 없는 바다가 될 것으로 보인다. 이는 IPCC 모델의 예보보다 약 한 세기 빠른 것이다. 여름에 북극의 빙하가 완전히 녹아내리면 그린란드의 빙상도 붕괴하지 않을 수 없게 되고, 그 결과로 이번 세기 안에 해수면이 5미터 이상 상승하는 상황이 벌어질 것이다. 그러면 세계의 50대 대도시 가운데 절반가량이 위험해지고 수억 명의

사람들이 환경난민이 될 것이다.[2]

현재 세계는 산업화 이전에 비해 약 0.8℃ 정도 더워졌고, 이에 따라 지구의 평균온도로 본 세계의 기온이 지난 백만 년 사이에 가장 높았던 기록에 1℃ 이내의 차이로 접근한 상태다. 세계는 10년마다 기온이 0.2℃씩 높아지는 속도로 더워지고 있고, 이미 대기 중에 축적된 온실가스를 감안하면 장기적으로 0.6℃ 정도 더 더워질 것으로 보인다. 더군다나 여름에 북극의 빙하가 없어진다면 북극해가 태양복사열을 반사하기보다는 오히려 흡수함으로써 추가로 0.3℃ 정도 세계의 기온이 더 높아질 것이다. 이러한 여러 상황을 고려하면 기후변화에서 결정적인 문턱이라고 널리 알려진 '산업화 이전 대비 2℃의 지구온난화'는 거의 확정된 것으로 보인다.[3]

2℃의 온난화가 현실이 되면 아프리카, 호주, 유럽 남부, 미국 서부 등지에서는 광범위한 가뭄과 사막화가 일어나고, 아시아와 남미에서는 주요 빙하가 녹고, 북극의 빙상이 대규모로 붕괴되고, 동식물종의 15~40%가 멸종될 것이다. 2℃의 온난화가 초래할 수 있는 더욱 심각한 문제는 대양의 산성화가 위험한 수준에 이르거나, 툰드라의 상당부분이 녹으면서 메탄이 방출되거나, 토양과 대양의 탄소순환에 혼란이 발생하거나 하는 대규모의 '기후 되먹임(climate feedback)' 현상이 나타나기 시작하면서 기후변화가 인간에 의한 통제가 불가능한 상태로 치닫게 되리라는 점이다.

세계적으로 지구시스템 과학을 선도해온 학자인 제임스 러블로크(James Lovelock)에 따르면 산업화 이전에 비해 지구의 평균기온 상승폭이 3℃ 가까이에 이르고 대기 중 이산화탄소 농도가 500ppm을 넘게 되면 세계의 대양과 열대우림이 각각 온실가스 순배출원으로 변하게 된다. 그렇게 되면 지구의 평균기온이 산업화 이전에 비해 6℃까지 더 상승해서 지구상의 많은 지역이 아예 사람이 살 수 없는 곳으로 변하고, 해수면이 적어도 25미터만큼 더 올라가고, 생물종의 90%

가 멸종되고, 세계의 인구가 80%나 줄어들 수 있다.[4]

미국 NASA 고다드우주연구소의 소장이자 세계의 선도적 기후과학자 가운데 한 명인 제임스 한센(James Hansen)은 생물종이 대대적으로 멸종하는 상황을 피하는 동시에 그린란드와 남극의 빙상이 돌이킬 수 없는 양상으로 녹아내려 해수면이 파괴적인 수준으로 상승하는 상황을 피하기 위해서는 2000년과 비교해 1℃ 또는 1.8°F 이상의 지구온난화가 일어나지 않도록 해야 한다고 주장했다. 기존의 IPCC 모델에 따르면 이는 곧 대기 중 이산화탄소(CO_2) 농도가 450ppm을 넘지 않아야 한다는 것을 의미한다. 그러나 최근의 연구에서 한센은 IPCC 모델에는 다양한 기후 되먹임 현상에 대한 고려가 반영되지 못했다고 주장했다. 지구가 형성된 이후의 기후변화 역사를 알게 해주는 각종의 증거에 따르면 "만약 인류의 문명이 발전해온 터전이자 지구상의 생명체가 적응해온 지구와 비슷한 상태로 지구를 보존하기를 원한다면" 대기 중 CO_2 농도를 350ppm 정도로 낮춰야 한다는 것이다. 세계의 대기 중 CO_2 농도는 현재 387ppm이고, 매년 2ppm씩 높아지고 있다.[5]

다름 아닌 인류의 생존과 인류문명 자체가 위험에 처해 있다는 것은 아주 명백한 사실이다. 상황의 엄중함으로 인해 사회주의적인 정치적 관점을 갖고 있다고 자처하는 이들을 포함해 많은 사람이 지구 자본주의 체제의 생태적 개혁에 희망을 걸면서 그러한 개혁이 현존하는 사회체제의 기술적, 제도적 범위 안에서 이루어질 수 있다고 주장한다. 이와 관련해 긴급하면서도 피할 수 없는 정치적 문제들이 제기된다. 현존하는 사회체제 또는 생각해볼 수 있는 모든 형태의 지구 자본주의 체제가 지구적 기후변화 위기에 효과적으로 대응할 수 있거나 가장 파국적인 결과를 피할 수 있을까? 그렇지 않다면, 지구적 기후변화 위기를 중단시킬 수 있거나 적어도 인류문명이 그러한 위기 속에서도 살아남을 수 있게 해줄 제도적 역량을 지닌 대안의 사회체제를 찾아야 하는데 그 최소한의 요구조건은 무엇일까? 이런 질문들은 지구적 생태위기를 진지하게 걱정하는 사람이라면 누구든 어떤 방식으로든 마주치지 않을 수 없다.

기후 안정화를 위한 기술적 선택지

지구온난화를 막거나 경감시키기 위해서는 인간활동으로부터의 온실가스 배출, 특히 화석연료 연소로부터의 CO_2 배출을 크게 줄여야 한다. CO_2 배출량은 에너지 소비의 배출집약도(에너지 소비 단위당 배출량), 경제적 산출의 에너지 집약도(경제적 산출 단위당 에너지 소비량), 경제적 산출의 수준(이는 대개 GDP로 측정된다)에 의존한다. 즉 ‘CO_2 배출량=경제적 산출×산출 단위당 에너지 소비×에너지 소비 단위당 배출량’이다.

자본주의는 이윤과 자본축적 추구에 기초를 둔 경제체제다. 개별 자본가, 개별 기업, 개별 국민국가는 자본주의 세계시장에서 부단히 격렬한 경쟁을 벌이며, 이런 경쟁에서 살아남거나 이기기 위해, 그리고 더 큰 이윤을 얻으려는 욕구 또는 더 빠른 경제성장을 이루려는 욕구에 의해 추동돼 점점 더 큰 규모로 생산을 확장하고 자본을 축적하도록 압력을 받고 자극된다. 그래서 자본주의 아래서는 경제위기 국면을 제외하고는 명목 경제적 산출이 늘 증가하는 경향을 보인다.

이론상으로는 에너지 집약도가 급격히 떨어져서 경제성장을 상쇄해버리면 에너지 소비수준은 증가하지 않게 된다. 그러나 모든 경제활동은 불가피하게 물리적, 화학적인 변환을 수반하고 어느 정도의 에너지를 소비해야만 한다. 이는 물질적 생산부문에서만이 아니라 이른바 서비스 부문에서도 마찬가지다. 주어진 경제활동 수준에서 에너지 집약도가 떨어질 수 있는 정도에는 물리적인 한계가 있다.

자본주의 시장이 작동하는 방식에 따르면 에너지 집약도가 하락하면 에너지 공급에 비해 단기적인 에너지 수요가 줄어들어 에너지 제품의 가격이 떨어진다. 그러나 보다 값싼 에너지 제품은 결국은 사람들로 하여금 에너지를 보다 많이 소비하도록 고무한다. 이렇게 해서 에너지 집약도의 저하(즉 에너지 효율의 개선)는 보다 빠른 자본축적(경제성장)으로 이어지기 마련이고, 에너지 소비의 절대적인 감소로 이어지는 경우는 드물다.[6]

실제로 자본주의적 경제성장은 대체로 에너지 소비의 증가를 수반해왔다. 1973년 이후로는 그 전에 비해 상대적으로 세계의 경제성장이 부진했음에도 불구하고 세계의 에너지 소비는 연평균 2%의 속도로 계속 증가해왔다. 이런 속도라면 세계의 에너지 소비가 지금부터 2050년까지 모두 130% 증가할 것이다. 이와 같은 추세에서 CO_2 배출을 적정 수준으로 감소시키기를 원한다면 세계 에너지 소비의 배출 집약도를 대폭 낮추거나 경제적 산출의 규모를 눈에 띄게 줄여야 한다.

화석연료는 전력을 생산하기 위해 소비되는 일차에너지의 약 4분의 3을 공급한다. 전력생산에서 비롯되는 CO_2 배출을 줄이는 데는 기술적으로 세 가지 방법이 있다. 그것은 ① 탄소의 포집과 저장 ② 원자력 발전 ③ 지열, 바람, 태양열, 조수, 파도, 해류와 같은 재생가능 에너지원을 이용한 발전이다.

전력생산 과정에서 배출되는 탄소를 포집해서 지하에 저장하고 그것이 대기 중으로 새나오지 않게 할 수 있다면 화석연료를 사용하는 발전소로부터의 탄소 배출을 줄일 수 있다. 그러나 탄소를 포집하고 저장하는 과정에는 에너지가 필요하기 때문에 탄소를 포집하고 저장하는 방법은 전력생산에 필요한 자본비용을 상당히 증가시키고 에너지 효율을 감소시킬 것 같다. 많은 양의 탄소를 저장할 수 있으면서 저장된 탄소가 누출되지 않게 하는 데 좋은 장소가 충분히 존재하지 않을 수도 있다. 이런 점은 탄소의 포집과 저장이 전 세계의 발전소들 가운데 상

당한 부분에 적용되기까지는 적어도 수십 년은 걸릴 것임을 의미한다.[7]

원자력 발전은 환경이나 안전의 측면에서 매우 심각한 문제를 안고 있다. 원자력 발전은 엄청난 양의 방사성 폐기물을 만들어낸다. 원자력 발전에 핵연료로 사용되는 우라늄은 재생이 불가능한 광물자원이다. 독일의 에너지감시그룹(Energy Watch Group)은 전 세계 우라늄의 확인매장량과 가채매장량만으로는 기껏해야 70년 동안만 우라늄이 공급될 수 있고, 우라늄에 대한 현재의 수요가 유지된다고 할 때 2020년 이후에는 우라늄이 공급부족 상태에 접어들 것이라고 지적한다. 더군다나 원자력 발전소를 계획하고 건설하는 데 소요되는 기간이 상당히 길기 때문에 앞으로 10년 내지 20년 동안에 폐쇄될 기존 원자력 발전소의 절반 정도를 새로운 원자력 발전소로 대체하기도 어려울 것이다.[8]

재생가능 에너지원으로 전력을 생산하는 것이 환경적으로 만병통치약은 아니다. '재생가능'한 전력생산에 필요한 장비와 건물은 화석연료와 재생불가능한 광물자원을 사용하는 산업부문에서 만들 수밖에 없다. 재래식 전력에 비해 재생가능 에너지원으로 생산된 전력은 여전히 비싸다. 가장 중요한 두 가지 재생가능 에너지원인 풍력과 태양광은 가변적이고 단속적이어서 '기저부하'용 전력으로 사용될 수 없기 때문에 예비용으로 상당한 규모의 전통적인 발전시설을 필요로 한다.[9]

바이오매스만 예외일 뿐 모든 재생가능 에너지원은 전력생산에만 사용될 수 있다.[10] 세계의 일차에너지 총 공급량 가운데 전력생산에 사용되는 비율은 40% 미만이고, 전력이 총 최종 에너지소비 가운데서 차지하는 비중은 20% 정도일 뿐이다. 일차에너지로 사용되는 화석연료의 약 3분의 1은 전력생산에 사용되고, 3분의 2는 수송, 산업, 농업, 서비스, 주거 등의 부문에서 액체, 기체, 고체 상태의 연료로 사용된다.

화석연료의 총 최종소비 가운데서는 약 40%가 수송부문에서, 24%가 산업부문에서, 23%가 농업, 서비스업, 주거 부문에서 사용되며, 13%가 화학산업에서 원료물질로 사용된다. 전력이 화학산업의 투입물로서 화석연료를 대체할 수 없는 것은 분명하다. 게다가 전력이 해양과 항공수송, 도로 화물운송, 고온 산업공정, 그리고 산업, 건설, 농업 부문의 중장비 동력에 사용되는 화석연료를 대체하기는 매우 어렵거나 불가능할 것이다. 아마도 승용차는 현대 자본주의 소비문화의 핵심일 것인데, 휘발유를 연료로 사용하는 승용차를 전기자동차로 대체하는 것이 기술적으로는 가능할지 모르지만 그런 기술은 아직 미완성 상태이며 전기차가 시장에서 우위를 차지하기까지는 수십 년이 더 걸릴 수 있다.

게다가 현재 발전에 사용되는 일차에너지의 약 4분의 3은 화석연료로부터 나오고 에너지 한 단위분의 전력을 만드는 데 에너지 세 단위가량의 석탄이 필요하기 때문에 수송과 산업과 같은 부문들을 '전력화'하는 것은 CO2 배출을 줄이기는커녕 오히려 늘릴 것이다. 기후 안정화를 목적으로 이들 부문을 전력화한다는 것은 전력생산의 상당부분을 '탈탄소화'하지 않는 한, 다시 말해 화석연료를 이용해 생산하는 재래식 전력을 탄소포집, 원자력, 재생가능에너지원 등을 이용해 생산하는 전력으로 바꾸지 않는 한 말이 되지 않는다.

앞에서 언급한 모든 경제적, 기술적 어려움이 극복된다고 하더라도 세계의 전력생산 방식이 전반적으로 전환되려면 수십 년은 걸릴 것으로 보이며, 세계의 산업 및 수송의 기반시설 가운데 상당한 부분이 전력화되려면 그보다 몇십 년이 더 걸릴 수 있다. 그때쯤이면 지구적인 생태적 재난이 거의 피할 수 없는 상태일 것이다.

바이오매스는 액체와 기체 연료로 만들어 사용할 수 있는 유일한 재생가능 에너지원이다.[11] 그러나 생산력을 갖춘 이용가능한 토지와 깨끗한 물이 제한돼있기 때문에 바이오매스로는 액체와 기체 연료에 대한 세계의 수요 가운데 적은 일부분만을 충족시킬 수 있을 뿐이다. 게다가 토지개발과 토양침식에서 온실가스가 배출되는 점을 고려한 최근의 연구에 따르면 바이오매스로 만들어진 연료가 사실은 재래식 석유보다 더 많은 온실가스를 배출한다고 한다.[12]

기후변화와 성장의 한계

IPCC 보고서에 따르면 산업화 이전에 비해 기온이 2~2.4℃ 오르는 수준으로 지구온난화를 억제하기 위해서는 CO2를 포함한 모든 온실가스의 이산화탄소 환산 농도, 즉 CO2e(Carbon Dioxide Equivalent)를 445~490ppm으로 안정화시켜야 한다. 이는 다시 말해 세계의 CO2 배출이 2000년과 2015년 사이에 최고치에 달했다가 2050년까지 2000년 수준의 50~85%만큼 떨어지도록 해야 한다는 것이다.

세계의 CO2 배출은 2000년 이래 매년 약 3%씩 증가하고 있다. 만약 지금과 같은 추세가 계속된다면 2010년까지는 세계 전체의 CO2 배출이 2000년 수준에 비해 34% 많아지게 될 것이다. 이 점을 감안하면 CO2e를 445~490ppm으로 안정화시키기 위해서는 세계의 CO2 배출이 2010년 수준의 63~89%만큼 떨어져야 함을 알 수 있다.

이러한 배출감축 목표가 자본축적과 경제성장을 끊임없이 지향하는 지구적 자본주의 체제 아래서 달성될 수 있을까? 〈표 1〉는 대기 중 CO2e가 490ppm에서 안정화되도록 해주는 63%의 배출감축을 목표로 하는 가운데 세계의 온실가스 배출이 2010년에 최고치에 달했다가 그 뒤로 감소한다고 가정하는 경우에 배출 감축과 경제성장이 어떤 궤적을 그리게 될 것인가를 보여주는 몇 가지 시나리오를 보여준다. 달리 말하면 이 표의 의도는 CO2e를 490ppm으로 안정화시킨다는 목표에 부합하는 에너지 집약도, 배출 집약도, 경제성장 사이의 가능한 조합 몇 가지를 보여주는 데 있다. 이 시나리오들은 가설적인 것인데다가 낙관적인 가정

2010년부터 2050년까지 대기 중 CO2e를 490ppm으로 안정시키기

에너지의 온실가스 배출 집약도 및 경제의 에너지 집약도의 하락과 이런 하락이 허용하는 경제성장률에 관한 시나리오(연간 변화율)

	배출 집약도의 하락	에너지 집약도의 하락	허용되는 최대 경제성장률
역사적 실적: 1973~2005	0.3%	0.9%	3.0%
시나리오 1	1.0%	1.0%	−0.4%
시나리오 2	1.0%	1.5%	0.1%
시나리오 3	1.0%	2.0%	0.6%
시나리오 4	1.7%	1.0%	0.3%
시나리오 5	1.7%	1.5%	0.8%
시나리오 6	1.7%	2.0%	1.3%
시나리오 7	2.7%	1.0%	1.3%
시나리오 8	2.7%	1.5%	1.8%
시나리오 9	2.7%	2.0%	2.3%

출처: 세계은행(World Bank)의 〈2008년도 온라인 세계개발지표(World Development Indicators Online, 2008)〉에 실린 세계 경제성장, 에너지 소비, 온실가스 배출에 관한 역사적 자료.

에 토대를 둔 것이긴 하지만 대기 중 CO2 농도를 안정화시키기 위해서는 극적인 변화가 필요하다는 점을 부각시켜준다. 끝없는 경제성장과 자본축적이라는 조건 아래에서는 의미 있는 수준의 기후안정화 목표가 달성될 수 없음을 예시적으로 보여주고 있는 것이다.

앞에서 논의했듯이 많은 영역에서 화석연료의 직접적인 소비를 전력으로 대체하는 것은 기술적으로 매우 어렵거나 불가능하다. 그럼에도 불구하고 모든 시나리오가 화석연료 최종소비의 50%가 2050년까지 전력화될 것으로 가정한다. 더욱이 탄소포집, 원자력, 재생가능 에너지원을 이용한 전력생산이 모두 다양한 한계를 갖고 있음에도 불구하고 이들 시나리오는 배출 집약도가 평균적으로 매년 1%, 1.7%, 2.7%씩 낮아지는 것으로, 다시 말해 현재 화석연료를 사용하는 발전의 50%, 75%, 100%가 2050년까지 탈탄소화되는 것으로 가정하고 있다. 또한 에너지 집약도가 평균적으로 매년 1%, 1.5%, 2%씩 감소하는 것으로, 다시 말해

2050년까지 각각 33%, 45%, 55% 떨어지는 것으로 가정되고 있다. 에너지 집약도가 33% 떨어진다는 것은 세계의 에너지 효율이 오늘날 '선진' 자본주의 국가들의 평균수준에 근접하게 된다는 의미다. 또한 에너지 집약도가 45% 또는 55% 떨어진다는 것은 세계의 에너지 효율이 오늘날 '서유럽' 국가들의 수준에 필적하게 된다는 의미다.[13]

선진 자본주의 국가들이 지금 관찰되는 수준의 '에너지 효율'에 도달한 것은 일부 선진기술 덕분만이 아니라 그들이 에너지 집약적인 산업을 세계의 주변부 국가들로 대거 재배치한 결과이기도 하다. 이런 측면을 고려하면 주변부 국가들에서 그러한 수준의 '에너지 효율'이 과연 달성될 수 있을 것이냐는 의문을 품게 되고, 그러한 규모나 범위의 지구적 에너지 효율 개선을 가정하는 것은 과도한 낙관이라고 생각하게 된다. 이들 시나리오에서 평가된 세 가지 요소(배출 집약도, 에너지 집약도, 경제성장)가 반드시 서로 독립적이지는 않다는 점을 인식하는 것도 중요하다. 예를 들어 배출 집약도를 변화시키기 위해 다른 유형의 연료로 전환하면 에너지 집약도나 경제성장이 개선될 잠재적 가능성이 부정적인 영향을 받을 수 있고, 그 역도 마찬가지다. 그러나 제시된 시나리오들에서는 낙관적인 가정 때문에 이러한 문제들이 무시되고 있다.

배출 집약도와 에너지 집약도의 하락속도가 일정하게 주어지면 그러한 조건 아래서 배출감축 목표에 부합하는 최대 경제성장률을 계산해낼 수 있다. 예를 들어 시나리오 1에서는 현재 화석연료를 사용해 생산되는 전력 가운데 50%가 2050년까지 탈탄소화되고(이는 곧 배출 집약도가 연평균 1%씩 낮아짐을 의미한다), 에너지 집약도가 연평균 1%씩 떨어진다고 가정된다. 이 경우에 2010년부터 2050년까지 온실가스 배출량이 63% 줄어들려면 2010년부터 2050년까지 연평균 경제성장률이 −0.4%를 넘어서는 안 된다. 이는 곧 경제가 축소돼야 한다는 말이다. 이와 유사하게 시나리오 9에서는 현재 화석연료를 사용해 생산되는 전력의

100%가 2050년까지 탈탄소화되고(이는 곧 배출 집약도가 연평균 2.7%씩 낮아짐을 의미한다), 에너지 집약도가 연평균 2%씩 떨어진다고 가정된다. 이 경우에는 2010년부터 2050년까지 연평균 경제성장률이 2.3%를 넘어서는 안 된다.

〈표 1〉에서 분명한 것은 배출 집약도와 에너지 집약도가 지구적 자본주의 경제의 역사적 실적(IPCC가 '현상유지(Business-As-Usual)'라고 부르는 수준)에 비해 훨씬 더 극적으로 낮아지는 것으로 돼있고, 따라서 모든 시나리오의 가정이 너무 낙관적이라는 점이다. 그럼에도 불구하고 대부분의 시나리오에서 세계경제가 사실상 정체돼야 하는 것으로 나타나고, 그 가운데 한 시나리오에서는 세계경제가 절대적으로 축소돼야 하는 것으로 나타난다. 그런데도 배출 집약도와 에너지 집약도가 역사적인 평균을 초과하는 속도로 낮아지는 것으로 가정되고 있다. 특히 배출 집약도의 경우에는 그러한 하락이 더욱 극적인 수준으로 가정되고 있다. 즉 배출 집약도의 하락률이 역사적인 하락률에 비해 최소 3배에서 최대 9배에 이른다는 가정에 기초해 시나리오들이 제시돼 있다. 세계의 연평균 인구증가율이 약 1%라는 점을 고려하면 가장 낙관적인 몇 개의 시나리오에서만 1인당 GDP 성장률이 양(+)이 됨을 알 수 있다.

대기 중 탄소 안정화에 대한 이러한 매우 낙관적인 시나리오에서조차 IPCC 추정치에 따르면 세계는 산업화 이전에 비해 2.4℃까지 더 더워질 것이다. 게다가 IPCC의 전망은 가장 최근에 전개된 상황 가운데 많은 것을 고려하지 못하고 있다. 앞으로 여름에는 북극해에서 얼음을 볼 수 없게 될 것 같고, 그 결과로 북극해는 열을 더 많이 흡수하게 될 것이다. 대기 중 CO2e가 490ppm이 되면 아마도 지구온난화의 정도가 IPCC 보고서가 제시한 2.4℃에 그치지 않고 그보다 큰 폭인 2.7℃에 이를 것이다. 이는 곧 세계가 3℃ 온난화라는 문턱에 위험스럽게 가까이 다가간다는 뜻이며, 제임스 러블로크에 따르면 그러한 상황은 인류의 지구적 집단자살이나 마찬가지일 것이다.

만약 대기 중 CO2e를 490ppm이 아니라 445ppm으로 안정화하는 것이 목표라면 세계의 온실가스 배출은 63%가 아니라 89% 줄어들어야 한다. 445ppm에서도 지구의 기온은 산업화 이전에 비해 2℃ 더 상승할 것이다. 그렇게 되면 커다란 생태적 재난들 가운데 일부는 피할 수 없을 것이고, 위험한 '기후 되먹임' 현상이 일어나기 시작할 것이다. 만약 진정으로 기후를 안정시키고 안전의 여지를 충분히 더 많이 확보하는 것이 목표라면 세계의 온실가스 배출을 훨씬 더 대담하게 감축해야 한다.

〈표 2〉는 89%의 총 온실가스 배출감축과 부합하는 연평균 배출감축과 경제성장의 시나리오들을 보여준다. 그 밖의 나머지 가정은 모두 〈표 1〉과 같다. 〈표 2〉를 보면 결국 모든 시나리오에서 세계경제가 축소돼야 하는 것으로 나타난다. 배출 집약도와 에너지 집약도의 하락을 지구 자본주의의 역사적 실적에 비해 확실히 낙관적으로 가정하는 경우에 해당하는 시나리오 1, 2, 3에서는 배출감축 목표

〈표 2〉

온실가스 배출 감축과 세계 경제성장에 관한 시나리오
2010년부터 2050년까지 대기 중 CO2e를 445ppm으로 안정시키기(연간 변화율)

	배출 집약도의 하락	에너지 집약도의 하락	허용되는 최대 경제성장률
역사적 실적: 1973~2005	0.3%	0.9%	3.0%
시나리오 1	1.0%	1.0%	-3.4%
시나리오 2	1.0%	1.5%	-2.9%
시나리오 3	1.0%	2.0%	-2.4%
시나리오 4	1.7%	1.0%	-2.7%
시나리오 5	1.7%	1.5%	-2.2%
시나리오 6	1.7%	2.0%	-1.7%
시나리오 7	2.7%	1.0%	-1.7%
시나리오 8	2.7%	1.5%	-1.2%
시나리오 9	2.7%	2.0%	-0.7%

출처: 세계은행(World Bank)의 〈2008년도 온라인 세계개발지표(World Development Indicators Online, 2008)〉에 실린 세계 경제성장, 에너지 소비, 온실가스 배출에 관한 역사적 자료.

를 달성하려면 2010년 이후에 세계경제가 3분의 2 내지 4분의 3이 축소돼야 한다.

〈표 1〉과 〈표 2〉에 제시된 결과들을 보면, 있을 수 있는 어떤 상황에서도 지구적 자본주의 경제의 끝없는 확장과 양립하는 방식으로는 기후안정화라는 목표가 달성될 수 없음을 알 수 있다. 그런데 자본주의 경제체제는 본질적으로 축소되는 경제 속에서는 물론이고 성장하지 않는 경제 속에서도 유지될 수 없다.

기후변화의 정치학과 사회주의의 과제

필자가 너무 비관적인가? 자본주의의 독창력, 혁신성, 적응력, 탄력성을 낮게 평가하는 것일까? 《플랜 B 3.0》의 저자이자 지구정책연구소(Earth Policy Institute)의 소장인 레스터 브라운(Lester R. Brown), 그리고 폴 호켄(Paul Hawken), 헌터 로빈스(L. Hunter Lovins)와 함께 《자연자본주의(Natural Capitalism)》를 쓴 애머리 로빈스(Amory Lovins)와 같은 주류 환경운동의 대변자들은 마법의 기술이 우리를 구조할 것이라고 우리를 확신시키려고 애쓴다. 그들에 따르면 앞으로 에너지 효율이 10배나 높아지면서 태양전지판의 비용이 바닥으로 떨어질 것이라고 한다. 국내총생산이 폭발적인 성장을 계속하더라도 온실가스의 배출과 그 밖의 다른 오염이 크게 줄어들 수 있다고도 한다. 그들이 보기에는 한편으로 이윤을 위한 생산과 자본축적이 계속되면서 다른 한편으로는 생태적 지속가능성이 유지될 수 있으며, 그 둘 사이에 내재적 갈등이 전혀 없다.

그들의 전형적인 주장은 "기술은 이미 이용가능한 상태로 존재"하고 "필요한 것은 오직 정치적 의지뿐"이라는 것이다. 물론 그들이 말하는 '정치적인 의지'란 근본적인 사회변혁과 같은 것을 가리키는 것이 아니다. 오히려 그들은 자본주의의 기본적인 틀 안에서 얼마간의 입법상 개혁과 국제적 협정에 대해 이야기하고 있다. 기껏해야 개인적인 소비자행동의 제한적인 변화 정도를 요구하고 있을 뿐이다.

주류 환경운동은 그 사회적 구성을 보면 주로 자본주의 사회에서 중상층에 속하는 사람들로 이루어져 있다. 그들은 대학교수, 공학자, 기술자, 기업의 경영자, 금융시장의 분석가, 그리고 그 밖의 전문가 등이다. 이런 사람들은 많은 양의 생산수단을 소유하고 있지는 않지만 대체로 자본가들을 위한 관리나 기술과 같은 기능을 수행하며, 노동계급에 비해서는 상당한 물질적 특권을 누리고 있다.

1960년대와 같이 혁명적 분위기가 고조되는 시기에는 그와 같은 사람들 가운데 일부가 급속하게 급진주의로 돌아설 수 있고, 다양한 종류의 '극좌파'가 될 수도 있다. 그러나 반혁명이 휩쓰는 시기가 되면 노동자들에 대한 공세에서 그들이 지배계급의 가장 중요한 동맹집단이 될 수 있다. 중상층은 1980년대와 1990년대에 많은 나라에서 신자유주의의 중요한 사회적 토대였고, 옛 소련과 동유럽, 그리고 중국에서는 자본주의의 복원에서 결정적인 역할을 수행했다.

지구적인 생태위기가 깊어져감에 따라 중상층 가운데 일부는 기존의 자본주의적 '생활양식'이 심각한 문제를 일으키고 있으며 그것이 무한정 지속될 수는 없다는 사실을 인식하거나 감지하고 있다. 그들은 그러나 상대적으로 특권적인 수준으로 자신들이 누리고 있는 물질적 생활의 토대인 자본주의 체제를 넘어서는 것은 상상할 수 없거나 상상하기를 꺼린다. 그들은 자본가계급에 대한 암묵적인 정치적 지지를 철회할 준비가 돼있지 않다. 삶의 조건과 경험에서 그들은 노동계급과 매우 멀리 떨어져 있다. 그러므로 노동계급의 광범위한 동원과 조직화를 통해서만 생태적 지속가능성을 실현하는 데 필요한 사회변혁에 대한 희망을 만들어낼 수 있다는 사실을 그들이 인식하기는 어렵다. 그 결과로 중상층 환경주의자들은 한편으로는 기술적인 기적에, 다른 한편으로는 자본가계급을 도덕적이거나 합리적으로 행동하도록 설득할 수 있을 것이라고 기대하면서 도덕적인 설득의 힘에 절박한 희망 또는 믿음을 건다.

그러나 자본주의 체제가 손상되지 않고 유지되는 한 자본주의의 운동법칙은 개인적인 의지와는 독립적으로, 그리고 중상층 환경주의자들의 희망과는 반대로 작동하기를 멈추지 않을 것이다. 진짜로 양심적인 환경주의자라면 생태적 지속 가능성에 헌신하든가 착취적이고 억압적인 사회체제에 헌신하든가 둘 중 하나를 선택해야 할 시점이 조만간 올 것이다. 게다가 지구적인 생태위기의 심화와 지구적 자본주의의 일반적 위기로 인해 이제는 자본주의 체제가 이윤을 위한 생산과 축적이 요구하는 바를 충족시키는 동시에 중상층에게 물질적 특권을 허용하기가 점점 더 힘들어지게 될 것이다.

앞에서 내가 논의했듯이 세계의 에너지 체제를 탈탄소화하는 데는 기술적 장애물이 많다. 브라운과 로빈스는 기술적 변화의 잠재력을 크게 과장했다. 재생가능 에너지원을 사용하는 기술로서 제안된 매우 효율적인 에너지 기술 가운데 지금 당장 이용할 수 있는 것이 많다고 하더라도 기술의 확산에 대한 장애물이 자본주의 체제에 내재돼있기 때문에 이용할 수 있는 기술을 실제로 적용하기까지는 시간이 걸릴 것이다. 이윤을 위한 생산에 기초한 경제체제에서 새로운 기술은 '지적 재산'이다. 지불능력이 없는 국가나 사람에게는 그림의 떡이다. 심지어 오늘날에도 세계에서 수억 명의 사람들은 전기 없이 살아가고 있다. 그 사람들이 태양에너지로 구동되는 전기자동차를 이용하게 되려면 몇십 년이 더 걸려야 할지 모른다.

더구나 휴대전화나 노트북 컴퓨터와 같은 소비재 신제품의 제조는 기존의 산업체제에 의해 바로 이루어질 수 있는 반면에 세계 에너지 체제의 탈탄소화는 세계경제 인프라의 근본적인 변혁을 필요로 한다. 이는 탈탄소화를 촉진하는 데 가장 이상적인 조건 아래서도 실제 탈탄소화의 속도가 내구적 고정자산이 감가되는 속도보다 더 빠를 수 없음을 의미한다. 건물을 비롯한 많은 내구적 구조물이 반세기는 물론이고 그 이상도 유지된다는 점을 고려하면 탈탄소화의 속도에 대한 〈표 1〉과 〈표 2〉의 가정은 극도로 낙관적인 것이라고 봐야 할 것이다.

순수하게 기술적인 관점에서만 보면, 기후변화 위기에 대한 가장 간단하고 직접적인 해결책은 온실가스 배출이 합리적인 수준으로 줄어들 때까지 경제성장을 일체 중단하고 질서정연한 방식으로 세계의 물질소비 규모를 줄여나가기 시작하는 것이다. 이것은 분명히 현존하는 기술만으로도 얼마든지 달성할 수 있다. 만약 현재 이용가능하거나 잠재적으로 이용가능한 모든 탈탄소화 기술을 가능한 한 신속하게 세계의 모든 곳에서 도입한다면 지금보다 훨씬 더 작은 규모의 세계경제로도 세계인구 모두의 기본적인 필요를 충족시킬 수 있을 정도의 물질적 생산능력을 세계가 갖게 될 것이다. 이와 관련해 〈표 2〉의 시나리오 1, 2, 3은 1960년대의 물질적 생활수준으로 되돌아가는 것과 대략 일치한다는 점에 주목할 필요가 있다.

그러나 자본주의 체제 아래서 자본가가 생산수단과 잉여가치를 소유하는 한 자본가로 하여금 잉여가치의 상당부분을 자본축적을 위해 사용하게 하는 유인과 압력이 늘 존재한다. 잉여가치에 대한 사회적 통제가 이루어지지 않는 한 자본축적이 일어나지 않게 할 방도가 없으며, 따라서 경제성장을 멈추게 할 수가 없다. 게다가 자본주의 아래서는 소득과 부의 분배에 엄청난 불평등이 존재하게 되는데도 수십 억 인구의 기본적 필요를 충족시키면서 질서정연하게 규모가 축소되도록 지구적 자본주의 경제를 관리하는 것이 가능할까? 자본주의가 자기 내부의 사회적 모순을 완화시킬 수 있으려면 경제성장이 없어서는 안 된다.

교토의정서에 따라 선진 자본주의 국가들은 2012년까지 1990년 기준으로 CO_2 배출을 5% 줄여야 한다. 〈그림 1〉은 세계에서 가장 경제규모가 큰 국가들의 CO_2 배출(1990~2005년)을 보여준다.[13] 교토의정서에 서명하기를 거부한 미국의 경우 CO2 배출이 1990년부터 2005년까지 22% 증가했다. 교토의정서 서명국 가운데 일본은 CO2 배출이 16% 증가했고, 유로지역은 1990년대 중반부터 CO2 배출이 증가하는 추세다. 영국의 CO2 배출 추세는 그림에서 평평하게 나타나 있다. 이는 석탄을 북해산 가스로 대거 전환한 데서 주로 연유한 현상이다.

러시아는 경제규모가 큰 나라들 가운데 1990년 이래 유일하게 CO2 배출을 큰 폭으로 줄인 나라인데 이 시기에 이 나라의 경제적 산출과 인구가 감소했다는 사실은 역설적이다. 러시아의 CO2 배출은 1990년부터 2005년까지 연평균 2.7%씩 모두 3분의 1만큼 줄어들었다. 만약 세계경제가 러시아의 경험을 세 번 반복한다면, 다시 말해 1990년대에 러시아가 경험한 것과 같은 종류의 경제적 와해를 비슷한 수준의 배출감축과 함께 세 번 거친다면 2050년까지 세계의 CO2 배출이 3분의 2만큼 줄어들 것이다. 이런 일이 일어나야만 대기 중 온실가스의 CO2 환산

〈그림 1〉

주요국의 CO2 배출

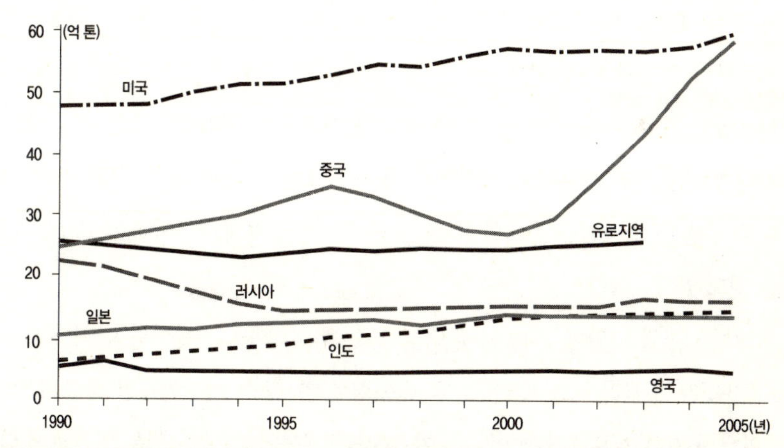

출처: 세계은행(World Bank)의 〈2008년도 온라인 세계개발지표(World Development Indicators Online, 2008)〉, http://devdata.worldbank.org/dataonline

농도를 490ppm으로 안정시킬 수 있다. 그러나 앞에서 논의했듯이 이것도 필요한 수준에는 여전히 미치지 못하는 수준이다.

1990년 이래 중국과 인도의 CO2 배출은 각각 두 배 이상으로 증가했고, 중국은 이제 미국을 제치고 세계 최대의 온실가스 배출국이 됐다. 현재의 속도가 유지된다면 중국의 CO2 배출은 10년 만에 다시 두 배가 되고, 인도의 CO2 배출은 15년이 채 되지 않아 다시 두 배가 될 것이다. 유럽연합은 2020년까지 CO2 배출을 1990년의 수준에 비해 20%만큼 줄이겠다는 약속을 내걸고 있다. 그러나 이와 같은 온실가스 감축 전부가 중국의 한 해 경제성장만으로 상쇄돼버릴 것이다. 중국은 거대한 자본주의적 호황으로 인해 현재 석탄화력발전소를 매주 두 개씩 짓고 있다. 이는 중국이 매 4년마다 현재 미국에 있는 석탄화력발전소들만큼이나 많은 발전소를 짓게 된다는 의미다. 축적을 향해 치닫는 이런 종류의 움직임이 존재하는 상황에서 기후안정화에 대한 희망을 품는 것이 가능할까? 어떤 마법과 같은 기술이 있어 이런 종류의 자본주의를 지탱해줄 수 있을까?

중국의 노동자와 농민들은 이런 끊임없는 자본주의적 이윤추구 움직임으로부터 전혀 혜택을 얻지 못하고 있다는 사실은 반드시 지적돼야 한다. 그런 움직임으로부터 엄청난 이윤을 거두어들이는 것은 바로 초국적기업들, 즉 중국을 세계의 '공장'으로 이용하는 기업들과 중국의 자본주의 지배엘리트들이다. 정도는 덜하겠지만 선진 자본주의 국가들의 중상층 또한 중국과 인도, 그리고 그 밖의 다른 주변부 국가의 노동자들이 생산하는 값싼 소비재와 '서비스'로부터 혜택을 얻고 있다.

2007년 6월 14일에 〈파이낸셜 타임스〉는 반공산주의 '벨벳혁명'의 지도자였던 바츨라프 클라우스 체코공화국 대통령이 쓴 아주 이상야릇한 글을 실었다. '위험에 처한 것은 기후가 아니라 자유'라는 제목의 그 글을 일부 인용하면 다음과 같다.

우리는 낯선 시대를 살아가고 있다. 환경주의자들과 그들의 추종자들에게는 예외적으로 따뜻한 겨울 한 번이면 날씨에 대해 무언가를 하기 위한 급진적 조치를 제안하기에 충분한 이유가 될 것이다. … 합리적이며 자유를 사랑하는 사람들은 응답해야만 한다. 정치적으로 올바른 길이 요구하는 바는 엄격하며, 인류의 역사에서 처음은 아니지만 유일하게 허용되는 단 하나의 진실이 우리에게 부과돼 있다. … 지구온난화 히스테리는 진실 대 선전이라는 문제의 으뜸가는 예가 됐다. '확립된 진리'에 대해 반대하는 데는 용기가 필요하다. … 일생의 대부분을 공산주의 아래서 살았던 사람인 나는 지금 공산주의가 아닌 야심찬 환경주의가 자유, 민주주의, 시장경제, 번영에 대한 최대의 위협이 되고 있다고 말해야겠다는 의무감을 느낀다. 환경주의라는 이념은 인류의 자유롭고 자발적인 진화를 이제는 지구적인 계획으로 승격된 일종의 '중앙의 계획'으로 대체하기를 원한다.

이 구절에 이어 프리드리히 하이에크의 훌륭한 제자임이 분명하고 자유를 사랑하는 클라우스 대통령은 과학자들에게 "자신의 정치적인 가정과 가치상의 가정이 무엇이고 그 가정이 과학적 증거에 대한 자신의 선택과 해석에 얼마나 영향을 주는지를 밝혀야 할 의무가 있다"고 주장했다. 그런 다음에 그는 '기술의 진보'와 '이용가능한 부의 증가'가 "가벼운 기후변화가 낳을 수 있는 잠재적인 결과와 관련된 문제를 모두 다 해결해줄 것"이라고 장담했다.

기후변화라는 쟁점을 더 이상 무시할 수 없다는 중요한 정치적 합의가 국제 부르주아들 사이에 형성되고 있는 시점에 클라우스가 '자유'를 방어하기 위해 약간의 용기를 냈다는 점은 누구나 인정해주어야 할 것이다. 나는 과거의 체코슬로바키아처럼 사회주의 국가였던 중국에서 성장하고 정치적 경험도 했기 때문에 정말이지 클라우스의 입장에 묘한 친밀감을 느낀다.

솔직히 말해 노동계급과 사회주의에 대해 마음속에 뿌리 깊은 증오감을 갖고 있는 지극히 반동적인 정치인만이 그러한 기이한 논평을 할 수 있을 것이다. 그러나 어떤 면에서는 클라우스가 그 어떤 주류 환경주의자보다 진실에 더 가까이에 있다고 말할 수도 있다. 만약 그의 글에 들어있는 '중앙의'라는 말이 민주적인 제도에 의한 자각적이고 합리적인 조정을 말하는 것이라면 기후변화 위기를 극복하기 위해서는 인류에게 당연히 그러한 '중앙의' 계획이 필요하다.

기후안정화를 위해 기술적으로 요구되는 바가 무엇인지는 명백하다. 지구적인 에너지 인프라는 근본적으로 재생가능 에너지원에 기초한 것으로 변혁될 필요가 있다. 세계의 경제 인프라 가운데 많은 부분도 그에 따라 바뀌어야 할 것이다. 농업은 지속가능한 원칙을 따르고, 비료와 기계를 사용하기 위해 화석연료에 의존하는 구조에서 벗어나는 방향으로 재조직될 필요가 있다. 수송체계는 전체적으로 재생가능 에너지원으로 생산된 전력에 의해 구동되는 철도와 대중교통이 두드러진 역할을 맡는 방향으로 다시 건설돼야 한다. 세계경제의 규모는 온실가스 배출 감축목표에 부합되도록 줄여야 할 것이다. 또한 이 모든 것이 세계인구의 기본적 필요를 충족시키려는 노력을 해치지 않으면서 달성될 필요가 있다.

자본주의가 이러한 목표들을 달성할 수 없다는 것은 분명하다. 만약 우리가 문명을 지탱하고 있는 생태적 조건들을 손상시키기를 원하는 게 아니라면 생산수단의 공적 소유와 민주적 계획을 포함하는 사회주의 외에 다른 어떤 것이 위와 같은 목표를 달성할 수 있을까?

이른바 '시장사회주의'는 선택지가 아니다. 이론과 역사적 경험 둘 다 '시장사회주의'는 불가피하게 자본주의로 이어진다는 것을 증명해 보였다. 사회주의적 계획에 반대하는 사람들은 역사적인 사회주의의 경험에 비추어 사회주의적 계획은 '비효율적'일 것이라고 주장한다.

민주주의와 경제적 효율성에서 미래의 사회주의가 역사적 사회주의보다 의심할 여지 없이 더 나을 것인가라는 문제를 제쳐놓고 말한다면, 지구적 생태위기가 극도로 중대함에 비추어 '효율성'은 적절한 쟁점이 아닌 것이 분명하다. 실질적인 쟁점은 사회주의가 지상에서 살아가는 모든 사람에게 음식, 교육, 의료를 제공할 수 있는가다. 우리는 역사적 사회주의가 그럴 수 있었고, 쿠바는 여전히 매우 제한된 물질적 자원만으로도 그러한 목표를 달성하고 있다는 사실을 알고 있다.

자본주의는 적어도 수억 명의 사람들에게 음식, 교육, 의료를 제공하는 데 항상 실패해왔다. 만약 지구적 생태위기가 극복되지 못한다면 자본주의는 인류 전체에도 도움이 되지 않는 것이 된다. 어떤 선택을 해야 할지는 이제 충분히 명백하지 않은가?

(윤순진 옮김)

석유정점과 에너지 제국주의

존 벨러미 포스터

21세기에 접어들면서 군국주의와 제국주의가 공공연하게 발호하게 된 것은 세계 경제를 지배하는 이익집단들이 줄어드는 세계 석유공급에 대한 통제력을 확보하려고 시도하고 있기 때문이다.[1] 미국의 국가안보집단에서는 1998년부터 다음 네 가지 상황별로 에너지 주도권을 확보하기 위한 전략을 모색하는 논의가 시작됐다. ① 미국의 석유 소비량 가운데 외국에서 수입된 석유의 비중이 50%를 넘어서는 상황 ② 세계의 석유생산 여력이 사라지는 상황 ③ 재래식 석유자원 여유분 가운데 페르시아 만의 석유가 차지하는 비중이 집중적으로 증가하는 상황 ④ 석유정점의 공포가 점점 더 커지는 상황.

이러한 세계적인 석유공급 위기에 대한 기득권 집단의 반응은 마이클 클레어(Michael Klare)가《피와 석유(Blood and Oil)》에서 '지구적인 최대추출 전략'이라고 부른 것을 건설하자는 것이었다.[2] 이에 따라 미국은 패권적 강대국으로서 다른 주도적인 자본주의 국가들의 지지를 얻어 석유생산을 증가시킬 목적으로 세계에 매장돼있는 석유자원에 대한 자국의 통제를 확대하는 행동에 나서게 됐다. 이런 점에서 볼 때 9.11 테러 직후의 아프가니스탄(카스피해 유역의 석유와 천연가스에 대한 서방의 접근에 지정학적 출입구가 되는 곳) 침공과 점령, 2003년의 이라크 침공, 아프리카 기니만(워싱턴이 스스로 베이징과 경쟁을 벌이고 있다고 간주하는 곳)에 대한 미국 군사활동의 빠른 확장, 이란과 베네수엘라에 대해 점점 더 강화되는 위협 등이 모두 다 에너지 제국주의 시대라는 위험한 새 시대의 부상을 알려주는 신호다.

석유의 지정학

미국은 1998년 4월에 처음으로 자국이 소비하는 석유의 절반 이상을 수입했다. 이렇게 절반이라는 문턱을 넘은 것은 미국의 해외석유 의존도가 매우 빠르게 높아지고 있음을 보여준 것이었다. 이와 동시에 세계가 곧 석유생산의 정점에 다다르게 될 것이라는 점에 대한 공포심이 갈수록 고조되고 있으며, 이러한 공포심은 기득권 집단의 막후논의에서도 중요한 요소가 되고 있다. 그 단초가 된 사건은 석유산업에서 일하다가 은퇴한 지질학자인 콜린 캠벨(Colin J. Campbell)과 장 라에레르(Jean H. Laherrère)가 1998년 3월에 〈값싼 석유의 종말〉이라는 제목의 논문을 〈사이언티픽 아메리칸〉을 통해 발표한 것이었다. 캠벨과 라에레르는 이 논문에서 세계의 석유생산이 "아마도 10년 안에" 정점에 도달할 것이라고 전망했다. 이 논문과 거기에서 지적된 석유정점이라는 문제는 곧바로 경제협력개발기구(OECD)의 에너지 분야 조직인 국제에너지기구(IEA; International Energy Agency)의 주목을 받았고, 이 조직이 펴낸 1998년도 〈세계 에너지 전망(World Energy Outlook)〉에서 중요하게 다뤄졌다. IEA는 전 세계의 석유 매장량과 종 모양의 석유생산 곡선에 관한 비관론자들의 가정을 받아들인다고 해도 자체적으로 운영하는 장기공급 모델에 따르면 "2008~2009년까지는 정점이 오지 않을 것"으로 판단된다고 주장했다. 게다가 석유 매장량에 대한 IEA 자체의 가정을 전제로 하면 정점이 오는 시점은 약 10년 정도 뒤로 늦춰지게 된다는 것이었다.[3] 그러나 10년 정도 늦춰진다고 해서 정점이 먼 일이 되는 것은 아니었다. 이런 가운데 북해에서 이루어지는 영국의 석유생산이 1999년에 정점에 도달함으로써(노르웨이의 석유생산은 2년 뒤에 정점에 달했다) 위기감이 한층 고조됐다.

미국 휴스턴에 본부를 둔 에너지 분야의 국제적 투자은행인 '시먼스 앤드 컴퍼니 인터내셔널'의 최고경영자이자 국가석유위원회와 대외관계위원회의 위원인 매튜 시먼스(Matthew Simmons)는 1999년에 〈미들 이스트 인사이트(Middle East Insight)〉에 논문을 하나 발표했다. 이 논문에서 시먼스는 고도의 추출기술로 인해 주요 유전들이 "훨씬 더 빠르게" 고갈되게 됐다고 강조했다. 그러한 추출기술의 도입은 이전의 추측처럼 주요 유전들의 수명을 늘리기보다는 오히려 그 고갈을 보다 가속화시킬 것 같다는 얘기였다. 또한 시먼스는 "1970년 이후 생산이 시작된" 유전들을 언급하면서 "새로운 유전들의 거의 모두가 이미 생산의 정점을 지나 이제는 생산이 가파르게 감소하고 있고, 오래된 거대한 유전들도 고갈되기 시작하고 있다"면서 "그렇다면 세계 전체의 평균적인 유전고갈 속도에는 어떤 일이 일어나고 있을까?"라고 물었다.[4]

2000년에 시먼스는 감소하는 석유공급에 대한 관심 때문에 조지 부시의 대통령선거 캠프에서 에너지 문제에 관한 자문역을 맡게 됐다. 그는 2008년 2월의 인터뷰에서 그렇게 된 사정에 대해 자세히 말하면서 2000년 3월 초에 자기가 에너지장관인 빌 리처드슨의 보좌관과 나눴던 대화의 내용을 부시의 '사촌'에게 말해주려고 그에게 "가까이 다가갔다"고 밝혔다. 리처드슨은 석유수출국기구(OPEC) 회원국들의 석유생산 여력을 조사하도록 현지에 파견됐던 인물이다. 시먼스는 부시의 사촌에게 이렇게 말했다고 한다.

"미국 에너지 정책의 수장이 당신에게 전화해서 20초에 약 다섯 번 정도나 '제기랄!'이라고 말했다면 이건 그들이 우리에게 경고해주는 내용보다 훨씬 더 좋지 않은 신호"라고 나는 말했다. 또한 나는 "지금부터 선거일까지 그 모든 사실이 언론보도 등을 통해 갑자기 노출되어 부시에게 정보가 잘못 전달된다면 그가 세계 모든 나라의 국가원수들에게 잘못 말하게도 되겠지만, 그 결과로 무엇보다 당신이 침몰하고 말 것"이라고 말했다. 그리고 그와 같은 상황 때문에 나는 부시가 후보로 출마하면서 내놓게 될 종합적인 에너지 계획을 수립하는 데 도움을 주지 않을 수 없었다.[5]

시먼스는 '부시—체니 에너지전환 자문위원회'의 위원이 되어 심각해지는 석유의 제약에 대해 조언해주었다. 시먼스는 사우디아라비아의 석유생산이 정점에 임박했다는 주장을 담은 책《사막의 여명: 다가오는 사우디아라비아의 석유파동과 세계경제(Twilight in the Desert: The Coming Saudi Oil Shock and the World Economy)》를 2005년에 펴냈고, 석유정점이라는 개념을 제기한 이 책은 에너지 문제에 관한 가장 영향력 있는 저작들 가운데 하나가 됐다.[6]

미국 에너지부의 산하기관인 에너지정보청(EIA; Energy Information Administration)은 일찍이 2000년 6월에 다수의 시나리오를 고려하면서 석유정점 문제에 대한 전면적인 평가를 시도했다. EIA는 정점이 "이르면 2004년에 닥칠 것"이라고 보는 사람들의 견해에 반대하면서 "세계의 재래식 석유생산이 감소하기 시작하려면 20년 또는 그 이상의 시간이 더 흘러야 할 것이며, 그 전에는 석유생산이 증가할 것"이라는 결론을 내렸다. 그러나 그것은 이해관계자들을 안심시킬 수 있는 것은 아니었다. 왜냐하면 그러한 분석 자체가 세계의 석유정점이

이르면 2021년에는 닥칠 것임을 암시하는 것이었기 때문이다.[7]

1998~2001년에 미국의 권력 중추부에 침투하기 시작한 세계 석유공급에 관한 이러한 우려는 권력 중추부의 측근그룹 내부에 석유추출 문제의 특수성과 그로 인한 문제를 경감시킬 수 있는 전략적 수단에 관한 광범위한 토론을 불러일으켰다. 그리고 그와 같은 우려는 '새로운 미국의 세기 프로젝트(PNAC; Project for a New American Century)'와 같은 집단들이 제기한 미 제국의 확장에 관한 보다 폭넓은 성격의 쟁점들과 점점 더 통합돼갔다.[8]

국제전략문제연구소(CSIS; Center for Strategic and International Studies)는 1998년 7월에 국방장관과 에너지장관을 지낸 제임스 슐레진저와 상원 군사위원회 위원장을 지낸 샘 넌의 권고로 '전략적 에너지 이니셔티브(Strategic Energy Initiative)'를 출범시켰다. 전략적 에너지 이니셔티브는 슐레진저와 넌이 공동의 장을 맡은 가운데 2000년 11월에 〈21세기를 향한 에너지 지정학(The Geopolitics of Energy into the 21st Century)〉이라는 제목으로 세 권의 보고서를 발간했다. 이 보고서는 석유에 대한 수요는 계속 증가하는 반면에 페르시아 만을 제외한 다른 지역들에서는 석유생산이 줄어드는 상황에서 세계의 석유수요를 충족시키기 위해서는 페르시아 만의 석유생산이 "2000년부터 2020년까지 거의 80%만큼" 늘어나야 한다고 강조했다.

2000년부터 2010년까지 10년 사이에 세계의 석유정점이 닥칠 것이냐 하는 문제도 캠벨, 라에레르, 시먼스의 주장에 초점을 맞추어 검토됐다. CSIS의 전략적 에너지 이니셔티브는 세계의 석유정점이 이르면 2010년에 닥칠 것이라는 견해를 공식적으로는 받아들이지 않았지만, 보고서에서는 석유정점 문제를 대단히 진지하게 다루었다. 전략적 에너지 이니셔티브는 보고서에서 미국은 "유일한 초강대국으로서 세계적으로 원활한 에너지 공급을 유지하고 세계의 석유에 대한 '개방적 접근'을 보장할 책임을 특별히 지고 있다"고 선언했고, 더 나아가 당시에 미국의 경제제재를 받고 있었던 이라크와 이란으로부터 석유수입을 늘릴 수 있는 방안을 찾아야 할 필요가 있다고 시종일관 강조했다.[9]

2001년에는 라이스대학의 '제임스 베이커 3세 공공정책연구소(James Baker III Institute for Public Policy of Rice University)'와 대외관계위원회가 에너지 분석가인 에드워드 모스(Edward L. Morse)가 의장의 역할을 맡은 '21세기를 위한 전략적 에너지정책 과제(Strategic Energy Policy Challenges for the 21st Century)'에 관한 연구를 공동으로 지원했다. 이 연구 프로젝트의 특별위원회에는 모스와 '케임브리지 에너지 연구연합(Cambridge Energy Research Associates)'의 대니얼 여진(Daniel Yergin)과 같은 석유낙관주의자들과 석유정점 주창자인 시먼스 같은 석유비관주의자들이 두루 위원으로 포함됐다. 그 결과로 작성된 '베이커연구소/대외관계위원회 보고서'는 앞으로 몇십 년 동안에는 세계의 석유매장량이 적당한 수준일 것이라고 강조했으나, 이와 동시에 "석유생산 능력을 확충하기 위한 투자의 부족"과 "변덕스러운 국가들" 때문에 세계적으로 "석유공급이 충분하지 않은 상황"에 직면하게 됐다는 점과 초과 생산능력이 "제거"되어 "무시할 만한 수준"으로 줄어들었다는 점을 지적했다. 또한 그렇게 된 부분적인 이유는 산유국들이 석유수익금을 생산능력 확충에 투자하기보다 사회적 사업에 쏟아 부은 데 있다는 것이었다.

이어 베이커연구소/대외관계위원회 보고서는 위와 같은 상황에서 이라크가 생산능력보다 훨씬 낮은 수준에서 석유를 생산하면서 그 전해와 같이 전략적 이익을 위해 필요하다고 생각될 때에는 석유 생산량을 늘렸다 줄였다 하는 방식으로 석유 생산량을 크게 변동하게 만드는 주된 국가로 떠올랐다고 지적했다. 이는 "사담 후세인이 장기간에 걸쳐 시장에서 이라크산 석유의 공급을 중단시킬 가능성"을 포함해 세계 자본주의 경제에 대한 위협의 증가를 의미하는 것으로 해석됐다. 전략적 에너지 정책에 관한 이 보고서는 "이라크에 매장된 석유는 세계 석유시장에 증산능력을 신속하게 추가하는 동시에 석유무역에 보다 경쟁적인 경향을 주입하는 데 이용될 수 있는 중요한 자산"이라고 강조했다. 따라서 이라크의 산유능력을 제고하기 위한 투자가 필요했다. 문제는 사담 후세인을 어떻게 다루어야 하느냐는 것이었다.

베이커연구소/대외관계위원회 보고서를 전반적으로 보면, 유가의 상승과 석유공급의 부족으로 인해 "미국이 가난한 개발도상국과 보다 비슷해지게 될" 위험이 있기 때문에 문제가 심각하다고 강조하는 내용이었다.

해답은 미국이 주도해서 서방 강대국들이 세계 석유자원 개발에서 보다 직접적인 역할을 수행하도록 하는 것이었다. 이는 제3세계에서 '자원 민족주의'의 성장과 함께 부상한 국영 석유회사들이 지배력을 발휘하는 석유의 정치경제를 선진 자본주의 경제에 근거를 둔 다국적 석유회사들이 석유의 매장량에 대한 관리와 석유에 대한 투자에서 다시 주도권을 잡는 석유의 정치경제로 교체하는 일과 연결되는 것이었다.[10]

전략적 에너지 정책에 대해 국가안보 분석가들이 펴낸 보고서에 이어 2001년 5월에는 백악관이 딕 체니 부통령의 지휘 아래 〈국가 에너지정책〉에 관한 문서를 작성해 발표했다. 이 문서 또한 미국의 석유 생산량이 1970년에 기록된 최대치에서 39% 정도 줄어들었고 2020년에 이르면 미국 전체의 휘발유 및 난방유 소비량 가운데 3분의 2가량이 외국산 석유로 충당될 것이라는 점을 지적하면서 미국이 석유안보를 강화해야 할 필요성을 강조했다. 부시 대통령은 2001년 5월에 외국산 원유에 대한 의존으로 미국이 "국가 에너지안보"를 "외국들, 그것도 일부는 전혀 우리와 이해관계가 다른 국가들"의 손에 내맡기게 됐다고 경고했다.

세계의 장기적인 석유공급 전망에 대해 미국 에너지부는 2001년에 발표한 〈국제 에너지 전망〉에서 세계의 에너지 수요를 충족시키기 위해서는 2020년까지 페르시아 만의 석유 생산량을 1999년에 비해 두 배 정도로 늘려야 한다고 밝혔다.

그러나 페르시아 만의 석유 생산능력 확대를 위한 대규모의 투자 없이는 이러한 낙관적인 시나리오가 쉽게 실현될 수 없는 일이었고, 이라크와 이란은 물론이고 심지어 사우디아라비아와 같은 핵심적인 국가들도 그러한 투자를 실행할 것으로는 보이지 않았다. 2001년 현재 이란의 원유 생산량은 1976년에 비해 37% 줄어든 상태였고, 이라크의 원유 생산량도 1979년에 비해 31% 적었다. 이 두 국가의 석유 생산량은 생산능력을 밑돌고 있었고, 이는 투자부족과 제재조치의 효과 때문인 것으로 여겨졌다. IEA는 필요하다고 예측된 세계의 석유공급 수준을 달성하기 위해서는 페르시아 만 국가들이 2030년까지 5천억 달러 이상의 자금을 석유생산 능력 확대를 위한 새로운 시설과 기술에 투자해야 한다는 추정결과를 내놓았다.[11]

2001년 봄까지 미국의 에너지 회사들과 부시 행정부뿐만 아니라 국가안보와 에너지 분야의 분석가들도 이처럼 석유매장량은 여전히 상당한 수준에 이르고 있지만 석유생산 능력에는 여유가 별로 없다는 결론을 내리면서 일련의 유가파동이 일어날 것이라고 예상했다. 페르시아 만에서 전체적으로 석유생산을 크게 늘리는 것만이 향후 20년간 석유의 생산과 수요 사이에 일어날 엄청난 격차의 확대를 막을 수 있다고 내다보았다. 이 모든 것 뒤에는 석유생산의 정점이라는 유령이 있었다.

이전의 모든 미국 행정부가 그랬던 것처럼 부시 행정부도 수요 측면에서 소비를 줄임으로써 문제를 풀어보려고 노력하기보다는 '궁극적인 보증인'과 같은 역할을 해줄 것으로 보이는 군대에 의지했다. 마이클 클레어는 자신의 저서 《피와 석유(Blood and Oil)》에 이렇게 썼다.

9.11 사태 이전과 이후의 몇 달간 부시 행정부는 미국의 페르시아 만 지배와 점점 더 많은 양의 석유 조달을 위한 종합적인 전략을 수립했다. 이 전략은 모든 것을

포괄하는 단일한 백악관 문서로 공식화될 것 같지는 않았다. 대신 부시 행정부는 페르시아 만에서 미국이 어떠한 정치적, 경제적, 군사적 행동을 할 것인가에 관한 청사진을 그리고 그것과 관련된 일련의 정책들을 채택했다. 나는 그 정책들의 접근 방식을 '최대추출 전략'이라고 부른다. 이런 접근방식은 페르시아 만의 주요 석유 생산국들에서 석유생산이 촉진되도록 하는 것을 우선적인 목표로 삼았다. 그러나 이런 식으로 석유생산의 증가를 추구하는 것은 그 지역의 불안정과 갈등 때문에 실패할 수도 있었고, 따라서 그러한 전략은 군사적 개입을 증가시킬 가능성을 내포 하고 있었다.[12]

군사적으로 보면 그것은 곧 불안정의 신호가 증가하는 상황에 처한 사우디아 라비아를 보강해주는 동시에 이라크에서 정권변화를 이뤄내고 이란에 대해 최 대한의 압력을 행사해야 하는 것이었다. 도널드 럼스펠드와 폴 월포위츠와 같은 부시 행정부의 주요 인사들은 심지어 선거 이전부터 이라크 침공을 밀어붙이는 태도를 보였다. 마침내 2001년 9월에 공격이 시작됐다. 미국은 '테러와의 전쟁' 에 이어 먼저 아프가니스탄을 침공했고, 이를 통해 중앙아시아와 카스피해 유역 으로 연결되는 지정학적 통로와 송유관로를 확보했으며, 그런 다음 2003년에 이 라크를 침공했다. 석유의 지정학이라는 관점에서 보면 미국이 사담 후세인을 제 거하고 이라크를 점령한 것은 이라크의 석유생산이 상당히 증가하게 될 가능성 을 말해주는 것이었고, 미국이 페르시아 만 지역에 대한 군사적, 정치적, 경제적 지배를 강화시키는 데 필요한 기반을 확보함으로써 중동에서 미국의 석유안보 가 강화될 것임을 말해주는 것이기도 했다. 중동과 그 지역의 석유에 대한 미국 의 전략적 통제는 '새로운 미국의 세기'의 토대를 구축하는 데 열쇠가 되는 것으 로 간주됐다.

미국의 최고 경제관료로 통했던 앨런 그린스펀 전 연방준비제도이사회 의장은 2007년에 펴낸 자신의 저서 《격동의 시대(The Age of Turbulence)》에서 "모두가 알고 있는 것, 즉 이라크전쟁이 대체로 석유 때문이었다는 사실을 인정하는 게 정치적으로 불편하다는 사실에 나는 우울해진다"고 밝혔다. 그린스펀은 미국의 이라크 침공을 그 전에 그 지역의 석유를 확보할 목적으로 이루어졌던 서방의 군사적 개입이라는 역사적 배경과는 반대되는 것으로 볼 필요가 있다고 주장한다. 예를 들어 "모사데크가 1951년에 '영국-이란 석유회사'를 국유화한 조치(이 조치는 1953년에 미국 중앙정보국(CIA)이 이란의 모사데크 총리 정부를 전복시키고 샤(Shah) 정권을 수립하는 사건으로 귀결됐다)에 대한, 그리고 1956년에 나세르가 석유공급의 흐름을 유럽으로 연결해주는 중요한 시설인 수에즈 운하를 국유화한 뒤에 영국과 프랑스가 나세르의 그런 조치를 되돌리려고 했으나 실패한 노력에 대한 반작용 또는 되돌림"으로 이라크 침공을 바라볼 필요가 있다는 것이다. 1990년대와 2000년대 초에 금융자본의 주된 대변자였던 그린스펀이 보기에는 미국이 이라크에 개입하고 중동에서 군사적 역할을 확대하는 것은 "다음 사반세기에도 지난 사반세기와 같은 속도로 세계의 경제성장이 이루어지려면 오늘날 우리가 사용하는 석유보다 4분의 1에서 5분의 2 정도 더 많은 양의 석유가 필요하다"는 사실로 정당화된다. 그리고 이러한 석유생산의 대폭적인 증가는 주로 페르시아 만에서 이루어져야 할 필요가 있다. 왜냐하면 페르시아 만에는 전 세계 석유의 3분의 2가 매장돼 있고, 따라서 석유추출 증대를 위한 시설도 그곳에 집중적으로 배치돼 있기 때문이다.[13]

부시 행정부는 그린스펀의 이런 진술에 대해 비판했지만, 이라크 점령의 중심에 석유가 있다는 사실은 부시 행정부로서도 쉽게 부정할 수 있는 게 아니었다. 부시는 2007년 9월 13일의 황금시간대 텔레비전 연설에서 미국이 이라크에서 철수한다면 "극단주의자들이 세계 에너지 공급의 핵심부분을 통제할 수 있게 될 것"이라고 단언했다.[14]

석유정점: 지구적 전환점?

미국이 이라크를 침공한 이후 5년 동안 세계의 석유공급 사정이 심각하게 나빠졌다. 이라크의 증산잠재력에 대해 전쟁 전에 이루어진 추정으로는 이라크에 대한 제재조치가 해제되면 이 나라의 원유생산이 이전의 최고기록인 1979년의 하루평균 350만 배럴에서 10년 이내에 하루평균 600만 배럴까지, 심지어는 1000만 배럴까지도 늘어날 수 있을 것으로 보였다.[15] 그런데 2007년에 이라크의 하루평균 석유 생산량은 210만 배럴로 2001년의 240만 배럴보다 오히려 13% 줄어들었다. 페르시아 만 전체의 석유 생산량은 2001년과 2005년 사이에 하루평균 240만 배럴만큼 더 늘어났지만 2005년과 2007년 사이에는 세계 석유생산의 전반적인 침체와 함께 4% 줄어들었다.[16]

미국 군대가 바그다드에 도착했을 때에는 이미 석유정점이 지구 전체에 어두운 그림자를 드리우고 있었다. 오늘날에는 세계의 석유 문제에 대한 모든 주류 조직의 논의에서 석유정점이 거론되고 있다. 석유정점은 석유가 없어지고 있다는 의미가 아니다. 그보다는 간단히 말해 지질학적, 기술적 요인들에 의해 일차적으로 결정되는 석유의 생산량이 정점에 이르고 그 다음에는 결국 줄어들게 된다는 의미다. 어떤 주어진 유정으로부터의 석유추출은 보통 접근가능한 석유의 절반 정도가 추출되기까지는 추출량이 꾸준히(예를 들어 매해 2%씩) 늘어나다가 정점에 이른 뒤 줄어들기 때문에 추출량의 그래프가 종 모양의 대칭적 곡선 형태를 띤다. 어떤 한 나라 전체의 석유 생산량은 그 나라 안에 있는 개별 유정들의 석유 생산량을 모두 더한 것이기 때문에 나라 전체의 석유 생산량 그래프 또한 종 모양의 곡선 형태를 띨 수밖에 없다. 지질학자들은 나라별로 석유 생산량이 언제 정점에 이르는지를 추정하는 데 능숙해졌다. 그 방법은 석유지질학자인 킹 허버트(M. King Hubbert)가 1950년대에 개척한 것으로, 허버트는 자신이 수립한 분석

틀을 이용해 미국은 1970년경에 석유정점에 이를 것임을 정확하게 예언한 것으로 명성을 얻었다. 그래서 어느 나라든 언젠가는 이르게 될 석유생산의 정점이 '허버트의 정점(Hubbert's peak)'이라는 이름으로 불리기도 한다.

석유정점은 일반적으로 석유 매장량에 대한 주요 추정치들이 근거로 삼는 재래식 원유공급이 정점에 도달하는 것을 의미한다. 보다 많은 비용을 들여야 생산할 수 있거나 투입된 에너지에 대비한 얻은 에너지의 비율(EROEI; Energy Returned on Energy Invested Ratio), 즉 에너지 투자수익률이 상당히 낮은 비재래식 석유공급원도 있다. 중유, 유사(oil sand)에서 뽑아내는 석유, 혈암유(shale oil) 등이 그것이다. 유가가 상승할수록 이러한 비재래식 석유공급원의 개발이 보다 더 타당성을 갖게 되지만, 그 개발에는 금전적으로나 환경적으로 훨씬 더 많은 비용이 들어간다. 역청사암(tar sand, 유사(oil sand)와 같은 말—옮긴이)에서 석유를 뽑아내고 있는 캐나다 앨버타 주의 경우 석유 3배럴을 생산하기 위해 투입돼야 하는 에너지 비용을 비롯한 모든 비용이 석유 2배럴에 해당하는 것으로 추정된다. 유사에서 합성석유(synthetic oil) 100만 배럴을 생산하기 위해서는 천연가스 10억 입방피트가 필요하고, 1배럴의 석유를 생산하려면 모래(유사) 2톤을 채굴해야 한다. 유사의 채굴에는 상당량의 물이 필요하며, 석유 1배럴을 생산할 때 2.5갤런의 독성 액체폐기물이 발생한다. 따라서 액체폐기물을 저장하기 위한 '찌꺼기 처리용 저수지'를 엄청난 양으로 빠르게 늘리지 않으면 안 된다. 이렇게 해서 결국은 경제적, 환경적 비용이 그런 방식의 석유생산은 엄두도 내지 못하게 할 만큼 커지게 된다. 그러므로 석유정점은 불가피하게 값싼 석유의 시대가 끝났다는 신호가 되는 것이다.[17]

석유정점에 관한 주장의 핵심에는 세계적으로 유전의 발견이 1960년대에 정점에 이른 뒤로는 새롭게 발견되는 유전의 평균적인 크기가 시간이 지남에 따라 작아졌다는 사실이 놓여 있다. 석유정점이 임박했다고 주장하는 사람들은 확인

매장량에 대한 추정치가 대체로 정치적인 이유로 과장됐고, 실제 가채매장량은 그보다 상당히 적은 규모일 것이라고 말한다. 지금과 같은 생산속도가 유지될 경우에도 앞으로 40년 뒤까지 원유생산이 가능하다는 상투적인 생각은 지하에 매장된 원유의 양을 과장하는 것인데다가 경제가 석유수요와 석유생산이 계속 증가할 것을 요구한다는 사실을 경시하는 것이기 때문에 판단을 오도하게 된다. 그래서 석유정점 분석가들은 매장량이 아닌 생산수준에 초점을 맞춘다.

석유정점 위기는 보다 일반적인 에너지 위기보다 한층 더 뚜렷하게 정의된다. 석유가 가장 근간이 되는 연료일 뿐 아니라 수송이라는 측면에서 수요자들이 필요로 하는 양만큼 다른 것으로 대체하기가 쉽지 않을 정도로 으뜸가는 액체연료이기 때문이다. 따라서 미국의 석유수요 가운데 3분의 2 이상이 자동차와 트럭들이 소비하는 휘발유와 경유의 형태로 충족되고 있다. 재래식 석유공급의 정점이 임박했다는 것은 그동안 자본주의 경제가 보여온 활력의 근원이 타격을 입게 됨을 뜻한다. 이로 인해 경제가 급격하게 혼란해지고 경제성장이 둔화될 가능성이 있다.[18]

지난 10년 동안 종종 치열하게 벌어진 석유정점 논쟁은 이제 두 가지 기본입장으로 좁혀졌다. 하나는 '이른 정점론자들(early peakers)'(석유정점 주창자들이라고 하면 보통은 이들을 가리킨다)의 입장이다. 이 입장에 선 분석가들은 석유정점이 아마도 2010~12년에 올 것이라고 주장하거나, 어쩌면 2005~06년에 이미 석유정점이 왔을지도 모른다고 주장한다. 또 하나는 '늦은 정점론자들(late peakers)'의 입장이다. 이 입장에 선 분석가들은 2020년이나 2030년에 가서야 세계가 석유정점에 이를 것이라고 주장한다.[19] 그러므로 석유정점이 이미 현실이 됐거나 앞으로 얼마 지나지 않아 현실이 될 것이라는 점에 대해서는 이미 폭넓은 합의가 이루어져 있다고 볼 수 있다. 이제 우리가 던져야 할 중요한 질문은 석유정점이 얼마나 빨리 올 것인지, 또는 이미 우리에게 석유정점이 닥쳐온 것은 아닌지다.

추가적으로 고려해야 할 점은 세계의 석유생산이 좁고 둥근 모양의 정점에 이른 뒤에 빠르게 감소하는 고전적인 종 모양의 곡선을 그릴 것인지(즉 좌우대칭적인 곡선으로 간주될 수 있는 범위 안에 있을 것인지), 아니면 세계의 석유생산이 늘어나서 한동안 안정적인 상태에 머물러 있다가 그 뒤에야 줄어들게 될 것인지다. 사실 세계의 석유공급은 이미 지난 3년 동안 하루 8500만 배럴 수준에서 평탄하게 유지되는 양상을 보였다. 이는 석유정점이 초기에는 평탄한 형태를 띨 것이라고 보는 견해가 믿을 만함을 말해준다.

〈그림 1〉은 1970년부터 2007년까지 세계의 석유 생산과 공급이 어떠했는지를 보여준다. IEA와 EIA(EIA는 IEA와 거의 같은 접근태도를 보여왔다)에 따르면 "석

〈그림 1〉

석유의 생산과 공급(세계 전체)

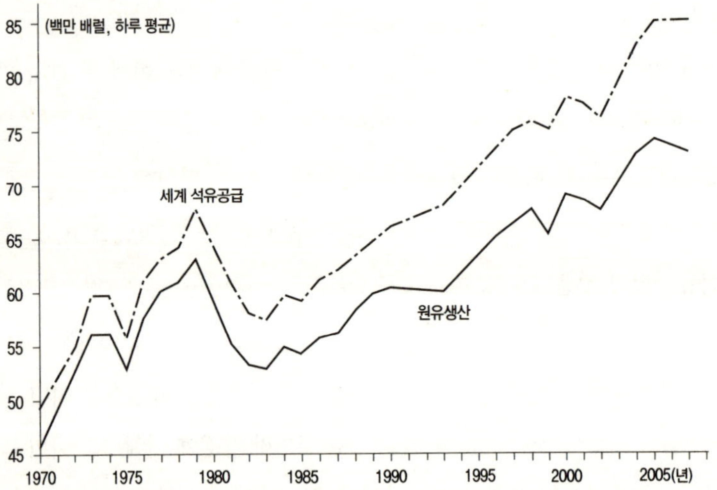

출처: 미국 에너지부 산하 에너지정보청, 〈월간세계석유(International Petroleum Monthly)〉, 2008년 4월, http://www.eia.doe.gov/ipm/supply.html, 표 1.4d와 4.4

유는 모든 액체 탄화수소 연료를 지칭하며 제품 수준에서 분류된다. 석유공급의 원천에는 액화되거나 응축된 천연가스, 정제과정에서의 증량, 재래식이나 비재래식의 석유생산 등이 있다." 재래식 석유(또는 원유)는 "생산정을 통해 지하의 탄화수소 저장소로부터 추출되어 곧바로 가공처리된 석유"이고, 비재래식 석유는 액화천연가스, 유사, 유혈암, 액화석탄, 바이오연료, 그리고 "추가적인 가공처리 과정을 거쳐 합성원유를 생산하는 데 사용되는 그 밖의 다른 연료" 등이다.[20] 〈그림 1〉에서 '원유생산'이라고 표시된 아래쪽 선은 재래식 석유생산을 가리킨다. '세계 석유공급'이라고 표시된 윗선은 비재래식 석유원천들과 정제과정에서의 증량(또는 손실)을 포함한다. '원유생산' 선은 2005~07년에 약간 하락하는데 이는 하루평균 원유생산이 2005년의 7380만 배럴에서 2007년에는 7330만 배럴로 줄어든 사실을 반영하고 있다. 그러나 '세계 석유공급' 선은 같은 기간에 비재래식 석유원천들로부터의 공급 증가가 재래식 석유공급의 감소를 상쇄함에 따라 전체적인 공급이 하루평균 8500만 배럴 수준을 유지했기 때문에 보다 평평한 모양으로 나타난다.

석유정점론을 주도적으로 주장해온 리처드 하인버그(Richard Heinberg)는 세계 전체의 석유정점은 그 초기 국면이 평평한 모양의 공급곡선을 그리며 닥칠 가능성이 높다고 설명하면서 다음과 같이 쓰고 있다.

왜 평평한 모양이 나타나는 걸까? 석유생산은 전쟁이나 혁명과 같은 정치적 사건에 의해서만 제한을 받는 것이 아니라 경제적인 여건(경제침체기에는 석유수요가 줄어든다)에 의해서도 제한을 받는다. 이에 더해 새로운 추출기술뿐만 아니라 비재래식 석유원천들(중유, 액성천연가스, 역청사암을 포함해)의 이용가능성이 높아지는 것에 의해서도 생산곡선의 모양이 수정된다. 이 모든 요소들이 결합된 효과가 정점에 완충작용을 가하고 곡선의 하락부분을 길게 늘이면서 완만하게 만든다.[21]

부분적으로는 지질학적, 기술적 이유로, 부분적으로는 정치적, 경제적 이유로 생산곡선이 평평해지고 있다는 생각은 이제 산업계의 지배적인 관점이 됐다. 2007년 11월에 〈월스트리트 저널〉은 다음과 같이 보도했다.

점점 더 많은 수의 석유산업 지도자들이 오랫동안 부차적인 것으로 간주돼온 생각에 수긍하고 있다. 그 생각은 세계가 매일 땅속에서 끌어올릴 수 있는 원유의 양이 실제로 그 한계에 접근해가고 있다는 것이다. … 서구 석유회사의 고위 경영자들에서부터 주요 석유수출국의 전현직 관료들에 이르기까지 석유정점의 도래를 거의 확신하는 사람들이 세계의 석유 저장고가 절반 정도 비어버린 상태에 이르렀다는 사실은 믿지 않는다. 그들은 이와 다른 이유들 때문에 전 세계의 석유생산이 최고 한도에 접근하고 있다고 믿고 있다. 여기서 다른 이유들이란 유전에 대한 접근의 제한, 급증하는 비용, 유전 지질구조의 복잡성 증가 등이다. 그들은 이런 요인들 때문에 석유 생산량이 늘어나거나 줄어들지 않고 비교적 일정하게 유지되고 있으며, 따라서 생산의 정점이 만들어지기보다는 평평한 생산의 고원이 만들어진다고 주장하고 있다.

〈월스트리트 저널〉의 기사는 2030년에나 가서야 석유정점이 올 것이며 처음에는 그것이 "기복이 있는 평평한 곡선"으로 나타날 것이라고 주장하면서 '케임브리지 에너지 연구연합'의 추정을 인용했다. 그러면서 이 기사는 오래된 유전에서는 생산이 줄어들고 있기 때문에 추가적인 석유생산이 하루에 평균적으로 현재 알래스카의 석유생산에 비해 10배는 돼야만 세계의 석유생산 곡선이 "평평하게" 유지될 수 있을 것이라고 지적한 시먼스의 견해도 진지하게 다루었다. 실제로 시먼스는 재래식 석유생산의 세계적인 정점과 관련된 위기가 "늦어도 2008년에서 2012년 사이에는" 닥칠 것이라고 말했다. 석유산업의 일부 경영자들도 같은 걱정을 하고 있다. 그들은 10년 안에 석유공급이 예상되는 수요에 미달하게 될 가능성을 거론하면서 재래식과 비재래식을 더한 석유의 공급이 1억 배럴에서 한계에 봉착할 수 있다는 우려를 밝혀왔다.[22]

현재 세계의 석유생산 곡선이 평평한 모양으로 나타나고 하루 석유공급이 8500만 배럴 수준에서 발목이 잡힌 것처럼 보이는 점을 감안하면 일부 분석가들이 이미 석유정점이 닥쳤다고 믿고 있는 것이 그리 놀랍지 않다. 시먼스뿐만 아니라 텍사스의 석유갑부인 티 분 피컨스(T. Boone Pickens)도 세계가 2005년에 석유정점에 도달했는지도 모른다고 말했다. 과학자들과 독일 의원들이 참여하고 있는 독일의 에너지감시그룹(Energy Watch Group)은 "세계의 석유생산이 2006년에 정점에 도달했다"고 주장하고 있다.[23]

물론 주류의 정보원이나 언론매체들은 공식적으로는 석유정점 문제를 '부차적인 쟁점' 정도로 치부해왔다. 하지만 지난 10년 동안 자본주의 사회의 최고위층, 다시 말해 국가와 기업들의 최고위층은 관심을 점점 더 많이 기울이면서 이 문제를 체계적으로 추적해왔다.[24] 2005년 2월에 미국 에너지부는 외부에 의뢰해서 작성한 〈세계 석유생산의 정점 도래: 영향, 완화, 위험관리(Peaking of World Oil Production: Impacts, Mitigation, and Risk Management)〉라는 보고서를 펴냈다. 이 중요한 보고서를 작성하는 프로젝트의 책임자는 국제과학응용회사

(Science Applications International Corporation)의 로버트 허시(Robert L. Hirsch)
였다. 허시는 미국 원자력에너지위원회(Atomic Energy Commission), 엑손, 아르
코의 간부를 지낸 인물이다. 이 허시보고서는 석유정점이 당시로부터 20이 지난
시점 전후에 일어날 것이라는 결론을 내렸다. 이 보고서는 "가장 낙관적인 예상
도 세계의 석유정점이 25년 안에 닥칠 것이라고 본다"고 진술하고 있다. 그러나
미국 에너지부의 의뢰로 작성된 이 허시보고서가 가장 강조한 문제는 값싼 석유
시대의 종말이 가져올 해로운 효과를 완화하기 위해서는 경제, 그 가운데서도 특
히 수송에 상당히 큰 변화가 필요하다는 점이었다. 미국에서 운행되는 자동차,
트럭, 항공기의 사실상 전부를 단지 사반세기 만에 개조해야 하는 어마어마한 문
제가 가장 해결하기 어려운 당면과제로 간주된 것이다.[25]

2005년 10월에 허시는 미국대서양위원회(Atlantic Council of the United
States)의 정기보고서에 '세계 석유생산의 피할 수 없는 정점'에 대한 분석의 글
을 기고했다. 그는 "나무에서 석탄으로의 전환이나 석탄에서 석유로의 전환과
같은 이전의 에너지 전환은 모두 점진적이고 진화적이었다. 그러나 석유정점은
갑작스럽고 혁명적인 것이다. 이제까지 세계는 이런 문제에 직면한 적이 한 번도
없다. 이런 일이 일어날 시점보다 적어도 10년 전부터 문제를 완화시키기 위한
대폭적인 조치를 취하지 않는다면 문제는 광범위하게 확산되고 오랜 기간 지속
될 것이다"라고 단언했다.[26]

이와 비슷하게 미국 육군도 2005년 9월에 나름의 중요한 보고서를 펴냈다. 이
보고서에는 다음과 같은 진술이 들어있다.

2003년과 2005년 사이에 유가가 두 배로 상승한 것은 비정상적인 것이 아니라
미래의 한 모습이다. 석유생산은 정점에 접근해가고 있다. 앞으로 5~10년 동안에
는 이용할 수 있는 석유의 양이 느리게만 증가할 것으로 예상된다. 세계적인 석유

생산 정점이 닥치면 지정학적, 시장경제적 요인으로 인해 유가가 보다 가파르게 오르고 이로 인해 안보위험이 발생할 것이다. 세계의 석유생산이 줄어들면서 이러한 시나리오가 어떤 결과를 가져올지는 그저 추측해볼 수 있을 뿐이다.[27]

2005년에 이르면 미국의 지도층에서는 심각한 석유부족 사태가 빚어지면서 석유정점이 곧 도래할 가능성에 대해 의심하는 이가 거의 없게 된다. IEA는 2005년도 〈세계 에너지 전망〉에서 "세계에서 가장 규모가 큰 사우디아라비아의 가와르 유전이 아직 정점에 도달하지 않았다면 지금 정점에 가까이 다가가고 '있을 수 있다'(이는 IEA의 용어다)"라고 시먼스가 《사막의 여명(Twilight in the Desert)》에서 주장한 바를 쟁점으로 제기했다. 이와 마찬가지로 애초에는 시먼스의 주장을 받아들이지 않았던 미국 에너지부도 2004년과 2006년 사이에 뒤로 물러서서 사우디아라비아의 2025년도 석유생산 전망치를 33% 낮추었다.[28]

2007년 2월에는 미국 의회의 정부회계감사원(GAO; Government Accountability Office)이 콕 찝어 '미래 석유공급의 불확실성으로 인해 석유생산의 정점과 감소 문제에 대처하는 전략을 개발하는 일이 중요해졌다'라는 부제를 단 75쪽 분량의 〈원유(Crude Oil)〉라는 보고서를 발표했다. 이 보고서는 "거의 모든 관련 연구들이 세계의 석유정점이 2040년 이전에 일어날 것이라고 전망하고 있지만 미국 연방정부는 어느 부서에서도 이런 임박한 비상사태에 대처하기 위해 필요한 국가적 대비라는 문제를 다루는 일에 아직 나서지 않고 있다"고 주장했다. GAO가 보기에 세계의 석유매장량(재래식) 가운데 거의 3분의 1을 차지하는 네 개의 국가(이란, 이라크, 나이지리아, 베네수엘라)와 관련된 정치적 위험으로 인해 석유부족의 위협이 더욱 강화됐다. 특히 "세계의 초중질유 확인매장량 가운데 거의 90%"를 베네수엘라가 보유하고 있다는 사실은 워싱턴의 관점에서 보면 상당한 '정치적 위험'의 원인이 될 수 있기에 더욱 주목할 만한 것이었

다.[29]

2008년 4월에는 로열 더치 셸의 최고경영자인 예룬 판 데르 페이르(Jeroen van der Veer)가 "앞으로 10년 내 언젠가 이런(즉 쉽게 구할 수 있는) 석유의 공급이 정점에 도달한다 하더라도 우리는 놀라지 않을 것"이라고 선언했다. 석유생산의 부족과 달러화 가치의 하락을 비롯한 여러 가지 요인들이 복합적으로 작용한 결과로 2008년 5월에 유가가 배럴당 135달러를 넘어섰다(그 전의 평균 유가는 2006년에는 66달러, 2007년에는 72달러였다). 같은 달에 골드먼삭스는 앞으로 2년 안에 유가가 배럴당 200달러까지 올라갈 수 있다는 의견을 밝혀 전 세계 자본시장에 충격을 주었다. 서구의 석유업자들은 특히 중동지역의 유전을 제외하고는 세계에서 석유가 가장 많이 매장돼 있다고 알려진 카자흐스탄의 카샤간(Kashagan) 유전이 한 해에 절반 동안이나 물이 얼어붙는다는 점이 부분적인 이유로 작용해 이 유전의 첫 석유생산이 생각했던 일정보다 8년이나 늦어지게 되자 곤경에 빠졌다. 〈뉴욕 타임스〉에 기고하는 분석가들에 따르면 2008년 5월에 IEA는 2030년의 세계 석유생산에 대한 전망치를 이전의 하루평균 1억 1600만 배럴에서 1억 배럴 이하로 낮추었다.[30]

부시 행정부가 2006년에 옥수수를 이용한 에탄올 생산을 장려하는 등 대체연료에 대해 보다 적극적인 태도를 보였던 것도 바로 휘발유의 가격과 국가 에너지 안보에 대한 불안, 그리고 의심할 여지 없이 세계 석유정점에 대한 공포 때문이었다. 2007년의 통계를 보면 미국에서 생산된 옥수수 가운데 20%가 자동차 연료로 사용될 에탄올을 생산하는 데 쓰였다. 이런 움직임이 부분적인 이유로 작용한 결과로 세계적으로 곡물가격이 급등했다. 환경주의자인 레스터 브라운은 자신의 저서 《플랜 B 3.0》에 이렇게 썼다. "세계는 갑자기 전례 없는 도덕적, 정치적 문제에 직면하게 될 것이다. 그것은 '곡물을 차에 연료를 대기 위해 사용해야 할 것인가, 아니면 사람들을 먹이기 위해 사용해야 할 것인가'다. … 시장은 '차에 연료를 대는 데 쓰자'고 말한다."[31]

새로운 에너지 제국주의

미국의 국가안보 집단은 석유생산 곡선이 명백하게 평평해지고 석유생산 여력이 사라지고 있으며 석유정점에 대한 우려가 커지는 데 대해 민첩하게 대응했다. 2005년 10월에 국제전략문제연구소(CSIS)는 또 하나의 보고서를 펴냈다. '지구적인 석유수급상 위험의 변화(Changing Risks in Global Oil Supply and Demand)'라는 제목의 보고서가 바로 그것이다. 이 보고서는 앤서니 코즈먼(Anthony Cordesman, 미국 국방부의 국가안보 분석가로 오랜 기간 일했고, 지금은 CSIS의 '알레이 버크 전략부문 의장(Arleigh A. Burke Chair in Strategy)'으로 재직 중이다)과 칼리드 알-로드한(Khalid R. Al-Rodhan, 페르시아 만 전문의 전략분석가)이 같이 썼다. 코즈먼과 알-로드한은 "필요한 투자가 이루어진다면 2030년 이전에는 세계 석유생산의 정점이 오지 않을 것"이라고 IEA가 2004년도 〈세계 에너지 전망〉에서 내놓은 예측을 인용했다. 그들은 중동지역의 '지연되고 있는 투자'를 당면문제로 본 것이었다. 그럼에도 불구하고 그들이 석유정점 문제를 완전히 도외시한 것은 아니었다. 코즈먼과 알-로드한은 "어떤 분석가들은 생산여력이 부족한 상태에서 파도가 밀려오듯 갑자기 증가하는 수요를 사우디아라비아의 공급으로 충족시킬 수 있느냐는 의문을 밝혀왔고, 매튜 시먼스를 비롯한 또 다른 분석가들은 사우디아라비아의 석유생산이 상당기간 지속적으로 감소하는 단계에 접어들고 있다고 평가했다"고 지적했다.

코즈먼과 알-로드한은 "석유수출 지역의 안정은 좋게 봐도 취약하다. 알제리, 이란, 이라크는 당장 긴박한 안보문제의 원인이 되고 있다. 뿐만 아니라 최근의 경험에 비추어 볼 때 아프리카, 카스피해 연안, 남미에 있는 석유수출국들이 페르시아 만 지역보다 더 안정적인 것도 아니다. 나이지리아에서는 송유관을 파괴하는 행위가, 베네수엘라에서는 노동자들의 파업이, 러시아에서는 부패혐의와 관련된 사건이, 우즈베키스탄을 비롯한 옛 소련 지역에서는 시민소요 사태가 벌어졌다"고 덧붙였다.[32]

CSIS의 보고서보다 훨씬 더 중요한 것은 대외관계위원회의 2006년도 보고서다. 이 보고서는 CIA 국장을 지낸 존 도이치와 슐레진저가 공동의장을 맡은 팀에서 작성한 것이고, 그 제목은 〈미국의 석유의존에 따른 국가안보상의 결과(National Security Consequences of U.S. Oil Dependency)〉다. 이 도이치와 슐레진저의 보고서는 OPEC가 석유가격을 통제할 수 있을 정도의 생산여력을 더 이상 갖고 있지 않은 가운데 전 세계의 석유생산 능력도 충분하지 않다는 점에 초점을 맞추었다. 이 보고서에 따르면 세계 전체를 통틀어 기존 재래식 유전들의 생산이 "평균적으로 해마다 약 5%씩(하루평균 약 430만 배럴씩) 줄어들고 있으며, 그렇기 때문에 현재의 소비수준을 지탱하는 것조차" 엄청나게 어려울 것으로 예측됐다. 더군다나 "재래식 석유공급원들, 특히 미국, 서유럽, 아시아의 주요 시장과 가까운 곳에 위치한 석유공급원들이 위축된다면 석유의 생산과 수송은 이미 취약한 상태에 있는 인프라에 더 많이 의존하게 될 것"이라는 것이었다. 러시아, 이란, 베네수엘라와 같은 주요 에너지 공급국가들은 석유수익을 재투자하기보다는 국내적 목표와 지정학적 목표를 추구하는 데 사용하고 있고, 사우디아라비아와 이라크, 이란, 서아프리카는 모두 불안정의 중심이 됐으며, 중국은 아프리카와 카스피해를 포함해 세계의 여러 곳에서 석유공급원을 장악하기 위해 애쓰고 있다고 보고서는 지적했다.

도이치와 슐레진저의 보고서는 미국의 석유소비와 석유의존도를 줄이기 위한 몇몇 수요 측면의 조치를 논의하긴 했으나 석유공급을 확실하게 확보하기 위해서는 미군의 역할을 확대해야 한다고 강조했다. 이런 맥락에서 이 보고서는 "미국이 필요한 경우에 그런 지역(특히 페르시아 만)에 적절하게 빠른 속도로 군대를 배치할 수 있으려면 강력한 군사적 준비태세가 필요함을 인식하고 그러한 준비태세를 지원해야 한다. … 어떤 규모로든 폭력을 행사하려는 국가(또는 준국가집단)는 미국이 선제공격, 개입, 보복을 할 가능성을 고려하지 않을 수 없게 해야 한다"고 선언했다.[33]

2007년 4월에 '제임스 베이커 3세 공공정책연구소'가 발간한 '국제 에너지시장에서 국영 석유회사들이 수행하는 역할의 변화'에 관한 정책보고서도 마찬가지로 중요한 문건이다. 이 보고서는 세계의 총 석유매장량 가운데 77%가 국영 석유회사들에 의해 통제되고 있는 데 비해 서구의 다국적 석유회사들은 단 10%만을 통제하고 있음을 강조하고 "바로 이 점이 현재 세계의 석유공급 문제를 관리하는 데서 핵심적인 쟁점"이라고 주장했다. 베이커연구소는 "미국이 내거는 무역조건과 미국의 초강대국 지위를 수용하는 세계가 실현되려면" 다음과 같이 돼야 한다고 단언했다.

국영 석유회사들이 모두 다 민영화되고, 각국에서 외국인투자자가 국내 기업과 똑같은 대우를 받게 되고, OPEC가 해체됨으로써 자유무역과 경쟁시장이 세계가 필요로 하는 에너지를 시장에 의해서만 결정되는 가격으로 공급할 수 있게 돼야 한다. 그러나 주요 석유생산국들이 동의해야 할 이유가 무엇이 있을까를 생각해 보면 이와 같은 변화가 일어나기 어려움을 알 수 있다. … 이런 현실에 비추어 보면 미국은 국영 석유회사들의 존재를 기정사실로 받아들여야만 하겠지만, 그런 국영 석유회사들의 활동이 보다 사업적이고 투명하며 성가신 정부의 개입으로부터 가능한 한 자유로워지게 할 조치들을 장려해야 할 것이다.

무엇보다 미국의 제국주의적 목표는 석유생산국들이 '독점력'을 휘두르거나 순전히 상업적인 목적 이외의 국가적 목적을 추구하기 위해 석유자원을 사용하는 경우에는 가능한 한 언제든지 '그러한 시도'를 '분쇄'하는 것이어야 한다고 베이커연구소의 보고서는 주장했다. 이 연구소에 따르면 '그러한 시도'로서 석유생산에 국가가 개입한 대표적인 사례는 우고 차베스가 이끄는 베네수엘라의 경우다. 차베스가 내세운 '볼리바르 혁명'은 '상업적인 개발전략'보다 '정부의 국가개발 정책'과 '사회문화적 투자'를 우선했을 뿐 아니라 석유를 '행동주의 외교정책'의 수단으로 삼았으며, 이런 움직임은 볼리비아, 에콰도르, 니카라과, 카리브해 연안국가 등이 지정학적 동기에서 이뤄낸 합의 등으로 나타나고 있다는 것이다. 석유의 힘을 지리전략적으로 활용한 또 다른 사례는 이란에서 볼 수 있다. 이란은 미국이 군사적 공격을 해오면 "지극히 중요한 석유수송로인 호르무즈 해협을 봉쇄할 수 있다"고 위협했다. 미국이 경계해야 할 결정적인 위험은 러시아, 중국, 이란, 중앙아시아 국가들과 같은 주요 석유생산국 또는 석유소비국들이 미국에 '적대적'인 동맹을 맺는 것이라고 베이커연구소는 지적했다. 이 연구소는 풀기 힘든 석유의 지정학이라는 문제와 관련해 고려해야 할 또 하나의 핵심적인 사항은 이라크의 지속적인 정치적 불안정이라고 강조했다. 이라크를 안정시키려는 워싱턴의 시도에도 불구하고 이라크에서 정치적 소요와 전쟁이 계속되고 있는 탓에 이 나라 서부의 사막에서 석유를 추출하는 작업이 이루어지지 못하고 있다.[34]

석유확보가 점점 더 어려워지는 상황은 미국으로 하여금 이라크와 아프가니스탄에서 전쟁을 계속하게 하는 것을 넘어 미국의 에너지 제국주의가 현장에서 빠르게 성장하도록 했다. 사우디아라비아의 안보는 미국의 최우선적 관심사로 남아있다. 미국 에너지부에 따르면 사우디아라비아의 석유생산은 2030년까지 두 배로 늘어나야 할 필요가 있고, 이를 위한 사우디아라비아에 대한 투자와 이

나라의 석유생산을 늘리고자 하는 워싱턴의 계획은 이 나라의 봉건적 왕정이 유지되느냐에 그 성패가 달려있다. 그런데 사우디아라비아의 석유수익이 상당히 불평등하게 배분됨으로써 이 나라에서 사회적 긴장이 높아지고 있다. 예를 들어 민간부문 일자리의 90%가 외국인에게 돌아가고, 성별 격리가 완전하게 이루어지고 있으며, 억압적인 사회구조 속에 엄청난 대중적 분노가 들끓고 있다. 사회가 불안정해지는 경향이 조금이라도 나타나면 미군의 개입이 이루어질 것이다. 제임스 하워드 컨슬러(James Howard Kunstler)는 《기나긴 비상사태(The long Emergency)》에 이렇게 썼다. "절박해진 초강대국은 아마 어떤 비용을 치르고서라도 지구상에 남아있는 가장 큰 유전들을 통제하기 위한 시도 외에는 다른 어떤 선택지도 남아 있지 않다고 느낄 것이다." 특히 다른 국가들로부터의 경쟁압력이 점점 더 커지는 상황에서는 더욱 그럴 것이 분명하다.[35]

미국은 아프가니스탄과 중앙아시아의 군사기지, 그중에서도 특히 석유가 풍부한 카자흐스탄과 국경을 맞대고 있는 키르기스스탄의 마나스 공군기지를 확장하는 것을 통해 러시아, 중국, 이란, 중앙아시아 사이에 에너지 동맹이 맺어질 가능성에 맞서는 노력을 기울여왔다.

또한 미국은 이란이 공격적으로 핵에너지를 추구해 핵무기를 손에 넣으려고 하고 이라크에 대한 '간섭'도 시도한다는 이유로 이란에 대해 계속해서 '선제적'인 군사적 개입 위협을 가해왔다. 2007년에 미국 국립과학원의 회보인 PNAS(Proceedings of the National Academy of Sciences)에 발표된 한 연구논문이 확인한 대로 이란이 원자력을 추구하는 것은 국내의 에너지 수요가 증가하는 가운데 유전은 빠르게 고갈되는 반면에 생산능력의 확대를 위한 투자는 부족해서 석유수출이 10~12% 줄어들었기 때문이다. 이란은 최근 들어 OPEC의 석유수출 할당량을 채우지 못하고 있다. 지금과 같은 추세가 계속된다면 2014~15년께에는 이란의 석유수출이 영으로 떨어져버릴 수도 있을 것 같다. 서구의 에너지 및 국가안보 분야 분석가들의 관점에서 보면 이란의 정부와 국영 석유회사가 지속적인 유가상승에 대한 기대로 인해 석유에 대해 투자를 적게 하는 정책을 채택해서 생산을 고의로 늦추고 그 결과로 세계경제의 활력을 저해하고 있다.[36]

지난 몇 년 동안 미군은 아프리카, 그중에서도 특히 기니 만 연안에 기지를 크게 늘리고 작전활동도 확대시켜왔다. 미국은 2010년까지 석유수입의 20%, 2015년까지는 석유수입의 25%를 아프리카에서 조달하게 될 것으로 예상하고 있다. 이런 가운데 미군은 2007년에 이집트를 제외한 아프리카에서 수행되는 미군의 작전을 관할하는 조직으로 별도의 아프리카사령부를 창설했다. 워싱턴은 스스로 아프리카 석유를 놓고 베이징과 직접적인 경쟁관계(미국은 경쟁이라는 개념을 경제적인 용어로서만이 아니라 군사전략적인 용어로서도 이해한다)에 있다고 본다.[37]

또한 미국의 에너지 관련 이익집단들은 베네수엘라, 에콰도르, 볼리비아를 비롯한 중남미 국가들이 '자원민족주의'를 내세운다고 비난하고 이것이 미국의 국가안보에 위협이 된다고 주장하면서 그와 같은 국가들에 대한 위협을 증가시켜왔다. 워싱턴은 정권을 교체시킨다는 분명한 목적 아래 민주적으로 선출된 우고 차베스 대통령을 권좌에서 끌어내리고 베네수엘라의 볼리바르 혁명을 뒤엎기 위한 시도를 거듭해왔다. 이러한 시도에는 콜롬비아에 대한 대대적인 군사적 개입을 강화하고, 콜롬비아의 군부를 후원하며, 그 군부가 주위의 다른 나라들을 침입하는 것을 지원하는 것도 포함된다. 미군의 남부사령부는 2006년에 내부적인 연구를 통해 베네수엘라, 볼리비아, 에콰도르는 물론이고 멕시코(당시에 포퓰리즘이 득세하는 결과가 예상되는 선거를 앞두고 있었다)까지도 미국의 에너지 안보에 심각한 위험이 되고 있다고 주장했다. 남부사령부는 또한 "투자분위기를 호전시킬 변화가 지연되고 있어 베네수엘라, 에콰도르, 멕시코의 장기적인 에너지 생산 전망이 현재 위험한 상태에 처해 있다"고 단언했다. 이는 군사적 위협인

것이 명백했다.[38]

이 모든 것은 자본주의의 역사와 일치하고, 과거에 쇠퇴하는 패권국이 자국의 통제에서 벗어난 지구적 세력에 대해 대체로 보여주었던 대응과 일치한다. 미국의 새로운 에너지 제국주의는 이미 전쟁확대로 귀결되고 있다. 워싱턴이 기존의 자본주의 경제를 보호하고 미국의 패권이 쇠퇴하는 것을 막으려고 하고 있다는 점에서 그 전쟁은 세계적인 것이 될 수 있다. 시먼스는 이렇게 경고했다. "만약 에너지에 대한 우리의 내재적 수요와 사용할 수 있는 에너지의 양 사이에 존재하는 엄청난 잠재적 격차에 대한 해결책을 만들어내지 못한다면 우리는 가장 추잡하고 마지막이 될 수도 있는 전쟁을 치르게 될 것이다. 나는 문자 그대로의 전쟁을 말하는 것이다."[39]

2008년 1월에 부시 행정부의 재건안정화국(Office of Reconstruction and Stabilization) 국장을 지낸 브루킹스연구소의 카를로스 파스쿠알(Carlos Pascual) 부소장이 '에너지의 지정학'에 관한 분석을 내놓았다. 이 분석에서 그는 '사우디아라비아, 러시아, 이란, 이라크, 베네수엘라, 나이지리아, 카자흐스탄'(모두 다 미국에 안보상의 위협을 가하고 있는 국가다)의 석유생산에 미국 자본주의가 사실상 의존하고 있다는 점을 부각시켰다. 그는 "러시아, 베네수엘라, 이란, 나이지리아, 이라크는 상업적 분쟁, 국내의 불안정, 이념 등으로 인해 장기적인 석유생산 능력 확충을 위한 새로운 투자를 전혀 하지 않고 있다"고 지적했다. 이런 상황은 결국 워싱턴에 경제적인 문제인 동시에 군사적인 문제가 된다는 것이다.[40]

이와 같은 에너지 제국주의의 새로운 단계에서 특히 우려되는 것은 중심부 자본주의 국가들 자체 안에서 시민들의 저항이 일어나지 않고 있다는 점이다. 그래서 부유한 국가들에서 좌파를 자처하는 자유주의 성향의 출판물들은 독자들(그들은 휘발유 가격의 상승으로 타격을 받은 사람들이다)에게 서구 자본주의를 보호하기 위해 설계된 석유 제국주의를 지지하도록 독려하면서 독자들의 편견을 자극하곤 한다. 데이비드 리트빈(David Litvin)은 2006년에 런던에서 발행되는 〈가디언(Guardian)〉에 기고한 '석유, 가스, 제국주의'에 관한 글에서 "현대 에너지 제국주의의 불가피성을 인식할 필요가 있다"고 주장했다. 리트빈은 러시아, OPEC, 베네수엘라, 볼리비아로부터의 위협을 강조했고, 미국은 부분적으로는 '석유안보'를 위해 이라크를 침공했다고 주장했다. 그는 "석유소비국들이 석유공급을 확보하기 위해 정치적, 군사적 개입에 나서는 것을 수반하는" 형태의 에너지 제국주의에 분명히 동조하면서 "에너지 제국주의는 이미 우리 곁에 와 있다. 그러므로 우리는 에너지 제국주의를 보다 온건한 힘으로 만드는 데 초점을 맞추도록 노력해야 한다"고 결론을 내렸다.[41]

잡지 〈머더 존스(Mother Jones)〉의 기고자인 조슈아 컬랜칙(Joshua Kurlantzick)은 이 잡지의 2008년 5/6월호에 '독재자를 내 편으로 만들기'라는 제목으로 실린 글에서 석유공급 문제를 국영 석유회사들 탓으로 돌렸다. 이 글에서 그는 '국영 석유회사들의 역할 변화'라는 베이커연구소의 보고서를 인용하면서 석유가 예전처럼 다국적 석유회사들의 손에 맡겨져 있다면 한층 잘 보호될 수 있을 것이라고 주장했다. 그는 다국적 석유회사들은 "아마도 비열한 정권의 환심을 사려고 할 것"이라며 "그러나 그런 정권은 적어도 대중의 비판에 반응해야 할 의무를 갖고 있다"고 독자들에게 말했다. 그는 미국정부로부터 자금지원을 받는 신보수주의 조직인 프리덤 하우스(Freedom House)가 발표한 연구보고서를 인용해가며 심지어 베네수엘라를 버마와 러시아에 견주면서 "권위주의적이고 부패한 나라"로 규정하고 우고 차베스 베네수엘라 대통령에 대한 비판을 거듭했다. 〈머더 존스〉에 실린 이 글은 또한 미군의 남부사령부가 수행한 2006년의 내부 연구에 신뢰를 보내면서 베네수엘라, 볼리비아, 에콰도르의 자원민족주의가 미국의 국가안보를 위험하게 한다고 콕 짚어 지적했다. 그로부터 혹평을 당한 산유국들에는 이란, 러시아, 카자흐스탄, 나이지리아, 리비아도 포함돼 있다. 그는 중국의 국영 석유회사들에 대해서는 전 세계에 걸쳐 석유를 추구하는 데서 보여주는 공격적인 태도와 환경에 대한 관심 결여를 문제 삼았다. 진보적이라는 평을 듣는 잡지인 〈머더 존스〉조차도 이처럼 미국의 에너지 제국주의를 정당화하는 것처럼 보인다. 그것도 주로 거대 석유회사와 미국 국방부에 희망을 걸고 신뢰를 보내는 논조로.[42]

지구적인 대참사?

물론 석유정점 위기의 최대 아이러니는 기후변화가 몇십 년 안에 인류문명과 지구상의 모든 생명체를 위협할 것임에도 세계가 화석연료를 태우기 때문에 일어나는 기후변화가 심화되는 길로 빠르게 치닫고 있다는 것이다. 그러한 연료소비로부터 발생하는 이산화탄소 배출을 과감하게 줄이지 않는다면 지구적인 대참사가 기다리고 있을 뿐이다. 환경주의자들에게 석유정점은 그 자체로 비극인 것은 아니다. 왜냐하면 현재 인류가 직면하고 있는 결정적인 도전으로 인해 세계가 화석연료에 대한 과도한 의존으로부터 벗어나고 있기 때문이다. 그러나 탄화수소 이용으로 인해 태양에너지 공급량이 부과하는 제약이 깨진 것이 생물권의 균열을 유발했고, 그러한 생물권의 균열이 빠르게 시정되지 않으면 인류의 미래가 닫혀버릴 것이다.[43]

화석연료, 그 가운데서도 특히 석유를 소비하는 수준이 높은 구조가 현재의 세계 자본주의 경제에 내장돼있다. 그래서 '쉽게 구할 수 있는 석유'의 종말에 대한 이 체제의 즉각적인 반응은 새로운 에너지 제국주의로 나아가는 것이었다. 그것은 레이철 카슨이 "이윤과 생산의 신들"이라고 부른 것들을 달래려는 목적 아래 어떠한 수단을 써서라도 석유추출을 최대화하고자 하는 전략이다.[44] 그러나 그것은 복합적인 지구적 대참사의 위험을 불러오고 있다. 지구온난화, 석유정점, 부분적으로는 바이오연료 생산의 증가에서 비롯되는 세계적인 기아의 급증, 핵전쟁 등이 바로 그것이다. 그리고 이 모든 것은 불평등이 증대하는 방향으로 작동하는 체제를 더욱 확고하게 만들고 있다.

지구상의 생명체들이 현재 직면한 거대한 위험 앞에서 세계는 필사적으로 방향전환에 나서야 할 필요가 있다. 우리는 공동체적 참살이와 지구적 정의를 향해 나아가야 한다. 그러기 위한 답은 행성 지구를 위한 사회주의다. 인류가 지금 마주하고 있는 거대한 위험은 지질과 관련된 자연환경이든 기후와 관련된 자연환경이든 자연환경의 제약이 주된 원인이 되어 생겨난 것이 아니라 통제에서 벗어나 혼란스러워진 사회체제로부터, 보다 구체적으로는 미국의 제국주의로부터 생겨난 것이라는 점을 이해해야 한다. 이런 위험을 극복하는 것이 바로 우리 시대의 과제다.

(윤순진 옮김)

액화천연가스와 화석자본주의

애너 잘리크

오늘날의 생태위기로 인해 탄화수소 의존에 대한 우려가 광범위하게 일어나면서 '자원의 저주(resource course, 자원이 풍부한 나라가 오히려 경제발전에서 뒤처져 국민의 삶의 수준이 낮은 현상—옮긴이)'라는 말에 대해 새롭게 생각해보게 된다. '화석자본주의'는 지구온난화라는 측면에서 보면 환경적인 문제이고 석유를 둘러싼 전쟁을 초래한다는 측면에서 보면 사회정치적인 문제이지만 여하튼 이제는 지구적인 문제로 이해되고 있다.[1] 액화천연가스(LNG; Liquefied Natural Gas) 산업이 큰 비중을 차지하는 지구적인 천연가스 시장의 발달은 화석자본주의와 관련된 생태적인 동시에 경제적인 위기들에 대한 '기업이 승인하는 해법'의 한 가지 예가 되고 있다. 그러나 북미에 LNG 터미널을 건설하는 것에 대해 2004년 이래로 북미대륙 전체에 걸쳐 전개돼온 반대운동은 북미의 서부연안에 LNG 인프라가 설치되는 것을 성공적으로 저지했다.[2] 이러한 운동에 참여하는 사람들은 지구적인 가스산업의 구축에 소요되는 투자로 인해 재생가능에너지에 대한 투자가 위축되고 있다는 점을 강조한다.

천연가스 사용에 대한 한 가지 중요한 제약은 수송, 그 가운데서 특히 대양을 건너 먼 거리를 오가야 하는 수송의 어려움이다. LNG는 수송을 위해 대략 −163℃(−260°F)로 차갑게 만든 천연가스이며, 그 액화된 상태의 부피는 가스 상태일 때에 비해 600분의 1로 줄어든다. 낮은 온도의 LNG는 그것을 실어 나를 수 있도록 특별히 설계된 이중선체의 외양선(흔히 'LNG 운반선'으로 불린다)으로 수송된다. 이러한 운반선은 현재 세계적으로 130척 이상이 운행되고 있다. 인수기지(receiving terminal)와 가스화기지(gasification terminal)는 오로지 LNG를 수입하거나 수출하는 용도로만 사용하도록 특별하게 건설된 항구다. LNG가 목적지에 도착하면 LNG를 담아두기 위해 특별히 제작된 탱크에 그 LNG를 저장한다. 연료에 대한 수요가 있으면 LNG를 데워서 가스 상태로 되돌린 다음에 가스배관을 통해 고객들에게 전달한다. LNG는 알제리, 호주, 브루나이, 인도네시아, 리비아, 말레이시아, 나이지리아, 오만, 카타르, 트리니다드토바고와 같이 대규모 천연가스전을 갖고 있는 나라들이 수출한다. 세계적으로 천연가스 인수기지는 모두 60개 정도가 있고, 주로 일본, 한국, 미국과 몇몇 유럽국가와 같은 고소득 소비국들에 위치해 있다.

'보다 깨끗한' 탄화수소라고 하는 천연가스는 지구온난화 문제에 대한 부분적인 해결책으로 권장돼왔다. 에너지 공급 부족에 대한 우려로 에너지의 가격이 상승하고 석유수출국기구(OPEC) 회원국들이 석유자산에 대한 주권을 보다 강력하게 주장하게 되는 동시에 탄소에 기반을 둔 연료소비 행위에 대한 생태적 비판의 목소리가 커져감에 따라 천연가스가 재정적으로나 환경적으로나 점점 더 매력적인 에너지원으로 여겨지고 있다. 다국적 에너지 기업들이 잃어버린 유전 대신 가스전을 개발하게 되면서 스스로를 보다 친환경적인 기업으로 홍보하기도 한다(이런 움직임 가운데 가장 눈에 띄는 것은 BP(영국석유)가 자사 브랜드의 의미를 '석유를 넘어서(Beyond Petroleum)'로 바꾸어 내세운 것이다).

석유산업에 관한 책이자 퓰리처상 수상작인 《목표물(The Prize)》의 저자인 대니얼 여진(Daniel Yergin)은 2004년에 〈포린 어페어스(Foreign Affairs)〉에 기고한 글에서 천연가스를 '다음의 목표물'이라고 불렀다. 그러나 천연가스가 목표물이 될 만한 가치가 있는지는 위험도가 높고 비용이 많이 들며 비효율적인 LNG의 개발이 순조롭게 이루어질 것인지에 달려 있다.

데이비드 하비(David Harvey)가 제시한 '공간적 조정(spatial fix)' 이론은 지구적 LNG 시장의 형성과정을 통찰할 수 있는 틀을 제공해준다. 왜냐하면 LNG 시장은 본래부터 화석연료의 국제적 수송과 결합된 지구적 시장이기 때문이다. 기술적으로 어려운 일이기는 하지만 LNG 개발은 석유와 가스 산업이 한편으로는 화석자본주의의 모순을 만들어내면서 다른 한편으로는 화석자본주의의 모순 가운데 일부를 다뤄나가는 데 도움이 된다. LNG 인프라에 잉여를 투자하는 것은 특정한 구체적인 장소에서 과잉자본을 사용할 수 있게 해준다. 이와 동시에 국가와 연결되는 자원의 저주와 관련된 특정한 사회적 모순이 회피되며, 석유와 가스 산업의 생산품이 상대적으로 안전하지 못한 환경으로부터 보다 수익성이 있는 환경으로 이전된다. 그러나 석유와 가스 산업에 대한 비난의 목소리가 갈수록 높아지고 있으므로 북미의 에너지 배급망에 LNG를 홍보하고 편입시키는 작업이 하루빨리 완수돼야 한다. 그래서 산업계는 LNG가 자원보존과 환경, 에너지안보라는 측면에서 내재적인 가치를 갖고 있다고 입법자들과 대중을 설득하려고 한다. 그러나 미국 안에서 셰일가스(이판암에 내장된 천연가스—옮긴이)를 채굴한다면 LNG를 수입할 필요가 없어지게 된다는 주장이 최근에 나오면서 LNG에 대한 설득력 있는 옹호론을 펴기가 점점 더 어려워지고 있다.

아래의 분석은 화석연료 의존으로부터 발생하는 생태적, 경제적 위기에 대해 왜 LNG 산업이 부분적, 임시변통적인 해결책일 뿐인지를 살펴본다. 또한 미국의 에너지 배급망이 작동되도록 하기 위해 LNG를 나이지리아에서 바다를 건너 멕시코로 이전시키는 과정을 살펴봄으로써 '생태제국주의'와 결합된 형태로 진행되고 있는 공간적 이전에 대해서도 설명하려고 한다. 2006년 이래 운영되고 있는 멕시코 최초의 LNG 기지는 텍사스와 국경을 맞대고 있는 타마울리파스 주에서 셸이 벌여온 프로젝트의 일환으로 지어진 것이며, 이 프로젝트는 나이지리아의 보니 섬에 있는 LNG 시설로부터 가스를 가져오기 위한 것이다. 나이지리아와 멕시코 두 장소에 걸쳐 이루어지고 있는 LNG 개발은 석유의 지구적 정치경제와 관련된 다양한 사회적 갈등 및 입장들과 연결돼 있다. 다만 그러한 사회적 갈등과 입장들이 나이지리아의 경우에는 매우 가변적인 데 비해 멕시코의 경우에는 상대적으로 안정적이라는 차이가 있다. 기업에 대한 정부의 보조금으로 육성된 가스산업은 결국 보다 수지맞는 미국시장에 편입돼 탄화수소 중심의 미국 축적모델에 이바지하게 된다.[3]

자원의 저주

'자원의 저주'는 탄화수소에 대한 의존이라는 지구적 함정을 기술하는 데 적절한 용어로 보이지만, 그 원래의 용법으로 보면 명백히 국가중심적인 초점을 가진 말이었다. 자원의 저주는 값비싼 자연자원을 수출하는 나라들이 어떻게 자국의 국내 경제성장에 방해가 되는 형태로 단 하나의 주요 세원에 얽매이게 되는지를 묘사해준다. 나이지리아와 1990년대 후반까지의 베네수엘라는 석유부문에서 나타나는 이러한 역학의 고전적 사례에 속한다. 흔히 '풍요의 역설'로도 불리는 '자원의 저주'라는 상황은 특정한 국가에서 값비싼 자연자원에 기반을 두고 전개되는 자본축적과 관계가 있다. 특정한 국가에서 자원을 수출하는 것을 통해 잉여의 급속한 축적이 이루어지면 국민들 사이에 산업화보다는 수입품이나 과시적 소비에 돈을 쓰는 풍조가 일어나 사회적 응집이 손상을 입게 된다. 사회적으로 보면 그 결과로 돈이 넘쳐나는 국가경제 속에서 강력한 지배엘리트들이 불로소득이나 뇌물을 요구하게 되면서 불평등이 확대된다.[4]

'자원의 저주'로 인한 국가의 사회경제적 손상에는 공공서비스와 인프라의 악화가 포함된다. 자원의 저주가 촉진하는 소비문화의 사고방식으로 인해 열악한 서비스는 민간업계와 정부기관에 있는 부패한 자들 탓으로 흔히 돌려진다. 그러나 인프라의 악화는 단지 탐욕적 가치관(오늘날 흔히 개발도상국에 대해 부패하다고 비난하는 사람들이 문제 삼는 가치관)이나 태만(이는 어떤 지역을 식민지화하려고 할 때 그 지역의 주민들에게 적용하는 정형화된 모습과 관련된 낙인이다) 탓으로 돌려질 수 없다. 자원의 저주와 흔히 동일시되는 '네덜란드병(Dutch Disease)'이라는 개념은 네덜란드가 1960년대에 가스 붐을 누린 뒤에 퇴보한 사실을 설명하기 위해 만들어진 것이다. 이보다 몇 세기 전에 스페인이 아메리카 대륙에서 은과 자연자원을 마구잡이로 채취해서 번영을 누리다가 퇴보한 사실을 설명하는 데도 그와 유사한 저주라는 개념이 사용되곤 했다. 호경기의 축적이 유발하는 통화가치 상승은 국내 제조업과 농업 부문의 경쟁력을 세계시장에서, 심지어는 국내에서도 떨어뜨리기 때문에 탈산업화를 불러온다. 제3세계의 다양한 석유수출국들에서 이러한 현상이 일어나면 제조업과 농업에 대한 투자의 회수가 촉진됨으로써 '저개발'이 초래되곤 했다.

일반적으로 '저주에서 벗어났다'고 간주되는 석유생산국들 가운데 1938년에 국내 석유에 대한 외국의 소유권을 몰수한 뒤로 석유를 국가통제 아래에 둔 멕시코가 포함된다는 점은 흥미롭다.[5] 나중에는 결국 멕시코의 석유생산이 미국의 경제적 지배, 민영화, 신자유주의로 인해 붕괴하게 되지만, 그러한 몰수조치는 처음에는 수입대체 모델에 따라 국가적 산업개발을 추구해나가겠다는 의도에서 취해진 것이었다.

멕시코를 지배한 개발주의적 수입대체 모델과는 대조적으로 자원의 저주를 받은 나라들 대부분은 값비싼 자원의 추출과 이와 관련된 수출에 대한 의존이 원인이 되어 탈산업화를 겪었고, 그러한 탈산업화의 진전은 추출된 에너지와 자본잉여를 재투자할 곳으로서는 그런 나라들을 덜 매력적인 곳으로 만들었다.[6] 나이지리아에서는 취사용 연료에 대한 수요가 상당히 많음에도 불구하고 국내에서 생산되는 가스가 주로 수출을 위해 액화된다. 나아지리아의 가스는 LNG로 전환됨으로써 지구적으로 거래할 수 있는 물질(즉 멀리 떨어져 있는 유럽과 북미 시장에서 쓰이게 될 물질)이 된다. 최근에 미국이 아프리카사령부를 확장시켜 서아프리카로의 군사적 진출을 시도하고 영국이 니제르 델타 위기를 진정시키는 데 필요한 경찰병력을 지원한 것은 제국주의 역사를 되풀이하는 것이다. 사실 나이지리아와 같은 제3세계의 나라나 지역에서 이루어지는 자원추출이나 그러한 자원추출을 촉진하는 사회적, 경제적 전략은 역사적으로도 그랬지만 지금도 생태제국주의라는 말로 가장 잘 설명될 수 있다.[7]

가스에 대한 통제

전용 LNG 터미널들로 가득 찬 지구적인 가스시장이 건설되려면 먼저 입법가들과 에너지 회사들을 경계하는 대중으로 하여금 가스의 경제적, 환경적 편익에 대해 확신을 갖도록 해야 한다. 또한 대양을 가로질러 가스를 이동시키기 위해 특별한 기술이 도입돼야 한다. 개빈 브리지(Gavin Bridge, 맨체스터대학의 지리학과 교수—옮긴이)가 말했듯이 가벼운 기체로서 가스가 갖고 있는 특성은 "시대착오적인 성격을 좀처럼 벗지 못하는 지리적 공급구조"가 형성되도록 한다. 육상으로 파이프라인을 설치할 수 없는 곳에서 해외로 가스를 수송하기 위해서는 가스를 매우 차가운 온도로 액화시켜야만 특수 유조선에 실어 멀리 있는 기지로 보낼 수 있다. 액화된 그 물질은 목적지에 도착한 뒤에 다시 가스로 되돌려져야 그곳의 에너지 배급망에 연결될 수 있다.

가스를 파이프로 보내는 것도, 선박으로 실어 나르는 것도 비용이 상당히 많이 드는 일이다. 최근에 에너지 가격이 급등하기 전에는 가스를 이동시키는 것은 너무 비용이 많이 들어 실행하기가 쉽지 않았고, 이에 따라 많은 곳에서 가스가 '이동시킬 수 없는 것'으로 간주됐다.[8] 그러나 오늘날에는 상황이 달라졌다. 지구적인 연료부족에 대한 우려는 선물시장에서 가스의 가격을 상승시키고, 이런 현상은 LNG 개발을 촉진시키는 작용을 하기 때문이다. 지난 10년 동안 국제 석유산업은 북미의 LNG 터미널과 수송망 인프라를 확충해야 한다고 강조해왔다. 발전을 위해 석탄을 태우는 것보다는 천연가스를 사용하는 것이 낫다는 데 대해 광범위한 합의가 형성됐지만 LNG가 탄소의 배출을 전반적으로 줄일 수 있는 대안이 되는지는 의심스럽다. 최근의 연구들은 먼 거리를 이동하며 수송되는 LNG의 탄소발자국이 상당한 수준에 이를 수 있음을 보여준다.[9] 북미의 LNG 인프라 건설은 이 산업과 관련된 일련의 상업적 이해관계와 노동자들의 이해관계를 형성할 것인데 이러한 이해관계가 대체재인 비탄화수소 에너지원으로의 전환을 더욱 지연시키거나 그러한 전환을 가로막는 장애물을 만들어낼 수도 있다.

현재 지구상의 지역간 무역에서 LNG가 차지하는 비중은 30% 정도이며, 국제에너지기구(IEA)는 이 비중이 2030년까지 50%로 올라갈 것으로 내다보고 있다. 국영 석유회사들이 가스의 액화에서 큰 역할을 담당하고 있으며, 이 점에서는 특히 인도네시아와 브라질의 준국영 석유회사들이 가장 중요하다. 그러나 셸(Shell)도 액화능력에서 세계 3위 안에 들며, 민간 에너지회사들은 대체로 LNG 인수기

지를 운영하고 있다.[10]

나이지리아와 멕시코의 LNG와 자본의 공간적 조정

나이지리아가 보니 섬에서 전개해온 LNG 사업은 이 나라의 국영 석유회사와 셸, ENI 이탈리아(아지프(Agip)), 토탈(Total) 사이의 합작사업으로 1989년에 처음 제안됐고, 그로부터 10년 뒤에 가동되기 시작했다. 니제르 델타 지역에서는 석유와 함께 흔히 '부수가스'로 불리는 가스가 추출되고, 그 가운데 태워져 없어지는 가스의 비율이 70~80%(이는 세계에서 가장 높은 비율이다)에 이른다. 그리고 이로 인한 화염이 어업과 지역 야생생물에 영향을 주는 산성비와 그 밖의 환경침식을 낳고 있다. 나이지리아의 석유산업 입장에서는 천연가스의 액화와 수출이 바로 이런 화염문제에 대한 외부적 해결책이 된다. 지표면에서 타오르는 거대한 화염이 밤하늘을 훤하게 밝힌다. 1990년대에 이 지역에서 오고니 부족의 저항운동이 일어나고 이와 관련해 켄 사로 위와(Ken Saro Wiwa)가 처형당하기도 했지만, 그 뒤로는 이 지역의 화염은 지구적 산업자본이 나이지리아에서 환경과 인권의 규범을 무시해도 벌을 받지 않는 현실의 상징이 됐다.[11] 화염의 규모는 매일 25억 입방피트에 이르며, 이로 인해 강가 마을에 사는 주민들은 "어두운 밤이라는 것을 알지 못하게 됐다"고 한다.[12] 셸 나이지리아(Shell Nigeria)가 만들어내는 화염이 단일 규모로는 가장 크다.

가스를 태우는 일이 50년간이나 계속되다보니 그러한 형태의 산업적 폐기물 제거작업이 니제르 델타 지역의 사회와 생태에 지워질 수 없는 부분이 된 것도 사실 놀라운 일이 아니다. 오고니 부족과 이조 부족을 비롯해 석유의 혜택에서 소외된 소수부족들에 의해 '원주민의 인권에 대한 침해'라고 비난당하면서도

이 지역에서 계속 타오는 화염은 이기적인 자연자원 착취와 관련이 있는 환경인 종주의 또는 '지구적 인종차별'의 분명한 표현으로 볼 수 있다. 이 지역에서 석유를 추출하는 데 대해 반대하는 이조 부족의 젊은이들은 1999년에 화염을 꺼뜨릴 목적으로 '기후변화 행동(Operation Climate Change)'이라는 운동을 시작했다. 주민들의 항의시위와 도로차단 행동에 대해 가혹한 탄압이 거듭돼온 이 지역의 역사적 맥락 속에서 석유산업의 안전을 지켜주는 역할을 하는 동시에 석유산업에 위협이 되기도 하는 민병대 집단들이 점점 더 늘어났고, 그러는 가운데 주민들의 저항은 점점 더 급진적인 성격을 띠게 됐다. 지난 2년 동안 석유공급의 불확실성에 관해 보도한 언론매체들의 기사에서 이 지역의 격렬한 '위기상황'이 종종 언급되곤 했다.[13]

대기 중으로 독성 화학물질을 배출하는 행위와 함께 지구의 기후변화가 주목받게 되면서 니제르 델타에서 석유회사들이 가스를 태워 없애는 관행이 점점 더 비난의 대상이 됐다. 이런 관행으로 인한 화염 때문에 나이지리아가 2002년까지 사하라 이남의 다른 모든 아프리카 국가들의 온실가스 배출량을 합한 것보다 더 많은 온실가스를 대기로 배출하게 됐다고 세계은행은 추정한다. 나이지리아와 세계의 환경주의자들은 그와 같은 관행은 주민들의 인권과 환경권을 위반하는 것으로 불법이라고 규정한 나이지리아 대법원의 최근 판결이 악용될 가능성에 대해서도 경종을 울리고 있다. 이 판결에 편승해 화염을 제거하는 것을 수단으로 삼아 교토의정서에 따른 탄소배출권(이는 곧 세계은행 '청정개발체제'의 자금지원이나 마찬가지다)을 확보하려는 시도가 있을 수 있다는 것이다.

LNG 공장이 있는 보니 섬은 대서양을 횡단하는 노예무역에서 중요한 항구였다. 어떤 이론가들은 역사적으로 나이지리아가 오랜 세월에 걸쳐 노예무역의 영향을 받았다는 점이 부족간 분할을 특징으로 하는 현대 나이지리아의 국가형태를 설명해준다고 믿는다.[14] 어쨌든 이곳의 LNG 시설에 대한 환경영향 평가의 결과로 보니 섬 안에 있는 피니마(Finima) 지역에 생태보호구역이 설정됐고, 나이지리아의 한 환경NGO가 이 생태보호구역을 관리하고 있다.[15] 나이지리아의 LNG 프로젝트와 이 프로젝트가 촉진해온 '공무관리 프로그램'은 그동안 이 나라에서 분열을 조장해 지역사회들 사이에 폭력사태를 부추겨온 이른바 '석유시설 입지지역사회 지원정책(host-community policy)'의 틀에서 벗어나 더 나은 사회적, 환경적 성과를 올려왔다는 평가를 받으면서 오늘날 산업계와 지역사회 간 관계의 모델로 다른 곳들에도 전파되고 있다.

그러나 지금도 나이지리아의 석유노동자나 외국에서 온 석유노동자가 납치되는 사건이 일어나는 등 '통행료' 징수권이나 해적행위(석유 밀거래)를 둘러싼 폭력행위가 계속 이어지고 있는 것이 보니 섬과 그 주변의 냉엄한 현실이다. LNG와 같은 제품을 다른 나라나 지역으로 옮겨서 판매할 수 있다면 기반시설 투자에 상당한 위험이 따르는 이 지역에 발이 묶이지 않을 수 있게 된다. 이와 동시에 LNG를 해외로 옮겨서 판매하는 것은 자본에 일종의 '공간적 조정'을 할 기회를 주며, 그 기회를 통해 자본은 이미 과도하게 착취된 사회, 자연, 자원의 기반과 자본의 과잉축적에 따른 한계를 넘어설 수 있게 된다.

해외로 멕시코까지 LNG를 수송하게 되면 나이지리아에서 조업하는 석유산업이 세계에서 가장 큰 시장인 미국과 가까워질 뿐만 아니라 멕시코의 안정된 사업 환경이 주는 편익도 누릴 수 있다. 셸이 50%, 토탈과 미쓰비시가 각각 25%씩의 지분을 갖고 있는 멕시코 타마울리파스 주의 알타미라 터미널은 이 나라 최초의 LNG 재가스화 시설이며, 코스타아줄에 있는 셈프라/셸 터미널보다 먼저 운영되기 시작했다. 알타미라의 남쪽에 있는 탐피코 항은 멕시코의 석유추출 역사에서 주축이 돼온 항구다. 이 지역을 포함한 우아스테카 지역은 '분출유정'으로 유명한 곳으로 한때 '환경파괴와 부의 거대한 원천'이었다. 이 지역의 노동자들은 1938년에 셸과 스탠더드오일의 자회사인 엘아길라와 우아스테카의 국유화를 주장하는 운동에서 중심적인 역할을 했다.

멕시코가 혁명적인 '1917년 헌법'의 27조에 근거해 1938년에 실시한 석유 국유화 조치는 지하자원에 대한 국가의 수용권을 발동한 것이었다. 노동자들의 운동, 미국과 영국 두 나라 정부 사이의 갈등 등을 거쳐 멕시코의 석유 국유화 조치가 확정됐다. 멕시코의 이 조치는 미국의 금융적 이익에도 도움이 되는 것이었고, 국유화된 석유는 멕시코가 산업을 발전시키고 기반시설을 건설하기 위한 차관을 조달할 때 담보가 돼주었다. 멕시코의 석유 국유화는 노동이 생산수단을 통제하게 됐음을 의미하는 것이었을 뿐만 아니라 미르나 산티아고(Myrna Santiago)의 설명대로 멕시코 국민들 사이에 자국의 미래세대가 사용할 자원을 보호해야 한다는 자원보존 의식을 불러일으켰다.[16]

멕시코의 석유 국유화 조치는 석유수출국기구(OPEC)의 창립보다 30년 이상 앞선 시점에 석유를 수출하는 개발도상국이 자국의 영토에서 다국적 석유회사들을 내쫓은 최초의 사례이므로 지구적인 전환점의 의미를 가진 것이었다. 다만 OPEC는 일차산품의 국제가격에 대한 통제를 추구하게 되지만 멕시코의 석유 국유화 조치는 중남미가 수입대체 산업화 정책의 핵심으로 받아들이게 되는 원칙, 즉 일차적 자원을 외화벌이보다는 국가적 개발에 사용해야 한다는 원칙의 표현이었다.

멕시코에 있는 LNG 기지들은 해외 기업들의 중요한 전략적 투자로 건설된 것이므로 멕시코 석유산업의 탈국유화에 반대하는 지금의 저항세력에게도 표적이 된다. 살리나스 데 고르타리가 대통령으로 재임하던 시기 이후로 멕시코의 국영 석유회사 가운데 일부는 분권화되고 일부는 민영화됐다. 이런 변화는 멕시코의 에너지 자원이 급속하게 개발되도록 만든 전반적인 경제환경 속에서 일어났다. 이런 변화는 또한 북미자유무역협정(NAFTA)이 발효되고 사파티스타가 봉기한 데 이어 1994년에 페소화 가치가 붕괴하자 미국이 이 나라에 대한 구제금융 지원에 나서게 된 한 가지 원인이었다. 멕시코의 석유와 가스 부문에서 은밀하게 진행되고 있는 탈국유화와 민영화에 대한 현재의 논란에서 LNG를 '비추출적'인 자원으로 홍보하는 움직임이 중요한 쟁점으로 부각되고 있다. 보수적인 국민행동당(PAN)에 승리를 안겨주긴 했으나 논란이 많았던 2006년의 대통령 선거가 불러일으킨 파장 속에서 석유산업의 탈국유화와 민영화에 대한 논란이 더욱 심화됐다. 멕시코의 헌법은 외국기업이나 민간기업에 대해 에너지의 판매는 할 수 있어도 에너지의 추출이나 생산은 할 수 없도록 규정하고 있다. 이처럼 멕시코에서는 국영 석유회사(Pemex)에서 일하는 전문가들, 민주적인 노동자조직 연대체 등을 포함한 다양한 전국적 집단들이 LNG 사업을 '에너지 주권에 대한 위협'으로 보고 그 적법성을 문제 삼아왔다.[17]

　　나이지리아에서 멕시코에 있는 터미널까지 LNG를 수송하는 체제는 탄화수소 소비가 초래하는 사회적, 생태적 위기와 이런 위기를 해결하려는 산업계의 모순적인 시도에 내포된 의미를 들여다볼 수 있는 창을 우리에게 제공해준다. 나이지리아에서는 산업계와 정부가 사회적, 생태적 질병에 대한 해결책으로서 북미에서보다는 훨씬 더 쉽게 LNG를 내세울 수 있다. 니제르 델타 지역은 물론이고 나이지리아라는 국가 전체도 기반시설로 보나 사회적인 측면에서 보나 '주변화'하고 있고, 이로 인해 투자자들에게는 이 나라 에너지 부문의 매력도가 떨어지고 있다. 이 나라의 국내 시장에 천연가스가 충분히 공급되지 못하는 상황임에도 불구하고 그렇다. 지역사회 문제에 대한 석유산업의 관행적인 태도가 부분적인 원인이 되면서 생겨나 나이지리아 내 기업경영 환경의 지울 수 없는 일부가 된 폭력의 위험도 만약 석유산업이 가스를 태우며 화염을 뿜어내는 것에 대한 항의를 억누를 수 있다면 피해갈 수 있을 것이다. 그러나 석유산업의 입장에서는 탄화수소에 대한 국내적이거나 세계적인 의존과 관련된 저주를 해결하고자 한다고 자처하는 것과는 상관없이 나이지리아에서 멕시코까지 배로 가스를 실어 나르는 것이 보다 수지가 맞는 선택지가 된다.

LNG와 LNG에 대한 불만

그러나 LNG를 북미시장에 공급할 수 있을 뿐만 아니라 상대적으로 안정적인 여건에서 유통시킬 수 있는 북미의 터미널로 LNG를 이동시키는 것은 반대에 부닥쳐왔다. 지난 2년 사이에 캘리포니아와 바하칼리포르니아에 LNG 터미널을 지으려던 일련의 계획이 지속적인 시민저항에 부닥쳐 좌절됐다. 특히 캘리포니아에서는 단 한 개의 터미널도 인가되지 않았다. 최근에는 뉴욕의 롱아일랜드, 캘리포니아의 옥스너드, 바하칼리포르니아의 엔세나다 등지에서 LNG 터미널 건설계획이 취소됐고, 캐나다에서도 비슷한 계획이 연기됐다. 미국의 메인 주에 터미널을 지으려던 계획에 대한 시민들의 적극적인 반대는 캐나다의 뉴브런스윅까지 포함하는 지역연합의 결성으로 이어졌다.[18] 2008년에는 클린턴 부부와 버락 오바마가 오리건 주에서 LNG 터미널 건설계획에 반대해 일어난 대중운동에 대해 그 정당성을 인정했다.[19] LNG 터미널에 대한 대중의 반대는 그것이 환경에 초래하는 부정적인 영향, 사고의 위험, 터미널에 대한 테러공격 위협 등에 초점이 맞추어졌다. 잡지 〈머더 존스(Mother Jones)〉는 2007년에 LNG 터미널을 가리켜 '바다 위에 떠 있는 공격목표'라고 불렀다.[20]

미국의 공식적인 자료에 따르면 1940년대 이래 전 세계에서 10건의 심각한 LNG 사고가 일어났지만 그로 인한 인명피해는 거의 없었다. 이런 이유로 미국 의회는 2003년도 보고서에서 육상의 LNG 터미널에 상대적으로 높은 안전성 등급을 매겼다. 2005년에는 워싱턴 주에 기반을 둔 한 공익옹호 단체가 미국 연방 에너지규제위원회의 LNG 안전성 승인에 대해 이의를 제기했다. '수송관안전기금(Pipeline Safety Trust)'이라는 단체에 제출된 한 보고서는 "여러 가지 중요한 이유로 과거의 운영기록들이 LNG 위험에 대한 분석을 하는 데 적절한 시각을 제공해주지 못한다"고 지적했다. 미래의 문제에 대해 예측을 하면서 과거의 운영실적을 지나치게 강조하는 것은 형편없는 위험관리 기술이 보여주는 한 가지 특징이며, 특히 복잡한 시스템과 관련된 예측에서는 더욱 그렇다는 것이었다.[21]

LNG를 지지하는 사람들은 LNG를 가리켜 '무색, 무취, 무독의 메탄'이라고 말하지만, 환경단체들은 반대되는 자료를 제시한다.[22] LNG에는 메탄 외에 에탄, 프로판, 기타 오염물질과 같은 여러 가지 탄화수소가 들어 있다. LNG 인수시설은 에너지 밀도가 높고, 재고의 규모가 거대하고, 극저온 상태와 연결된 특이한 누출동학을 갖고 있고, 폭발을 일으킬 경우에 그 영향의 범위가 매우 넓다는 네 가지 중대한 위험요소를 한데 모아놓은 것과 같다.[23] 규제정책과 관련된 미국의 공식적인 담론에서는 LNG가 액체 상태에서는 '비폭발성'인 물질로 표현된다. 이는 LNG의 특성이 다른 가연성 액체들과 다르지 않다고 보는 표현이다. 그러나 비판적인 사람들은 부자연스러운 저온의 상태로 보관된다는 점에서 LNG는 다른 가연성 액체들과 다르다고 지적한다. 1944년에 클리블랜드에서 많은 양의 LNG가 누출되는 사고가 발생했는데 이 사고는 화재로 이어져 128명의 사람을 죽게 했다. 바하칼리포르니아에서 추진된 LNG 사업에 대한 반대운동에서 그린피스의 멕시코 지부는 45명의 사망자를 낸 1975년 스태턴 섬의 사고, 가스구름을 만들어낸 1988년 보스턴의 사고, 23명의 사망자를 낸 세계 2위의 LNG 수출국 알제리의 사고 등을 LNG가 초래할 수 있는 위험을 보여주는 사례로 거론했다.

사회적, 환경적 위험만 문제가 되는 것이 아니다. '감당할 수 있는 가격의 청정에너지를 위한 공공요금 납부자들의 모임(RACE; Ratepayers for Affordable Clean Energy)'이라는 깃발 아래 결집한 미국 서부해안 지역의 시민단체들은

LNG 사업이 에너지기업들에게 어떻게 이익을 보장해주는지를 부각시켰다. 캘리포니아 주의 공익사업위원을 지낸 한 인사는 LNG 개발에 대해 "1950년대 이래 캘리포니아 주의 에너지 기반시설에 일어난 변화들 가운데 가장 큰 단일의 변화"라고 지적했다.[24] 그와 같은 사업이 계속 진행된다면 어떻게 될까? 2000년과 2001년에 걸쳐 캘리포니아에서 발생한 에너지 위기의 기간에 전력의 가격과 공급을 조작한 일로 신뢰를 잃은 에너지부문이 원하는 방향으로 자본투자가 이루어질 것이고, 이에 따라 미국의 서부연안이 재생가능 에너지가 많이 사용되는 지역이 되기보다는 LNG에 발이 묶인 지역이 될 것이다. 그러나 국가의 규제당국들이 산업계의 요구에 따라 LNG 사업을 밀어붙이는 역할을 하는 데 대해 RACE 연합이 공개적으로 성토하고 있고, 이런 사실은 결정적으로 중요하다. RACE 연합은 캘리포니아 공익사업위원회의 판정을 문제 삼았다. 그 판정은 공익사업체들에게 국내 천연가스와 관련된 계약을 갱신하지 않을 권리를 인정해줌으로써 그들이 LNG를 공급받기로 하는 계약을 새로이 체결하는 것을 허용하는 결과를 낳았고, 미국의 서부와 캐나다로부터의 LNG 공급보다 해외로부터의 LNG 공급을 사실상 편들어주는 것이라는 게 RACE 연합의 비판이다.[25] 올바른 정책은 LNG 인수기지에 비해 환경영향이 보다 쉽게 감시될 수 있고, 덜 비싸고, 덜 위험한 국내의 가스 공급원을 계속 이용하는 것이라고 RACE 연합은 주장한다. 이와 동시에 캘리포니아 주의 청정에너지법 및 이 법과 관련된 정책의 이행을 통해 천연가스에 대한 수요가 줄어들게 해야 한다고 그들은 주장한다.

LNG 생산을 위한 천연가스 채굴 대상지로 다양한 지역들이 추천되고 있고, 그 가운데 다수가 천연가스 채굴지역으로서 갖고 있어야 할 전형적인 특징을 이미 갖고 있다. 즉 그런 곳들은 경제적, 공간적으로 고립된 장소일 뿐 아니라 인종, 문화, 계급의 측면에서 볼 때 사회적, 역사적으로 주변화된 지역사회이기도 하고, 생태적으로는 풍요로울지 몰라도 환경규제는 상대적으로 약하거나 최소한으로

만 실행되는 곳이다. 생태적 논란을 가장 먼저 불러일으킨 LNG 사업들 가운데 하나로 러시아의 사할린 섬에서 로열 더치 셸이 추진했던 사업이 꼽힌다. 이 사업은 귀신고래에 멸종의 위협을 가한다는 점에서 논란을 불러일으켰다. 로열 더치 셸의 2차 사할린 사업에 대해 미국의 캘리포니아 주에서 '태평양환경(Pacific Environment)'이라는 단체가 반대운동에 나섰고, 이 단체는 나중에 RACE 연합의 창립에 앞장서게 된다.

북미에서 추진되는 LNG 사업의 경우에는 터미널의 입지요건으로 주변적인 위치가 요구되고 있으며, 특히 터미널이 '테러의 목표물'이 될 수 있다는 과장된 이야기가 오가는 분위기 속에서 더욱 그렇게 됐다. 이와 같은 이유에서 멕시코가 상대적으로 보다 매력적인 터미널 입지장소로 주목받고 있다. 미국에 비해 멕시코 쪽의 임금과 건설비용이 더 낮다는 점도 있지만, 국경 너머 미국에서는 금지되지만 멕시코에서는 허용되는 산업적 활동이 여러 가지 있기도 하기 때문이다. 예를 들어 멕시코에 있는 LNG 터미널에서는 LNG를 정상적인 온도로 데우는 데 바닷물을 사용할 수 있다. 그린피스의 멕시코 지부가 LNG 터미널 건설에 반대해 2004년부터 시작한 캠페인은 생태의 담론과 함께 자원주권의 담론도 채택함으로써 환경운동 진영을 에너지 부문의 민족주의 분파들과 결합시켰다.[26]

지금까지 서부해안에서 건설이 중단되지 않고 계속돼온 LNG 터미널은 바하 칼리포르니아 주에 있는 것 하나 뿐이며, 이것에 대해서도 반대운동이 없지 않다. 현재 셈프라(Sempra)라는 기업의 시설인 이 터미널은 2008년 4월에 가동되기 시작했다. 이 터미널 사업은 원래 셸 멕시코(Shell Mexico)가 주도했다. 하지만 2005년에 티후아나 시의 주부모임과 샌디에이고 시의 파도타기 동호회도 포함된 연합단체가 반대하고 나선 시점 이후로는 셸 멕시코가 이 터미널 사업과 거리를 두기 시작했다.[27] 그 뒤에 셈프라가 이 터미널을 인수했고, 셸은 이 터미널에 대한 셈프라의 지분 가운데 50%를 매입했다. 이로써 공개적으로는 셸의 이름이 더이상 이 터미널과 연결되지 않게 됐다.[28] 푸에르토 리베르타드 근처에 건설될 예정인 소노라 터미널은 소노라 주정부의 지원을 받고 있다. 미국 에너지부에 따르면 소노라 주정부는 멕시코와 미국 두 나라와 가스 파이프라인 시스템에 관한 계약을 체결했다.

캘리포니아에서도 마찬가지이지만 바하칼리포르니아에서 LNG 터미널에 반대하고 있는 세력들 가운데는 상대적으로 기득권 집단에 속하는 세력도 있다. 미국의 서부해안에서 역사적으로 중요한 역할을 했고 지금도 그러한 역할을 하고 있는 환경운동 조직들뿐만 아니라 미국과 멕시코 양쪽 접경지역의 관광산업과 부동산산업도 LNG 터미널에 반대하고 있다. 바하칼리포르니아에서 LNG 터미널에 대해 펼쳐진 반대운동은 대중매체의 관심을 끄는 데 성공했다. 예를 들어 멕시코의 한 텔레비전 방송은 불길한 음악을 배경에 깔고 LNG 사업을 비판하는 내용의 20분짜리 다큐멘터리를 방영했다. 생태주의자, 시민단체, 어민조합등이 국경을 넘어 집단적인 저항운동을 펼쳤다. 이에 따라 셰브론이 바하칼리포르니아의 코로나도 섬에 건설하려고 했던 LNG 터미널에 대한 인가가 2007년 4월에 취소됐다. 코로나도 섬에는 산투스(Xantus)라는 취약종 바닷새의 서식지가있고, 이와 관련해 2005년에 NAFTA의 환경협력위원회에 제소가 이루어진 바 있다.[29]

캘리포니아와 바하칼리포르니아에서의 저항은 멕시코 만 연안에서 일어난 저항과는 현저하게 다르다. 현존하는 북미의 LNG 터미널 열 개 가운데 아홉 개는 멕시코 만 연안과 그 북동쪽에 위치해있다. 텍사스와 루이지애나에 다섯 개, 조지아에 한 개, 뉴잉글랜드에 두 개의 LNG 터미널이 있다. 루이지애나와 텍사스는 석유산업의 입지로서 오랜 역사를 갖고 있으며, LNG 인수기지를 받아들이는데 상대적으로 우호적인 이 두 주의 태도에는 그러한 역사가 반영돼있다.[30] 북미의 LNG 터미널 열 개 가운데 두 개는 멕시코 쪽에 있다. 앞에서 말한 바 있지만 엔세나다와 티후아나 사이에 있는 셈프라의 코스타아줄 터미널과 타마울리파스의 알타미라에 있는 터미널이 그것이다. 타마울리파스는 멕시코 만 연안에서 오래전부터 이어져온 미국 석유산업의 역사를 공유하고 있고, 특히 이 주 안에 있는 우아스테카 지역은 20세기 전반에 심각한 환경파괴가 일어났던 곳이다.[31] 석유산업의 존재와 강력한 국영석유회사 노동조합은 여러 세대에 걸쳐 멕시코만 연안의 멕시코 주민들을 탄화수소 생산에 묶어놓았다.

셸의 타마울리파스 터미널은 처음에는 베네수엘라에서 LNG를 공급받기로 돼 있었다. 그러나 이런 계획은 베네수엘라의 준국영 석유회사인 페데베사(PDVSA)가 자원추출에 대해 점점 더 주권주의적인 입장을 취하더니 '마리스칼 수크레 LNG 프로젝트'에서 셸과 미쓰비시를 물러나게 하면서 2005년에 취소됐다. 셸 멕시코가 나이지리아에서의 LNG 사업 등을 통해 훨씬 더 먼 곳에서 LNG를 공급받기 위해 움직였던 것은 바로 이런 상황 때문이었다. 그러므로 미국자본의 후원 아래 멕시코와 나이지리아 사이에 LNG 사업과 관련된 관계가 맺어진 것은 베네수엘라가 외국자본에 저항하면서 지역 차원의 에너지 주권주의를 수용하고 나선 것이 북미 자본주의에 부과한 한계에 대한 북미 자본주의의 대응이라는 성격을 부분적으로 갖고 있다.

개도국들에서 그와 같은 자원주권 운동이 일어나자 미국의 LNG 소비수요를 충족시키기 위해 나이지리아에서 멕시코의 터미널로 LNG를 수송하게 된 것은 계속되고 있는 탄화수소 추출과 관련된 위기를 해결하기 위한 산업계의 시도가 어떤 것인지를 보여주는 한 가지 사례다. 그것은 또한 지구적 자본주의의 발전에서 중심적인 요소가 돼온 '자연자본의 이전'이 여전히 계속되고 있음을 분명히 보여준다.[32] LNG의 형태로 수송되는 천연가스의 궁극적인 목적지인 미국에 비해 멕시코는 LNG 터미널에 대한 환경규제가 약하고 대중의 반대도 다소 덜한 곳

이다. 그러나 멕시코에서도 민영화된 LNG 사업의 성격에 대한 논의가 가열되고
있고, 멕시코의 에너지부문과 국가경제의 미래를 둘러싼 갈등과 투쟁에서도 이
문제가 중요한 쟁점이 되고 있다. 화석자본주의에 대한 지구적인 '임시 미봉책'
인 LNG와 관련된 비용과 복잡한 문제들이 대중의 감시와 비판을 점점 더 많이 받
고 있다.

(윤순진 옮김)

바이오연료의 정치경제학과 생태학

프레드 매그도프

배경

지난 몇 년 동안에 석유를 비롯한 연료의 가격이 크게 상승한 것, 그리고 석유 채굴량이 줄어들기 시작하는 석유정점에 우리가 도달했거나 곧 도달할 것이라는 우려가 고조된 것이 대안 에너지원에 대한 관심을 새롭게 불러일으켰다. 대안 에너지원에는 태양, 바람, 조력, 지열, 바이오연료 등이 있다. 그런가 하면 에너지 효율성의 제고, 자동차에 대한 생태적으로 비합리적일 정도의 과잉의존 및 직장과 거주지 사이의 먼 거리를 포함한 기존 생활양식의 변경, 공장에서부터 사무실 건물과 개인주택에 이르기까지 경제활동 공간의 재설계, 점점 더 높은 수준의 소비를 추구하는 풍요사회의 경향에서 벗어나야 할 필요성 등에 관한 말이 오가기도 한다. 그런데 이러한 것들을 실제로 실행하는 방안을 근본적인 따져보다 보면 자본주의의 기본적인 작동구조 자체에 대해 의문을 제기하게 된다.

대안 에너지원은 매력적이다. 왜냐하면 그것은 경제체계의 작동 자체에 대해 의문을 제기하지 않고서도 개발되고 사용될 수 있기 때문이다. 오염을 많이 유발하고, 비싸며, 유한한 석유를 보다 더 '지속가능'하고, '생태적으로 건전'하며, '재생가능'한 에너지로 대체하기만 하면 된다. 사람들은 자본주의 사회가 가장 지장을 덜 받으면서 낭비적인 유형의 성장과 소비를 계속할 수 있게끔 문제들을 '해결'해줄 묘책을 바라고 있다. 앞으로 경제 사이클의 하강, 연료 생산량의 증가, 원유 선물시장의 투기적 거품 붕괴 등에 따라 연료가격이 다소 떨어질 수도 있겠지만, 연료의 사용량에 비해 용이하게 채굴할 수 있는 연료의 매장량은 지속적으로 감소할 것이기 때문에 연료가격은 역사상 최고가격대를 계속 유지할 가능성이 높다.

최근까지 살아있던 식물로부터 나오는 생물학적 물질을 연료로 사용하는 관행은 오랜 역사를 갖고 있다. 옛날부터 인류는 음식을 익히고, 몸을 덥히고, 맹수로부터 자신을 보호하기 위해 나무로 피운 불 주위에 모여 밤을 보냈다. 19세기에 미국의 대평원 지대에 정착한 유럽인 이민자들은 아메리카들소(버펄로)의 마른 똥을 모아 연료로 사용했다. 오늘날에도 어떤 나라에서는 나무가 연료원으로 여전히 사용되고 있고, 인도에서는 사람들이 마른 소똥을 모아 연료로 사용하며, 세계의 많은 곳에서 작물의 부산물이 조리와 난방의 용도로 사용된다. 또한 중국과 인도에서는 오래전부터 인간과 동물의 분뇨를 처리하는 소규모 시설에서 발생하는 천연가스(메탄)로 빛을 밝히고, 난방을 하고, 조리를 해왔다. 추운 북쪽 지역에서는 수십 년 전부터 하수처리 공장에서 발생하는 천연가스를 사용해서 공장 내 미생물 작용의 효율성을 높이기 위해 발효용 통을 덥히거나 전기를 생산하기 위한 연료로 사용해왔다.

곡물, 포도, 사탕수수, 감자 등으로부터 맥주, 와인과 같은 발효음료와 위스키, 보드카, 럼과 같은 증류주 등 알코올 농도가 높은 음료를 만드는 것 역시 긴 역사를 가지고 있다. 그리고 브라질에서는 수십 년간 사탕수수 즙을 발효시킨 결과물을 증류시키는 방식으로 일종의 알코올인 에탄올을 생산해왔다.

바이오연료에 대한 기본지식

바이오연료의 기반이 된 아이디어는 식물이 태양의 에너지를 받아서 당, 전분, 지방, 섬유소 등을 만들어내면 그것을 수확해 우리가 사용할 수 있는 에너지원으로 전환시킨다는 것이다. 연료를 만들기 위해 식물을 기르는 것은 석유와 휘발유를 사용하는 것에 비해 생태적으로 더 건전하다고 간주된다. 왜냐하면 연소시킬 때 대기 속으로 새로운 이산화탄소를 뿜어내는 석유나 휘발유에 비교해서 바이오연료 에너지가 사용될 때 대기 중으로 돌아가는 이산화탄소는 식물에 의해 최근에 제거되었던 이산화탄소일 뿐이기 때문이다.

미국은 일반적인 에너지 위기라기보다는 액체연료 위기에 직면해 있다. 따라서 지금 최대의 관심사는 자동차와 트럭을 달리게 할 수 있는 바이오디젤과 에탄올과 같은 액체연료를 생산하는 데 있다. 바이오연료에는 세 가지 측면이 있다. 그것은 사용되는 생물학적 물질(원재료), 원재료를 연료로 전환하는 과정, 그리고 생산되는 연료의 종류다.

주요 바이오연료로는 ① 나무나 작물의 부산물(직접적인 연소) ② 당, 전분, 섬유소에서 추출되는 에탄올 ③ 유지작물이나 폐식용유로 만드는 바이오디젤 ④ 동물의 똥이나 하수의 분해에서 나오는 천연가스인 메탄 등 네 가지를 들 수 있다. 직접적인 연소는 생물학적 물질로부터 에너지를 추출하는 가장 단순한 방법이다. 이 방법은 나무나 작물의 부산물이 더 잘 연소되도록 그것을 작은 조각으로 자르거나 부수는 등의 매우 적은 가공만을 필요로 한다. 작물의 부산물은 수분이 포함된 자연적인 상태 그대로 말리거나 태울 수 있다. 이런 종류의 연료는 물을 데우거나 실내난방을 하거나 증기엔진을 통해 전기를 생산하는 데 사용될 수 있다. 직접적인 연소를 위한 원재료는 주로 작물의 부산물과 나뭇조각이다.

에탄올은 자동차 연료로 사용될 수 있는 액체라는 점에서 큰 관심을 끌었다. 미국에서는 대개 에탄올을 10%만큼 휘발유에 섞어 쓰고 있지만 에탄올만으로 작동시킬 수 있는 엔진도 있다. 에탄올은 고당 식물, 특히 사탕수수의 당을 발효시키거나 옥수수나 카사바와 같은 작물의 전분을 당으로 바꾼 뒤 그것을 발효시키는 방식으로 상업적으로 생산된다. 전분을 당으로 전환시키는 것은 비교적 단순한 일이지만, 고당 식물과 비교하면 고전분 식물에서 에탄올을 추출하는 것은 훨씬 비용이 많이 든다. 에탄올을 10%만 휘발유에 혼합하는 경우에 발효가 완료된 에탄올을 휘발유 첨가제로 사용하기 위해서는 4번에 걸친 증류를 거쳐 99.5% 농도로 만들어야 한다.

미국의 에탄올은 거의 모두가 옥수수를 원재료로 사용해 생산된다. 2007년에 약 70억 갤런의 에탄올이 134개의 공장에서 생산됐다. 이에 더해 66개의 공장이 추가로 지어지고 있고, 기존의 공장들 가운데 10개는 확장공사 중이다. 2007년에 수확된 옥수수의 약 20%가 에탄올 생산에 사용된 것으로 추정되며, 이 비율은 몇 년 안에 30%로 올라갈 것으로 보인다. 물론 아래에서 보듯이 이 비율이 훨씬 더 높아질 수도 있다. 현재 미국에서 사용되고 있는 바이오연료 가운데 옥수수를 원재료로 만든 에탄올이 압도적으로 높은 비중을 차지하고 있다.

에탄올 생산에서 핵심은 섬유소를 에탄올로 전환시키는 '경제적 타당성이 있는 과정'을 발견하는 것이다. 섬유소는 식물의 구조를 이루는 물질이고 대부분의 식물 몸체는 섬유소를 충분히 가지고 있다. 작물의 부산물이나 섬유소를 수확하기 위해 재배되는 스위치그래스(switchgrass)와 같은 풀은 전환의 비용만 충분히 낮아진다면 에탄올 생산을 위한 좋은 원재료가 될 것이라고들 말한다. 언젠가는 나무나 풀을 에탄올 생산의 원재료로 사용하는 것이 경제적으로 타당해질 수 있다. 그러나 그 과정에서 얼마나 많은 에너지를 실제로 얻을 수 있을지는 불확실하다. 그 과정에서 에너지를 실제로 얻을 수 있든 그렇지 않든 섬유소를 에탄올로 전환시켜 1갤런의 에탄올을 만드는 데는 약 80파운드의 식물재료가 필요하다. 이는 같은 양의 농작물연료(agrofuel)를 만드는 데 필요한 옥수수의 중량에 비해 3.5배를 넘는 것이다.

바이오디젤은 대두, 기름야자, 유채(카놀라) 등의 식물에서 얻어지는 식물성 기름으로 만들 수 있다. 바이오디젤은 유럽에서 더 흔히 사용되는 바이오연료이긴 하지만 미국에서도 소량 생산된다.

메탄(천연가스)은 대개 액체 동물분뇨나 오폐수의 침전물을 산소가 없는 곳에서 분해시킨 뒤 그 가스를 채취하여 만든다. 분뇨를 모으기 위해 얕은 연못을 활용하는 낙농 농가들은 오래전부터 이런 분해과정을 통해 생산되는 메탄을 모으고 태워서 전기를 생산해왔다.

이와 다른 방식으로도 바이오연료를 생산할 수 있고, 생산되는 바이오연료의 형태가 다른 것도 있다. 예를 들어 중요한 과정 가운데 하나로 열분해(pyrolysis)라는 것이 있다. 이는 산소가 없는 상태에서 스위치그래스와 같은 원재료를 고온으로 분해하는 것이다. 이 과정의 최종 산물은 합성디젤 또는 합성가스인데, 이것은 수소와 일산화탄소가 섞인 것으로 에너지를 만들기 위해 연소시키거나 액체 알코올인 메탄올로 전환시킬 수 있다. 타다 남은 숯 상태의 것은 땅에 비료로 뿌리거나 그 안에 아직 남아있는 에너지를 이용하기 위해 연소시킬 수 있다.

앞에서 기술한 바와 같이 바이오연료라는 용어는 나무에서부터 분뇨에 이르기까지 여러 상이한 물질에서 추출된 연료를 가리키는 데 광범위하게 사용된다. 이 글에서 농작물연료라는 용어는 인간의 식품으로 사용될 수 있는지의 여부와는 상관없이 농업체제 속에서 길러진 작물을 사용해 만들어진 연료를 가리키는 데만 국한해 사용될 것이다. 미국에서의 중요성과 다양한 부정적 효과를 고려해 이 글의 논의는 옥수수로부터 생산되는 에탄올에 초점이 맞춰질 것이다. 그러나 다른 농작물연료에 대해서도 언급하고자 한다.

농작물연료의 에너지학과 경제학

에탄올은 같은 양의 휘발유에 비해 3분의 2 정도의 에너지 가치를 갖고 있는 액체연료다. 미국에서는 E-10(에탄올 10%와 휘발유 90%)으로 제조되는데, 이는 엔진을 개조하지 않고도 대부분의 차량이 E-10을 사용할 수 있기 때문이다. 그러나 에탄올 산업계는 E-85(에탄올 85%와 휘발유 15%)를 더 많은 자동차 엔진이 사용하도록 하는 방안을 추진하고 있으며, 몇몇 주에서는 10% 이상의 에탄올 혼합을 의무화하고 있다. 에탄올은 습기가 있으면 혼합된 상태에서 분리되므로 파이프를 통해 휘발유와 함께 수송될 수가 없다. 따라서 휘발유와 섞을 곳까지 트럭으로 수송돼야 한다.

일반적으로 농작물연료를 생산할 때 얻어지는 에너지의 양에 대해 상당한 논란이 있으며, 특히 옥수수를 원재료로 사용해서 만든 에탄올에 대해서는 더욱 그러하다. 미국에서 생산되는 거의 모든 에탄올은 원재료로 옥수수를 쓴다. 에탄올을 만들기 위해서는 옥수수 생산에 들어가는 에너지에서부터 에탄올 공장까지의 수송과 발효, 증류에 들어가는 에너지까지 엄청난 양의 에너지가 사용된다. 여기서 옥수수 생산에 사용되는 에너지는 노동, 기계, 디젤연료, 비료(비료의 생산에 사용되는 에너지 총량의 3분의 1은 질소비료의 생산에 사용된다), 종자, 관개, 살충제, 운송 등의 형태를 다 포함한다. 미국의 환경보호청은 "에탄올 생산은 물, 전기, 증기의 사용을 필요로 하는 상대적으로 자원집약적인 과정이다. 가공할 때 열을 가하는 데 필요한 증기는 일반적으로 현장에서 만들어지거나 다른 곳의 전용 보일러에 의해 생산된다. 2006년 현재 110개의 에탄올 생산시설 가운데 101개소는 천연가스, 7개는 석탄, 1개는 석탄과 바이오매스, 나머지 1개는 증기를 생산하는 과정에서 만들어지는 시럽(syrup)을 연료로 사용한다"[1]고 지적한다.

에탄올을 만드는 공정에 필요한 에너지를 전부 다 고려하면 에탄올 생산에서 비교적 적은 양의 에너지 순익만 얻을 수 있다는 것이 대체적인 추정이다. 에너지 순익의 규모에 대해서는 에너지 순익이 전혀 발생하지 않는다는 추정에서부터 약 20% 정도의 순익이 발생한다는 추정까지 다양한 추정이 존재하며, 에너지 손실이 발생한다는 주장도 있다. 코넬대학의 데이비드 피멘틀(David Pimentel)과 그의 동료들은 에탄올 생산에서 에너지 순손실이 발생한다는 사실을 확인했다고 주장했다.[2] 달리 말하면, 생산된 에탄올이 제공하는 에너지보다 더 많은 에너지가 에탄올 생산과정에 투입된다는 것이다. 일반적으로 하나의 연료원을 다른 에너지 형태로 전환할 때에는 많은 에너지 손실이 발생한다. 예를 들어 석탄을 사용해 전력을 생산할 경우에 석탄에 포함된 에너지 가운데 단지 3분의 1 정도만 사용할 수 있는 전기로 전환된다. 그런데 농작물연료에 대한 관심이 높아진 중요한 이유는 그것이 다른 에너지원에 대한 의존을 없애거나 낮추어준다는 것이다! 에탄올을 생산하는 과정 전체가 주로 천연가스와 석탄, 그리고 다른 연료들(예를 들어 트랙터에 사용되는 디젤, 질소비료 생산에 사용되는 천연가스, 에탄올 생산하는 공장을 가동하는 데 사용되는 석탄 등)을 에탄올로 대체하는 것이고, 그러한 일이 곡물을 기르고, 수확하고, 가공하는 것에 의해 이루어지는 것처럼 보인다.

옥수수를 재배한 뒤에 에탄올로 전환시키면 20%의 에너지 순익을 거둘 수 있다는 낙관적인 추정을 전제로 에탄올 생산에 대해 살펴보자. 에너지 순익이 20%라면 에탄올 1갤런을 에너지 순익으로 얻기 위해 모두 6갤런의 에탄올이 생산돼야 한다. 2.5갤런의 에탄올을 생산하는 데 1부셸의 옥수수가 필요하므로 에이커당 150부셸의 옥수수는 375갤런의 에탄올 총생산량을 의미하며, 그 가운데 63갤런은 에너지 순익으로 볼 수 있다(이는 약 43갤런의 휘발유와 같은 에너지 양이다)! 1부셸에 5달러 이상인 현재 가격으로 계산하면 새로운 에너지로서 에탄올 1갤런을 얻는 데 핵심 원자재로 들어간 옥수수 비용만 해도 갤런당 12달러에 달하는 셈이 된다[(150부셸 x 부셸당 5달러)/에너지 순익 63갤런]. 그리고 이것도 실제로 에너지 순익이 있음을 가정할 때의 이야기다! (2007년에 미국의 옥수수 수확 면적은 8700만 에이커였고, 총 수확량은 130억 부셸이었으며 에이커당 151부셸을 거둬들였다. 대략 70억 갤런의 에탄올을 생산해내기 위해 약 28억 부셸의 옥수수가 사용된 셈이다.)

미국에서 생산된 옥수수 가운데 상당부분(2007년에는 절반 정도)이 여전히 동물사료로 사용되고 있긴 하지만, 위와 같은 숫자들을 인간이 먹는 식량의 관점에서 생각해보도록 하자. 약 500파운드의 곡물이면 한 사람에게 1년간 사는 데 필요한 칼로리를 공급할 수 있다(물론 인간은 곡물뿐만 아니라 다양한 식품을 먹어야 하지만, 연료를 생산하기 위해 많은 곡물을 사용하는 것의 의미를 이해하려면 이렇게 생각해보는 것이 도움이 된다). 곡물 1부셸의 무게가 56파운드라고 하면 1에이커당 150부셸은 약 4.2톤의 옥수수에 해당된다. 이는 16명의 사람을 먹이기에 충분한 양이다. 따라서 앞에서 소개한 에너지 전환에 대한 낙관적인 추정에 따르더라도 에탄올의 형태로 추가로 생산되는 에너지 63갤런(이는 SUV 자동차의 연료통을 두 번 가득 채울 수 있는 42갤런의 휘발유와 같은 에너지 양이다)의 원재료가 된 곡물은 직접 식용으로 쓰였다면 1년간 16명에게 필요한 열량을 공급할 수 있는 양이다. 그러나 순에너지에 관한 보다 현실적인 추정에 근거해 계산해보면 실제로는 에너지의 손실이 발생하고, 곡물 전부가 낭비되는 셈이 된다.

옥수수에서 에탄올을 생산하고 대두에서 바이오디젤을 생산할 때 발생하는 에너지 순익에 대해 낙관적인 추정치를 채택하더라도 바이오연료는 기껏해야 수송에 사용되는 연료의 몇 %만을 기여할 뿐이다. 만약 2005년에 생산된 미국의 옥수수와 대두 전부를 농작물연료를 만드는 데 사용했다고 가정하고 에너지 순익에 대한 낙관적인 추정치를 근거로 계산해보면 에너지 순익은 미국의 휘발유 사용량의 약 2% 정도, 그리고 디젤 소비량의 약 3% 정도에 불과하다.[3]

농작물연료 생산의 경제학은 석유에 대한 옥수수의 상대적 가격뿐만 아니라 1970년대 이후 단계적으로 도입되어 자리 잡은 보조금과 인센티브 체계에 의해서도 큰 영향을 받는다. 휘발유에 섞은 에탄올 1갤런당 51센트씩 지급되는 직접 보조금(이는 옥수수 1부셸당 1.43달러와 같다)과 아래에서 논의될 그 밖의 다른 인센티브 덕분에 원유 가격이 배럴당 100달러를 웃도는 한 대부분의 공장들은 부셸당 7달러짜리 옥수수를 사용해서 경제성 있는 에탄올을 생산할 수 있다. 옥수수의 가격은 지난 몇 년 동안 대체로 오르는 추세였지만, 그 과정에서 원유 가격과 마찬가지로 급등락을 거듭했다. 옥수수 가격이 급등했을 때에는 생산비용이 상대적으로 높은 에탄올 공장들은 석유 가격 대비 옥수수 가격의 비율이 개선될 때까지 가동을 중단했다. 미국에서 옥수수를 생산하는 농민들 대부분은 대두도 재배한다. 실제 재배량은 두 작물의 예상가격과 생산비용에 따라 달라진다. 2008년에는 많은 농민들이 이 두 가지 요소, 특히 그 가운데 생산비용의 한 요소인 질소비료 비용이 전년에 비해 3배 가까이로 오른 점을 고려해 옥수수의 재배를 줄이고 자체적으로 질소를 만들어내는 대두의 재배를 늘리기로 결정했다.

미국에서 농작물연료 산업이 보조금을 지원받는 방식에는 여러 가지가 있다.

몇 가지 중요한 예를 들면 다음과 같다.

◆ 2007년에 제정된 '에너지독립안보법(Energy Independency and Security Act)'이라는 연방법률은 2008년에 에탄올 생산량을 적어도 90억 갤런으로 늘리고, 2022년까지 농작물연료 생산량을 연간 360억 갤런으로 늘려야 한다고 규정하고 있다. 이런 농작물연료 의무생산량 가운데 210억 갤런은 현재 실험단계에 있는 '선진적인' 또는 '제2세대의' 원재료로 생산될 것이라고 하지만, 그 나머지 양만으로도 옥수수 에탄올 생산량을 2007년의 비해 2배로 증가시키는 결과를 낳을 것이다. 연료 생산자들로 하여금 2022년까지 에탄올 사용량을 늘리도록 의무화한 것은 에탄올에 대한 인위적인 수요를 창출해 높은 에탄올 가격을 유지시키기 위한 것이다. 현재 유럽에서는 2020년까지 수송부문 연료에서 농작물연료가 차지하는 비중을 10%로 확대하는 것을 목표로 삼고 있다.

◆ 갤런당 2.4센트의 수입관세와 브라질을 중심으로 한 몇 개 국가로부터의 수입에 대한 갤런당 54센트의 추가관세는 에탄올의 가격을 높게 유지되도록 한다. 이렇게 부과된 관세는 2006년에 연간 10억 달러를 넘은 것으로 추정되고, 이후 30억 달러까지 증가할 것으로 추정된다.

◆ 앞에서 설명했듯이 휘발유에 혼합된 에탄올에 대해 갤런당 51센트의 보조금이 지원된다. 이는 '용적 기준 에탄올 소비세 세액공제(VEETC; Volumetric Ethanol Excise Tax Credit)'라고 불린다.

◆ 일부 주들은 에탄올에 대해 연방정부의 보조금 외에 추가로 주 차원의 보조금을 지원한다.

◆ 연간 생산량이 6천만 갤런 미만인 에탄올 생산자 또는 바이오디젤 생산자를 위한 소생산자 세액공제 제도가 있다.

◆ 이 밖에 옥수수 생산자를 위한 직접보조금도 있다.

2008년에 미국 에탄올 생산에 대해 지급된 보조금은 모두 90억~110억 달러에 이른 것으로 추정된다. 이는 에탄올 생산량 1갤런당 1달러 10센트~1달러 30센트에 해당하는 금액이다![4] 따라서 에탄올 생산에 대해 지급되는 보조금은 에탄올 생산자들이 직접 받는 보조금에 비해 갤런당 약 2배에 이른다.

2008년에 향후 5년간 시행될 미국의 새로운 농업법이 의회를 통과했다. 이 법은 농작물연료에 대한 보조금과 관련해 다음과 같은 내용을 담고 있다. ① 에탄올 생산에 대한 직접보조금 6센트 감액(이로써 갤런당 보조금은 45센트가 됐다) ② 수입 에탄올에 대해 갤런당 54센트의 세금 유지 ③ 섬유소에서 추출된 에탄올에 대해 갤런당 1달러 1센트의 직접보조금 지급 ④ '선진적'인 농작물연료 공장 건설에 대한 3억 2천만 달러 규모의 대출보증 ⑤ 섬유소를 원재료로 사용하는 에탄올 공장 근처의 농민들이 원재료 공급을 위해 실시하는 작물실험을 돕기 위한 자금지원. 따라서 농작물연료에 대한 보조금 체계에 약간의 변화가 있긴 했지만, 농작물과 농지를 에탄올 생산을 위한 원재료를 만드는 데 사용하도록 유도하는 경향은 새로운 농업법에도 그대로 뼈대로 남아 있다.

미국의 바이오연료 산업은 매우 집중돼있다. 연간 80억 갤런이 넘는 바이오연료 산업의 총생산능력 가운데 아처 대니얼스 미들랜드(ADM)가 10억 갤런을 차지하고 있다. 생산능력이 큰 순서로 상위 세 개의 업체(ADM, POET, VeraSun)가 미국 에탄올 시장의 거의 40%를 지배하고 있다. ADM은 경영상 어려움을 겪는 농민 소유의 에탄올 바이오연료 생산조합들을 사들이고 있으며, 이와 동시에 새로운 시설투자도 하고 있다.

2008년 4월 현재 미국에는 모두 147개의 에탄올 생산시설이 있고, 이들의 에탄올 생산능력을 모두 더하면 85억 갤런에 이른다. 새로운 공장의 건설과 기존 공장의 확장을 통해 생산능력을 50억 갤런 더 늘리는 공사가 진행되고 있으므로 2008년 연말이면 에탄올 생산능력이 130억 갤런 정도가 될 것이다.[5] 평균적인 옥수수 수확량을 고려하면 이러한 에탄올 생산능력은 52억 부셸의 옥수수를 소비할 수 있는 수준이고, 이는 대략 3500만 에이커의 면적에서 재배되는 옥수수의 양이다! 미국 농무부에 따르면 미국 내 옥수수 재배면적은 8600만 에이커이고, 2008년의 옥수수 생산량은 2007년에 비해 10억 부셸 적은 121억 부셸 정도가 될 것으로 추정된다. 따라서 위와 같은 생산능력은 2008년에 미국에서 생산된 옥수수의 40%를 에탄올 생산에 투입할 수 있는 규모다! 추가로 건설되고 있는 시설이 모두 다 활용되지 않는다고 하더라도 전반적인 에탄올 생산능력의 확대는 옥수수 가격에 상승압력으로 작용할 것이다.

농작물연료의 정치학

미국에서 대규모 에탄올 생산시설이 늘어나는 과정은 꽤나 지저분하며, 그 과정에서 ADM이 주도적인 역할을 하고 있다. 연매출이 440억 달러에 달하는 ADM은 곡물과 유지작물 분야에서 세계에서 손꼽히는 구매업체, 판매업체, 가공업체다. ADM은 대부분의 이익을 연방정부의 관대한 지원 덕분에 올리고 있다. 보수적인 성향의 카토연구소(Cato Institute)는 1995년에 ADM이 정부의 정책프로그램 덕분에 올린 이익에 대한 분석을 내놓은 바 있다. 이 분석에 따르면 ADM이 올린 이익 가운데 43%는 정부의 보조금이 과다하게 많이 지급되는 제품들에서 얻어진 것이며, 이 기업이 에탄올 생산을 통해 올리는 이익 1달러당 납세자들이 낸 세금 30.6달러가 투입된 것으로 추정된다.[6]

ADM의 회장인 드웨인 안드레아스는 닉슨 행정부 때부터 클린턴 행정부 때까지 공화당과 민주당 의원들에게 엄청난 액수의 돈을 뿌렸다. 그의 아들은 회사의 임원 둘과 함께 사료첨가물 가격담합 사건에 연루돼 감옥에 수감됐다. 이 회사 임원들에 대한 법원의 판결이 나온 날인 1999년 7월 10일에 〈뉴욕 타임스〉는 안드레아스의 영향력에 대해 다음과 같이 묘사했다. "몇십 년간 이 거대 곡물회사는 미국에서 정치적으로 가장 영향력이 큰 기업인들 가운데 하나이자 역대 대통령과 장관들과 잘 아는 사이인 드웨인 안드레아스의 무자비한 통제 아래서 가족 봉건영지처럼 운영됐다." 안드레아스는 돈으로 대통령과 상하원 지도부에 대한 접근권을 샀다. 안드레아스가 정치인들에게 뿌린 돈의 규모는 엄청나며, 그의 정치자금 기부는 몇 년 동안 계속 이어졌다. 1970년대 후반에 석유수출국기구(OPEC)가 원유수출을 제한했을 때 에탄올이 10% 이상 포함된 연료에 대해 갤런당 4센트의 연방세를 면제해주는 방안이 카터 행정부의 압력 아래 의회를 통과했다. 그때 의회와 여러 행정부서에 영향력을 행사하기 위한 업계의 로비가 대대적으로 진행됐고, 이와 비슷한 일은 현재까지도 계속되고 있다. 상원의원을 지낸 로버트 돌과 같은 정치인들은 ADM과 각별히 친한 관계이며, 그들은 에탄올 생산에 대한 정부의 지원을 요구해왔다. 이런 로비의 영향으로 정부의 자금이 일부는 나중에 파산하게 되는 새로운 에탄올 공장을 짓는 데 유입됐고, 1980년대 중반에는 에탄올 생산자들에게 정부가 무료로 옥수수를 제공했으며, 앞에서 말한 바와 같이 지금까지 지속되고 있는 여러 가지 형태의 보조금 제도가 만들어졌다.

농작물연료의 생태학

정부가 액체연료에 대해 상당한 규모의 보조금까지 지급하는 상황에서 원유가격이 급등하게 되자 대체 액체연료의 매력도가 더욱 높아졌다. 그러나 식량으로 사용될 수 있는 작물, 특히 옥수수, 대두, 기름야자를 대규모로 연료생산에 이용하는 것은 지금의 세계적인 식량위기를 야기한 주요 원인으로 지적되고 있다.[7] 모든 기본식량의 가격상승이 세계 모든 나라의 빈민들에게 영향을 주고 있으며, 특히 식량의 상당부분을 수입해야 하는 최빈국 국민들이 가장 큰 피해를 입고 있다. 그동안 많은 지역에서 식량폭동이 발생했고, 33개 정도의 국가에서는 식량안보에 대한 우려가 제기되고 있다. 농사에는 비료와 농약과 같은 농업원자재와 농기계의 형태로 많은 에너지가 사용되므로 석유가격이 상승하면 일정한 정도의 식량가격 인상은 불가피하다. 연료의 원재료로 사용되는 작물의 가격에 비해 원유의 상대적인 가격이 상승하면 할수록 식용작물을 연료로 전환하는 것이 점점 더 수익성이 높아진다. 레스터 브라운은 이렇게 지적했다. "식량경제와 에너지경제의 경계가 두 영역이 융합되면서 점점 더 흐릿해지고 있다. 그 결과로 세계의 곡물가격이 상응하는 에너지가격에 근접하고 있다. 어느 한 일차산품이 식량으로서 공급되는 경우의 가격이 연료로서 공급되는 경우의 가격보다 낮아지면 시장은 그 일차산품을 식량경제에서 빼내어 에너지경제로 보낼 것이다."[8] 필자가 이 글을 쓰고 있는 시점(2008년 5월 16일)에 원유의 가격은 배럴당 125달러다. 이런 현재의 상황에서는 옥수수로 생산된 에탄올이 원유에서 정제된 휘발유에 비해 저렴하다.

농작물연료 생산은 빈곤계층에 대한 식량공급에 미치는 악영향에 더해 수많은 생태적 문제도 안고 있다. 이러한 생태적 문제를 에탄올 생산을 위해 재배된 옥수수를 예로 들어 설명해보도록 하겠다.

작물이 생산되는 동안의 생태적 문제점: 수질과 수량

최근에 미국 국립과학원의 한 보고서는 다음과 같은 결론을 내렸다. "에탄올 생산을 위한 옥수수 소비의 증가가 예측된 대로 진행된다면 그것이 수질에 미칠 부정적인 영향이 심각할 것이다."[9] 대부분의 옥수수는 관개의 뒷받침을 받아 생산된다. 그러나 텍사스에서 사우스다코타에 이르는 미국 대평원 가운데 고평원 지역(고평원 지역은 미국 대평원의 한 부분으로 동부 콜로라도, 서부 캔자스, 서부 네브래스카, 몬태나, 동부 뉴멕시코, 북서부 텍사스, 서부 사우스다코타 등에 걸쳐 있는 해발 750미터 이상의 높은 지역이며, 연간 강수량이 500밀리미터 이내로 건조하다—옮긴이)의 지하에 있는 오갈랄라 대수층(Ogallala Aquifer)은 물이 보충될 수 있는 속도보다 훨씬 빠르게 고갈되면서 수량이 급속하게 줄어들고 있다. 또한 이 지역 건조지대의 하천 가운데 다수가 장기간에 걸친 가뭄으로 인해 수량이 줄어들었다. 이 지역에서는 옥수수 1부셸을 생산하는 데 2천 내비 3천 갤런의 관개수가 사용된다(빗물을 포함하면 옥수수 1부셸을 생산하는 데 5천 갤런 이상의 물이 들어간다!).

옥수수 재배는 거의 필연적으로 밭에서 배출된 고농도의 질산염이 지표수나 지하수에 더 많이 침투되게 한다. 미시시피 강 하구에서부터 서쪽으로 산소의 농도가 낮은 '죽음의 구역' 이 형성돼있는데, 이는 주로 과도한 질산염 때문인 것으로 추정되고 있다. 농작물연료 붐으로 인해 더 많은 옥수수가 재배된다면 이러한 현상은 더욱 심화될 것이다.[10] 질산염은 미국 중서부의 크고 작은 많은 지역사회에서 식수문제를 야기하고 있기도 하다. 게다가 옥수수 생산에는 다량의 제초제와 살충제가 사용되며, 이런 화학물질 또는 그것이 분해되어 생겨나는 물질이 옥수수밭 밑에 있는 지하수에서 흔히 발견된다. 옥수수 생산을 강조하게 되면 수질오염이 더 많이 발생할 수밖에 없다.

질소와 살충제에 의한 수질오염 문제도 있지만, 전통적인 경운체계를 사용하는 옥수수의 집약적 생산이 토양침식을 크게 늘린다는 문제도 있다. 무경운 또는 저경운 영농으로 나아가는 경향이 분명히 존재하지만, 침식에 대단히 취약한 옥수수 농지에 대해서는 여전히 경운작업이 많이 이루어지고 있다.

옥수수로부터 에탄올을 생산하는 동안의 생태적 문제점

대기오염

ADM은 대표적인 환경오염 기업들 가운데 하나다. 이 기업은 정치경제연구소 (Political Economy Research Institute)가 선정한 2008년도 100대 환경오염 기업 가운데 3위를 차지했다.[11] ADM이 에탄올 공장을 통해서만 대기를 오염시키는 것은 아니지만, 개조공사에 대한 최종허가를 받은 이 기업의 에탄올 공장은 이른바 '청정연료'의 생산에서 발생하는 대기오염이 구체적으로 어느 정도인지를 알게 해준다. 이 공장은 앞으로 연간 540톤의 휘발성 유기화합물, 15억 톤의 황산화물, 12억 톤의 일산화탄소, 840톤의 질소산화물, 150톤의 유해성 대기오염물질을 배출하게 될 것으로 예상된다.[12]

자동차 연료로 휘발유 대신 에탄올을 사용하는 것이 일산화탄소를 비롯한 오염물질의 배출은 감소시킬 수 있을지 모르지만 휘발성 유기화합물의 배출은 분명히 증가시킨다. 발암물질로 널리 알려진 MTBE(MTBE는 Methyl Tertiary Butyl Ether의 약자다. 이 물질은 휘발유 첨가제로 주로 쓰인다. 과거에 휘발유 첨가제로 쓰이던 '4-에틸납'이 대기 중에 납 성분을 배출해 환경오염 문제를 일으키는 것으로 지적되자 그 대신 MTBE가 개발됐다. 그러나 최근에 MTBE 역시 수질과 토양을 심각하게 오염시키는 원인이 된다는 사실이 밝혀졌다―옮긴이)에서 에탄올로 연료첨가제를 바꾼 뒤에 캘리포니아의 대기 중 오존과 스모그의 농도가 증가한 것은 분명히 에탄올 사용이 초래할 수 있는 부작용 가운데 하나를 보여준다.[13]

물의 소비와 오염

상당량의 물이 재활용(이 경우에도 에너지가 필요하다)된다고 가정한다고 해도 1갤런의 에탄올을 만드는 데 필요한 발효혼합물(fermentation mix)을 제조하기 위해 약 5갤런의 새로운 물이 필요하다. 연간 1억 갤런의 에탄올을 생산하는 공장은 5천 명이 사는 마을 전체에서 필요로 하는 만큼의 물을 사용해야 한다. 지하 대수층으로부터 과도하게 많은 물을 뽑아내는 것의 부작용에 대한 두려움 때문에 에탄올 공장에 대해 거세게 반대하는 마을도 있었다. 게다가 1갤런의 에탄올이 생산될 때마다 5~13 갤런의 오폐수가 발생한다. 오폐수가 수로에 직접 버려지면 심각한 피해가 초래될 수 있으며, 오폐수의 오염성 내용물을 줄이기 위해서는 적절한 처리과정이 필요하다.

다른 농작물연료의 문제점

이 글은 옥수수로 생산된 에탄올이 다른 어떤 농작물연료보다 중요한 미국의 상황에 초점을 맞추고 있다. 그러나 다른 종류의 농작물연료를 사용하는 경우에도 사회적, 생태적 문제점이 있는 게 분명하다. 〈사이언스〉에 게재된 한 논문은 휘발유보다 온실가스를 적게 배출하는 종류의 농작물연료들이 있을 수도 있지만 대기오염, 수질악화, 토질악화, 사회적 영향 등을 합쳐서 보면 전체적으로 "농작물연료는 휘발유보다 환경적 비용을 더 많이 치르게 한다"는 결론이 내려진다고 밝혔다.[14]

에탄올 생산을 위한 원재료로 브라질에서처럼 사탕수수를 사용하는 것이 옥수수를 사용하는 것보다는 훨씬 합리적이다. 사탕수수로 에탄올을 만들면 에너지 순익이 실제로 발생한다! 그러나 에탄올 생산이나 자동차 배기가스와 관련된 대기오염과 에탄올 공장이 유발하는 수질오염을 고려하면 옥수수를 사용하든 사탕수수를 사용하든 에탄올 생산은 심각한 환경적 문제점을 갖고 있다.[15] 또한 에탄올을 생산하려면 영양을 제대로 섭취하지 못하는 사람들에게 식량을 공급하는 더 나은 용도로 사용될 수 있는 농지를 사용해야 한다.

'녹색' 바이오디젤의 원재료를 확보하고자 한 유럽인들의 욕심이 주된 원인이 되어 인도네시아와 말레이시아에서 전개된 열대우림의 팜나무 재배지로의 전환은 심각한 환경파괴를 초래했다. 이런 전환은 주로 숲을 잘라 내거나 태운 뒤에 팜 나무를 식재하는 방식이어서 숲의 기반을 훼손시켰다. 또한 이러한 행위는 생물학적 다양성을 갖추고 있었던 숲 생태계를 단작농지로 바꾸어놓았을 뿐 아니라 온실가스인 이산화탄소를 엄청나게 많이 대기 중으로 배출시켰다. 숲을 이런 식으로 훼손하면서 대기 중으로 배출시킨 이산화탄소를 '상쇄'시키기 위해서는 바이오연료용 팜나무를 400년 이상 길러야 할 것으로 추정된다.[16] 그러므로 소위 '녹색' 바이오연료를 생산하기 위해 그 원재료를 재배하는 것은 생태적으로 심각한 피해를 야기한다고 볼 수 있다.

미국이 대량의 옥수수를 에탄올 생산에 사용하고, 대량의 대두를 바이오연료 생산에 사용하는 것을 포함한 농작물연료 산업의 성장은 미국 이외의 지역에서 숲의 파괴를 낳는 연쇄작용을 촉발시켰다. 최근에 잡지 〈타임〉에 실린 기사('깨끗한 에너지라는 사기극', 2008년 3월 28일)에 다음과 같은 구절이 나온다.

브라질에서 브라질 사람들이 자동차연료 생산을 위해 사탕수수를 재배하는 것 때문에 훼손되는 아마존의 면적은 작은 일부에 지나지 않는다. 더 많은 삼림파괴가 매우 광범하고 섬세한 연쇄작용에서 비롯된다. 미국 농민들이 생산해낸 옥수수의 5분의 1을 에탄올 생산자들에게 판매하고 대두를 재배하던 미국 농민들이 작목을 옥수수로 바꾸면 대두를 재배하던 브라질 농민들이 목장지로까지 대두 재배지역을 확장하고, 결국은 브라질의 목장에서 일하던 농민들은 아마존으로 쫓겨나게 된다. 바로 이것이 일차산품 시장의 냉혹한 경제학이다. 브라질의 '컨서베이션 인터내셔널(Conservation International)'에 소속된 생물학자인 산드루 메네제스(Sandro Menezes)는 "대두의 가격은 올라가고 숲은 사라진다"고 탄식했다.

미국에서는 수출되는 일반 디젤유에 혼합되는 바이오디젤에 대해 1갤런당 1 달러의 보조금이 지급된다. 이 정책은 '스플래시 앤드 대시(splash and dash)'라고 불리는 터무니없는 행태를 낳았다. 이에 대해 〈가디언〉은 2008년 4월 9일자에서 이렇게 설명했다. "스플래시 앤드 대시란 선박으로 주로 유럽에서 미국으로 바이오디젤을 들여와 그것에 일반 디젤을 한 방울이라도 섞어 넣음으로써 미국의 영토 안에서 이루어진 그 어떤 정유작업에도 제공되는 정부보조금을 타내는 것이다."

인도와 아프리카의 주변적인 토지에서 자라는 자트로파(Jatropha)라는 식물은 소규모 생산자들이 자신들의 식량생산에 피해를 입지 않으면서 기를 수 있는 바이오연료 원재료로 권장됐다. 자트로파의 씨는 기름 함유도가 30%로 유채의 씨와 비슷하다. 따라서 자트로파의 씨로 바이오디젤로 전환시킬 수 있는 기름을 꽤 많이 만들어낼 수 있다. 그러나 '주변적'인 토지는 생산성 수준이 낮기는 하지만 가축을 기르는 데 필요한 땅인 경우가 많다. 게다가 어디에서든 작물을 기르기 위해서는 상당량의 물이 필요하며, 건조한 조건에서는 단위면적당 기름 생산량이 적다. 관개시설이 잘 돼 있는 더 좋은 땅에서 작물을 재배하는 것이 더 경제적이고 생산량도 훨씬 더 많을 것이다. 그러나 그렇게 하면 식량을 생산하기 위한 토지사용이 억제된다. 또 다른 문제는 자트로파가 독을 가지고 있어서 인도의 어린이나 가축에게 중독사고를 일으키는 원인이 된다는 점이다. 영국회사인 디원(D1)은 인도와 아프리카에서 모두 47만 5천 에이커(19만 2천 헥타르)에 달하는 면적의 땅에 자트로파를 심었다(〈가디언〉, 2008년 4월 9일자).

섬유소에서 에탄올을 뽑아내는 방법은 아직 경제성이 입증되지 않았음에도 나무심기가 장려되는 원인으로 작용하고 있다. 이 방법은 일부 유전자조작 종을 포함해 속성으로 자라는 나무를 기른 뒤에 그것을 완전히 다 베어내 사용하고, 다시 더 많은 나무를 심는 것이다. 그러나 이런 방법은 다양한 생태계를 단작구조로 만들어버린다. 그뿐 아니라 빨리 성장하도록 개발된 유전자조작 나무는 원래 그것이 심어진 지역을 넘어 다른 지역까지 침범할 위험이 있다.

미국에서만 연간 5억 톤이나 사용할 수 있는 것으로 추정되는 작물 부산물의 섬유소가 에탄올 생산을 위한 원재료가 될 수 있다는 주장이 있다. 2022년까지 생산하도록 돼있는 에탄올 360억 갤런 가운데 210억 갤런이 섬유소를 전환시키는 방식으로 생산하는 것으로 예정돼있지만, 미국에서 사용할 수 있는 작물 부산물이 모두 다 수확되어 에탄올로 전환된다고 해도 생산할 수 있는 에탄올은 기껏해야 125억 갤런 정도일 것이다(이는 80파운드의 바이오매스가 1갤런의 에탄올로 전환된다는 가정 아래 계산된 수치다). 물론 실제로 얻어지는 에너지 순익의 규모는 아마 0일 것이다.

작물 부산물은 땅의 일반적인 건강도와 비옥도가 유지되게 하는 데 큰 역할을 한다는 점을 인식해야 한다. 작물 부산물에 들어 있는 영양분은 미래의 작물이 섭취할 수 있도록 땅으로 되돌려 순환되게 해야 한다. 또한 작물 부산물은 건강한 땅의 핵심적인 토대 가운데 하나인 유기물이 땅에 축적되고 유지되는 것을 돕는다. 저경운 경작체제에서는 땅의 표면에 쌓인 작물 부산물이 토양침식을 크게 줄여주며, 이는 토양의 비옥도 유지와 수질오염 억제에 도움이 된다.

일부 과학자들은 어떤 작물 부산물은 땅의 건강을 훼손하지 않으면서 바이오 연료의 원재료로 사용하는 것이 가능하다고 믿는다. 그러나 토양에 유기물이 축적되고 유지되는 것이 토질의 향상은 물론이고 대기 속으로 탄소가 빠져나가지 않게끔 토양에 저장시키는 데서 대단히 중요하다는 점을 고려하면, 작물 부산물의 상당량을 그렇게 사용하는 것은 자연환경에는 물론이고 농업생산에도 심각한 부정적 효과를 가져 올 수 있다.

스위치그래스나 서아시아의 물대(giant reed)와 같은 풀을 작은 알갱이 모양의 제품으로 만들어 직접 태우는 연료로 사용하거나 이런 풀의 섬유소를 합성가스나 에탄올로 전환시켜 연료로 사용하자는 제안이 있다. 미래의 연료 원재료로 이런 풀이나 그 밖의 다른 다년생 식물을 사용하는 방안은 땅을 몇 년간 갈지 않고 내버려둬도 된다는 점에서 매력이 있다. 수확량을 최대화하기 위해서는 질소비료를 비롯한 비료를 사용할 필요가 있겠지만, 다른 농작물을 기를 때와 같이 다량의 살충제를 뿌릴 필요는 없다. 그러나 최근에 유엔의 회의에서 발표된 보고서를 보면 "바이오연료 생산을 위한 원재료로 흔히 권장되는 종 가운데 어떤 것들은 침략적인 외래종"이라는 점이 문제로 제기된다(〈인터내셔널 헤럴드 트리뷴〉, 2008년 5월 20일자). 따라서 새로운 종을 도입하는 데는 매우 깊은 주의가 요구된다. 새로 도입되는 종이 재래종을 몰아내거나 많은 양의 물을 사용하게 된다면 심각한 골칫거리가 될 수 있기 때문이다.

스위치그래스를 직접 연소시키면 그것을 생산하는 네 사용된 에너지의 열 배가 넘는 에너지를 얻을 수 있다고 한다. 대단히 훌륭하다! 그러나 스위치그래스를 에탄올로 전환시키는 방안은 아마도 에너지 순손실을 낳을 것이다. 이와 달리 스위치그래스를 합성가스로 전환하는 방안은 에너지 순익을 낳을 수도 있다.

스위치그래스와 같은 풀 한 종류만을 심는 것이 아니라 풀과 콩과식물을 섞어서 심는 방안이 제안되기도 했다. 이렇게 하면 콩과식물이 풀에 질소를 공급해서 질소비료가 덜 필요하게 될 뿐 아니라 식물의 다양성을 어느 정도 유지할 수 있게 된다는 점에서 생태적으로 유익한 점이 많이 있을 것이다. 그러나 이미 초지의 상당부분이 많은 수의 소와 양, 그리고 말을 먹이기 위해 이용되고 있다는 점을 유념할 필요가 있다. 현재 약 6천만 에이커의 땅이 건초를 재배하는 데, 그리고 7억 8천만 에이커의 땅이 가축을 놓아먹이는 데 이용되고 있다. 초지의 상당 부분이 숲이나 접근하기 어려운 곳에 있다는 점을 감안하면 약 3억 5천만 에이커의 초지에서 농기계를 이용해 수확을 하는 것이 가능할 것이다. 만약 이런 땅의 상당 부분을 에너지 생산을 위한 풀을 기르는 용도로 전환한다면 거기서 사육되던 가축은 무엇을 먹고 자랄 것인가?

농작물연료 붐은 연료 원재료의 가공처리와 관련된 분야에서 고용을 창출해왔지만, 총체적으로 보면 분명히 부정적인 사회적 효과를 낳았다. 앞에서 말한 바와 같이 많은 식량작물을 연료 원재료를 생산하는 쪽으로 돌린 것은 곡물가격을 폭등하게 만든 요인 가운데 하나이며, 지금의 식량위기가 발생하는 데 큰 몫을 했다. 게다가 숲에서 채취, 소규모 벌목, 화전농업 등을 하며 살아가는 사람들은 기업들이 땅을 점유하고, 숲을 파괴하고, 농작물연료용 작물의 단작을 하거나 초지가 농작물연료용 작물 재배지로 전환되면서 살던 곳에서 쫓겨나게 된다.

작물가격의 상승은 토지가격의 상승을 이끌었고, 이에 따라 명확한 법적 권리 없이 토지를 점유하고 살아가던 가난한 사람들이 땅에서 쫓겨났다. 소농이나 중농이 매우 높은 가격의 토지를 구입하려고 투기적인 사적 자본이나 대규모의 자본집약적 산업형 농가와 경쟁하기란 어렵다. 그렇게 되면 농지의 임대가격이 더 올라갈 것이다. 옥수수 벨트의 중심인 아이오와에서는 농민들이 자기 소유의 농지보다 더 넓은 면적의 농지를 임대해 경작한다. 2002년에 이 지역에서는 경작지의 약 60%가 임차지였고, 농민들의 순소득 가운데 25% 정도가 임차료로 지불됐다. 엄청난 양의 옥수수가 에탄올 생산을 위한 원재료로 공급된 것이 부분적인 원인으로 작용해서 곡물가격이 상승했고, 이로 인해 농지의 가격이 뒤따라 상승하면서 2007년에 농지의 임차료가 2배로 올랐다. 농지의 가격이 상승하는 것은 소농이나 중농에 비해 부농이나 투자자에게 결정적으로 유리하다.

결론

연료가격이 비싸다는 문제와 사용할 수 있는 연료의 양이 줄어든다는 우려를
해소해줄 수 있는 묘책을 찾고자 하는 욕망이 성급하게 농작물연료를 권장하고
채택하게 했다. 이러한 방향의 길을 닦는 기초공사는 가장 대표적으로는 ADM
을 비롯해 커다란 영향력을 갖고 있는 산업적 이익집단에 의해 수십 년 사이에
이루어졌다. 이와 같은 접근방식은 곡물가격의 하락에 대해 우려하던 농업부문
의 이익집단으로부터, 그리고 이산화탄소 배출을 줄이고 연료첨가제인 MTBE
의 사용을 줄이는 데 농작물연료가 도움이 된다고 생각한 환경주의자들로부터
상당한 지지를 얻었다. 옥수수나 대두 생산자들과 함께 환경단체들도 농작물연
료로 치닫는 시류에 편승했다. 바이오연료 부서를 따로 만든 비피(BP)처럼 몇
몇 정유회사들이 이 유행에 동참했다. 그리고 록펠러 일가는 엑손(Exxon)으로
하여금 바이오연료 부서를 만들도록 이 회사의 경영진을 설득했다. 옥수수와
대두를 생산하는 미국의 여러 주정부들도 에탄올과 바이오디젤을 생산하기 위
한 공장을 세우는 것은 농촌 지역사회에 고용을 창출하는 방안이 된다고 생각
한다.

농작물연료 붐이 매력적으로 보이는 것은 앞에서 언급된 유익한 효과들을 사
람들의 생존방식과 관련된 진정한 변화 없이, 또한 본질적으로 성장지향적인 경
제체제에 대해 의문을 제기하지 않고도 얻을 수 있다는 점 때문이다. 그러나 상
당량의 작물이 농작물연료 산업에 공급할 원재료로 재배되고 있는 지금 그러한
재배가 초래하는 사회적으로나 환경적으로 부정적인 영향이 점점 더 분명하게
드러나고 있다.

세계의 모든 사람에게 만족할 만한 식량이 공급되기 전에는 농지를 연료생산을 위한 작물재배에 사용해서는 안 된다. 현재 67억 명인 세계인구가 이번 세기 중반까지는 90억 명 이상으로 늘어날 것으로 예상되는 현실을 고려하면 모든 농지가 다 식량생산을 위해 이용돼야 하며, 단위면적당 생산되는 식량의 양이 증가한다고 해도 마찬가지다. 곡물을 기르고 가공하는 데 드는 에너지를 모두 계산에 넣는다면, 현 세대의 농작물연료는 대부분 에너지 측면에서 손해이거나 기껏해야 득실이 없는 정도다. 미미한 수준의 순익 또는 손실의 발생, 농작물연료용 작물의 생산과 가공에서 유발되는 오염, 작물을 연료 원재료로 사용하는 것이 식량작물의 가격에 미치는 영향 등으로 인해 이제는 환경주의 진영을 포함한 많은 사람들이 바이오연료 생산능력을 적극적으로 확대하는 움직임에 대해 의구심을 갖기 시작했다. 심지어 의회에서 공화당 의원들조차 과도하게 높게 책정된 에탄올 의무생산 수준에 대해 재검토하기 시작했고, 겨우 몇 달 전에 발효시킨 법에 들어 있는 의무생산 관련 규정을 완화하도록 환경보호청에 요청했다('옥수수 에탄올, 더 많은 지지를 얻는 데 실패하다', 〈월스트리트 저널〉, 2008년 5월 3일 자).

높은 에너지 비용과 석유 가용량의 감소에 대한 생태적으로 건강한 반응도 있다. 어떤 반응은 에너지 효율이 높은 것으로 전구를 바꾸거나 고속도로에서 좀 더 천천히 운전하는 등의 작은 변화를 요구한다. 바람, 지열, 태양, 파도 등을 이용해 전력을 생산하는 것은 각각 나름대로 문제가 없는 것은 아니지만 농작물연료를 사용하는 방안보다는 훨씬 대안적인 에너지원이 될 수 있다. 이처럼 더 높은 에너지 효율을 가져다주는 실천을 하거나 그런 제품을 사용하고 더 나은 에너지원을 찾는 것이 중요하긴 하지만, 장기적으로는 인간의 삶의 모든 면에 걸쳐 더욱 심층적인 변화가 요구된다. 예를 들어 주택의 종류나 배치의 개선, 더 나은 대중교통수단의 개발, 에너지를 덜 필요로 하는 생산체제의 수립, 필수적이지 않

은 가재도구 구입의 축소 등의 변화가 필요하다. 그러나 어떤 변화가 필요하든
간에 석유의 가격상승과 가용량 감소라는 문제에 대응해나가는 데서 농작물연
료는 기껏해야 매우 부차적인 역할만을 담당하도록 해야 한다.

(김철규 옮김)

세계사적 시각에서 본 생태위기와 농업문제

제이슨 무어

이 글에서는 농업문제, 아니 농업문제들에 대해 이야기하려고 한다. 농업문제를 이렇게 복수형으로 지칭하는 것은 중요하다. 우리는 전례 없이 복잡하고도 불평등한 근대적 세계체계 속에서 살아가고 있다. 우리 모두가 그렇다는 것을 알고 있다. 다만 나는 언젠가 루카치가 말한 '총체성의 시각'에서 이런 다양성을 바라보는 것이 중요하다는 점을 강조하고 싶다.[1] 농업문제들은 상호배타적이기보다는 상호구성적이다. 그러나 그것들이 오늘날 비판적인 사회과학에 폭넓게 확산된 방식, 즉 지구적인 것이 지역적인 것을 형성하는 만큼 지역적인 것이 지구적인 것을 형성한다고 보는 방식으로 상호구성적인 것은 아니다. 물론 지역적 변환은 늘 세계적 권력 및 세계적 자본축적의 시기와 그 지리에 결정적으로 영향을 주는 강력한 모순을 만들어왔다. 부분이 전체를 만들고 전체가 부분을 만들지만, 결코 동등하게 그런 것은 아니다.

과거에는 불분명했던 사실이지만, 2008년을 지나면서 농업이 신자유주의적 세계화의 가장 중요한 전쟁터 가운데 하나라는 점이 분명해졌다. 이와 같이 나는 농업이 가장 중요한 전쟁터라고 늘 말하곤 한다. 농업을 자본의 이미지에 맞추어 재편성하려는 노력의 최신판, 즉 이번에는 농업을 농업-수출 복합체의 한 요소로 만들고 농업-수출 복합체가 지구적 공장과 다른 점은 단지 그것이 토지와 직접적인 관계를 갖는다는 점밖에 없게 만들려는 노력은 자본 전체에 걸쳐 수익이 급속하게 감소하는 단계에 접어들었다. 그러면서 신자유주의적 농업-생태 프로젝트가 가동되기 시작했다. 먹을거리나 석유와 관련된 단기적 이윤추구에만 주목해서 이런 사실을 놓쳐서는 안 된다. 2007년 12월 6일자 〈이코노미스트〉는 실질 식량비용의 증가가 1845년경 이래 가장 빠르게 진행되고 있다고 보도했다. 이러한 식량비용의 상승은 세계적으로 노동계급을 생산 또는 재생산하는 데 드는 체계 전체의 비용이 커지고 있음을 의미한다. 이와 같은 상황이 지닌 문제는 '장기 19세기(1789년부터 1914년까지—옮긴이)'에 그랬듯이 식민지에 광범위하게 존재하는 농민층을 흡수통합하는 것을 통해서는 해결될 수 없다. 마르크스가 말한 잠재적 산업예비군은 이제 한 세기 전에 비하면 형편없이 줄어들었다. 심지어 중국이 무서운 속도의 산업화를 시작하기 직전이었던 25년 전에 비해서도 산업예비군은 줄어들었다.

우리가 신자유주의적 생태체제라고 부르게 된 것이 하룻밤 사이에 사라질 것이라고 말하려는 것이 아니다. 그렇게 되지는 않을 것이다. 다만 1970년대의 위기 속에서 형성된 농업-생태 체제가 수명을 다해가고 있는 것은 분명해 보인다. 물론 이런 사실 자체가 특별히 새로운 현상인 것은 아니다. 지난 6세기에 걸친 세계 자본주의의 발전과정에서 인류는 사회적 재구성과 지리적 팽창이라는 체제의 주기적 파동에 결정적인 영향을 준 일련의 세계적 생태체제들을 경험했다. 근대사의 시기구분과 관련해 대규모 산업이 마르크스주의자들의 상상력을 자극했지만, 사실 산업혁명과 농업혁명은 언제나 긴밀한 관계로 서로 연결돼있었음이 분명하다. 19세기 맨체스터의 섬유공장은 17세기 바베이도스(카리브 해의 동쪽에 있는 섬—옮긴이)의 설탕공장이 없었다면 생겨날 수 없었다.

세계가 발전하는 과정에서 일어났던 거대한 파도들은 국가권력, 계급투쟁, 산업생산 조직, 새로운 기업조직 형태 등의 영향을 받았을 뿐 아니라 결정적으로 중요한 농업 및 원자재 잉여의 팽창을 가져온 획기적인 농업–생태 혁명의 영향도 같은 정도로 받았다. 이렇게 볼 때 19세기 초에 영국에서 전개된 식량가격 상승이 산업의 발전을 저해하리라고 본 리카도의 우려는 충분한 근거가 있었고, 단지 리카도만이 이런 우려를 한 것이 아니었다. 영국의 주도 아래 산업혁명이 일어난 것과 19세기에 영국이 세계적인 강대국으로 등장한 것은 '세계의 공장'의 노동자들을 말 그대로 먹여 살릴 세계 농업의 지구적 재구성 없이는 가능한 일이 아니었다. 영국의 노동자들이 미국의 중서부에서 재배된 밀로 만들어진 빵과 서인도제도에서 생산된 설탕으로 만들어진 잼을 먹을 수 있게 됐지만, 그들만이 자본이 이룬 지구적 정복의 열매를 향유한 것은 아니었다. 오히려 삼림파괴, 대량살육, 토양침식 등의 비용을 초래하면서 얻은 값싼 식량이라는 정복의 열매를 더 풍족하게 향유한 것은 고용주들이었다. 오늘날의 '세계의 공장'과 관련해서도 이와 유사한 과정이 전개되고 있는가? 우리는 몇 억 명에 달하는 중국의 산업노동자들을 어떻게 먹여 살릴 것인가라는 질문을 던져볼 수 있다.

이 질문에 대한 기존의 낡은 답변에 대해서는 그것이 적절하다는 확신이 들지 않는다. 16세기에 네덜란드는 폴란드의 비스툴라 지역에서 생산된 값싼 곡물 덕분에 성장할 수 있었고, 19세기에 영국은 아일랜드, 카리브 해 연안, 미국 중서부 등의 뒷받침을 받았다. 미국은 세계적인 강대국이 된 시점에 여전히 국내에 중서부라는 배후지를 갖고 있었고, 이에 더해 1945년 이후에는 완전히 연방에 통합된 남부와 캘리포니아, 그리고 중남미를 배후지로 갖고 있었다. 신자유주의적 농업– 수출 체제는 멕시코에서부터 중국까지 걸치는 폭넓은 지역에서 농민들의 토지를 빠른 속도로 전유하면서 성장했고, 자본주의의 생산성 극대화 능력과 결합하면서 모든 미개발 개척지에서 확실하게 식량잉여를 얻었다.

또한 생명공학과 생명해적질(biopiracy, 이는 주로 특허권을 통해 토착적인 생명의학 지식을 전유하는 것을 가리킨다. 그 과정에서 토착주민들에 대한 보상은 이루어지지 않으며, 해당 지역의 내생적 지식이 상품화된다. 가장 고전적인 예로 마다가스카르의 식물인 로지 페리윙클(Rosy Periwinkle)에 대한 생명해적질을 들 수 있다. 이 식물이 갖고 있는 생물학적 화학물질은 백혈병을 비롯한 각종 암을 치료하는 데 사용된다. 미국의 제약회사인 엘리 릴리(Eli Lilly)는 마다가스카르의 원주민이나 그곳의 정부에 아무런 보상도 하지 않은 채 이 식물의 효능에 대한 특허를 취득해 배타적인 독점적 권리를 확보하고 그것을 상품화했다─옮긴이) 이 새로운 형태의 인클로저를 통해 지난 20년간 세계 자본축적의 바퀴에 기름칠을 하는 데 성공했다. 하지만 이러한 생명공학과 생명해적질이 과거에 있었던 모든 농업혁명이 성취했던 것을 성취하는 데는, 다시 말해 식량잉여를 늘리고 식량가격을 낮추는 데는 거의 기여한 바가 없다. 물론 우리는 브라질 같은 곳에서 유전자조작 콩이 재배되고 그 생산량이 점점 더 늘어나고 있음을 본다. 이런 식으로 브라질이 세계 농업의 중심으로 복귀하는 것은 17세기의 설탕 붐을 연상시킨다. 하지만 그것은 상대적인 식량잉여의 증가를 가져오는 것이라기보다는 그 감소를 뒤로 미루는 것일 뿐이다.[2] 1960년대와 1970년대에는 녹색혁명이 상대적인 의미에서 식량잉여의 증가를 실현했다. 하지만 이것 역시 단순히 기술적 경이였다고만 볼 수 없다. 녹색혁명은 16세기 이래로 축적을 뒷받침해온 것과 똑같은 개척의 과정 즉 인클로저와 공짜로 주어진 선물인 자연에 대한 착취에 의존하는 것이었다. 최선의 농지를 사용하면서 전례 없이 빠른 속도로 수자원을 소비한 녹색혁명은 스스로 추진력을 갖게 되는 동시에 스스로를 제약하게 되는 기획이었으며, 1980년대 초반에 이르면 그 추진력이 대부분 소진되고 만다.

우리의 질문을 되풀이하자면, 오늘날 세계의 공장을 먹여 살릴 농업혁명, 즉 기술혁신과 식민지 또는 신식민지에 대한 약탈의 대담한 결합으로서의 농업혁명은 어디에서 찾을 수 있을까? 간단하게 대답한다면, 이제는 그런 혁명이 있을 수 없다. 모든 세계적 축적의 부활(지금 나는 세계적인 강대국이 몰락할 때 나타나곤 했던 금융적 팽창을 말하는 것이 아니다)은 약탈과 생산성의 결합에 의해 뒷받침됐다. 그러나 오늘날에는 약탈할 수 있는 공간이 더 이상 존재하지 않는다. 왜냐하면 이미 모든 공간이 다 약탈당했기 때문이다. 옛날에 약탈했던 곳으로 돌아갈 수는 있겠지만, 그것은 하루에 주유소를 두 번 터는 것과 비슷한 일일 것이다. 두 번째 약탈에서도 약간의 수확을 얻을 수는 있겠지만 그 규모는 얼마 되지 않을 것이다.

1

오늘날의 농업문제를 세계적 자본축적과 그 환경의 역사라는 장기지속적인 관점에서는 어떻게 이해해야 하는가? 세계가 발전해온 궤적 속에서 농업이 점점 더 중요한 위치를 차지하게 된 것은 우연이라고만 할 수 없다는 것이 내 생각이다. 농업은 맥마이클이 '기업형 식품체제(corporate food regime)'라고 표현한 정치경제학적 측면에서만이 아니라 현재 악화일로로 빠르게 전개되고 있는 지구적 생태위기의 핵심 축으로서도 점점 더 중요해지고 있다.[3] 농업문제는 자본주의가 출현하던 시기에도 비록 지금과 차이가 있긴 했지만 유사한 방식으로 세계적인 축적에 중요한 역할을 했다. 자본주의는 '장기 14세기(1290~1450년)'에 유럽의 봉건제 아래서 오랜 기간에 걸쳐 농업위기가 이어진 뒤에야 출현했고, 당시의 농업위기는 봉건적 질서의 정치경제에 의해 좌우된 것에 못지않게 정치생태에 의해서도 좌우됐다. 자본주의 발전의 초기 역사에서 전개된 혁신에 차이가 있었다면 그것은 대체로 상품이라는 형태의 폭력에 아직 노출되지 않은 세계 속에서 혁신이 진행됐다는 점일 것이다.

보다 분명한 것부터 말해보자. 농업문제는 동시에 자연문제이며, 따라서 현대세계의 생태위기 문제이기도 하다. 19세기가 끝나갈 무렵에 독일의 사회주의자인 칼 카우츠키는 마르크스가 말한 가치문제는 자신이 '물질착취'라고 부른 것과 사실은 매우 깊은 관련을 갖고 있는 것이라고 지적했다. 카우츠키는 "가치법칙에 따르면 농촌에서 지속적으로 증가하는 영양분의 손실과 유출 자체가 농업에 대한 착취를 의미하는 것은 아니지만, 그럼에도 불구하고 그것은 물질착취와 토지황폐화를 초래한다"고 주장했다. 그는 또 "농업에서의 기술적 진보는 토지의 손실을 벌충하기는커녕 본질적으로 토지로부터 좋은 것을 쥐어짜는 기술을 개량하는 방법에 지나지 않는다"고 지적했다.[4]

존 벨러미 포스터가 '물질대사의 균열(metabolic rift)'이라고 부른 것이 바로 이것이며, 이것을 통해 도시와 농촌 사이의 적대적인 관계가 자본주의의 중요한 생태지리적 구조가 된다.[5] '물질대사의 균열'의 본질은 무엇일까? 그것은 먹을거리와 자원에 대한 지속불가능한 착취다. 이런 착취를 통해 농촌의 생산물이 도시로 흘러가지만, 도시에는 그 폐기물을 생산지로 되돌려야 할 의무가 없다. 자본주의가 물질대사의 균열을 만든 것은 아니다. 자본주의는 다만 환경을 변환시키는 속도와 규모의 측면에서 비약적인 발전을 이루었고, 이로 인해 물질착취의 규모가 획기적으로 확대됐을 뿐이다. 이런 현상은 16세기에 설탕, 은을 비롯한 금속, 목재 등과 같은 핵심적인 부문들에서 명백하게 나타났다. 봉건사회에서는 몇 세기에 걸쳐 이루어진 것들이 자본주의 유럽에서는 단지 몇십 년 만에 이루어졌다. 1520년대 이후 구체화된 생태위기는 물질착취의 지구적 확장을 의미했으며, 또한 그것을 필요로 했다. 그 시대에 설탕을 생산하고, 은광을 개발하고, 목재를 수출하는 것 등은 일련의 신흥도시들이 생겨났다가 잇달아 위기에 빠지는 것을 의미했고, 그런 과정 자체가 상품체제의 지리적 확장을 의미하는 것이었다.[6]

카우츠키가 제시하고 포스터가 강조한 것은 농업문제를 '장기 20세기' 전체에 걸쳐 다시 생각해보는 것과 비슷하게 지리적으로 보다 확장시켜 다시 생각해봐야 한다는 점이다. 농업문제는 다음 3가지 기본적인 방식으로 이해할 수 있다. 그것은 ① 자본주의적 관계의 농업 침투 ② 자본주의 발전 전체에 대한 농업의 기여 ③ 민주주의와 사회주의를 향한 투쟁에서 농업 노동계급이 담당하는 역할이다.[7] 이에 더해 나는 생태문제로서의 농업문제라는 4번째 방식이 있다고 믿는다. 이 4번째 방식의 의미는 다른 3가지와 깊이 관련돼있지만 아직은 그 중요성이 제대로 평가받지 못하고 있다. 이 4가지는 서로 별개의 요소들이 아니며, 마르크스의 적절한 표현인 '유기적 전체' 속에 그것들을 위치시키지 않고는 그 가운데 어느 것도 설명할 수 없다. 도시와 농촌 사이의 다층적 적대관계와 관련된 불평등하고 소모적인 물질흐름(즉 포스터가 말한 물질대사의 균열)을 토대로 카우츠키가 자본주의 농업의 '물질착취'에 가한 비판은 우리로 하여금 자본주의의 중심축을 이루는 생태위기라는 경향에 주목하게 한다. 다시 말해 카우츠키의 비판은 우리로 하여금 자본의 끝없는 축적은 지구에 대한 끝없는 정복을 의미하며 사실 그것을 강제한다는 점에 주목하게 한다. 자본의 끝없는 축적에 내재된 논리는 무한한 확장을 가리키고, 지구에 대한 정복에 내재된 논리는 현실적으로 명백한 한계가 존재함을 보여준다.

현재의 지구적 생태위기는 장기 14세기(1290~1450)의 대위기에 대한 유럽 지배계급의 특이한 반응에서 그 기원을 찾아야 한나고 나는 그동안 주장해왔다. 오늘날의 세계체제와 14세기가 시작될 무렵 전반적으로 봉건제 아래에 있었던 유럽의 상황 사이에는 놀라울 정도의 유사성이 있다. 당시의 상황을 보면 한때 놀라운 생산성 향상을 실현하던 농업체제가 정체되기 시작했고, 도시에 점점 더 많은 인구가 살게 됐고, 광대한 무역망이 서로 멀리 떨어진 경제중심지들을 연결했고(그들 사이에 유행병이 전파되기도 했다), 너무 오래 유지된 농업질서와 인구질서에 기후변화가 부담을 주기 시작했고, 은이나 구리와 같은 자원의 추출이 새로운 기술적 문제에 직면하게 되면서 이윤이 압박을 받기에 이르렀다. 6세기 정도 지속된 팽창에 이어 14세기에 이르면 봉건유럽은 환경, 사회적 권력의 구성, 그리고 그 둘 사이의 관계와 관련된 이유들로 인해 발전의 한계에 봉착하게 된다. 그런 뒤에 즉각적으로든 궁극적으로든 자본주의가 출현했다. 사람마다 해석이 다르겠지만, 1450년 이후 몇 세기 동안은 근본적인 환경변환의 시대였음이 명백하다. 당시의 환경변환은 분명히 상품 중심이었고 방대했다. 그것은 장원경제, 자본주의경제, 농민경제의 불안정하고 불균등하며 역동적인 조합이었고, 이 점이 초기 자본주의가 보여준 역동성의 원천 가운데 하나였다.

이 자본주의 초기의 생태체제는 다른 모든 체제가 그러는 것처럼 모순에 시달렸다. 모순이 전면에 드러난 시기는 18세기 중반이었다. 영국은 주요 곡물수출국에서 순식간에 곡물수입국으로 위치가 바뀌었다. 영국의 농업생산은 정체에 빠져들었다. 영국 국내에서는 지주들이 그 전 몇 세기 동안에 있었던 것으로 알려진 그 어느 인클로저보다 더 급속한 인클로저를 통해 보상을 받았고, 국외에서는 농업수출을 겨냥한 영국의 아일랜드 지배가 심화됐다. 장기 16세기에 만들어지고 자본주의가 첫 번째로 겪게 된 생태체제의 위기가 바로 이 시기에 전개됐다. 초기 자본주의를 '중상주의'로 보는 모든 논의에도 불구하고(초기 자본주의가 중상주의였던 것 자체는 맞다) 그것은 매우 생산주의적이고 역동적이었다. 초기 자본주의는 단순히 상품을 싸게 사서 비싸게 파는 것을 훨씬 넘어서서 발트 해의 동부 연안에서 포르투갈까지, 그리고 노르웨이의 남부에서 브라질을 거쳐 카리브 해에 이르기까지의 광대한 지역에 걸쳐 농업-생태 체제를 형성했다. 그 농업-생태 체제는 추출의 성격을 가진 농업잉여의 확장을 몇 세기에 걸쳐 진행시

174

켰다. 다시 말해 그 농업—생태 체제는 스미스적인 시각에서 볼 때, 그리고 굳이 스미스적인 시각에서 보지 않더라도 자본주의적 진보의 표현이었고, 그 과정은 대체로 시장, 계급, 그리고 생태적 변환을 결합해 생태적 권력과 과정을 대단히 불균등하고 새롭게 구체화하는 것이었다.

그러나 이 세계적 생태체제는 18세기 중엽에 이르면 자신의 성공으로 인해 희생당하는 처지가 된다. 영국에서만이 아니라 유럽의 전역과 안데스 지역, 그리고 스페인의 식민지에서도 농업생산이 침체에 빠졌다. 그것은 세계적인 위기의 표현이었고, 세계적인 위기의 원인이었다. 그것은 내가 보기에는 세계적인 생태위기였다. 즉 그것은 관념적인 의미에서의 세계적인 위기가 아니라 근대 초기에 세계 자본주의가 세계의 자연을 조직화하는 과정이 부닥친 위기였고, 세계경제 체제로서만이 아니라 세계생태 체제로서의 자본주의가 부닥친 위기였다. 좌파에서도 많은 사람들이 너무 오랫동안 자본주의를 '자연을 통해 작동하는 것'이 아니라 '자연에 영향을 주는 것'으로 간주해왔다.[8] 1750년 이후 반세기 동안 세계의 생태가 겪은 대위기는 봉건제에서 자본주의로의 이행과정에서 일어난 신기원적인 환경위기와 구별되는 것이었고, 자본주의가 첫 번째로 부닥친 '발전 중의 환경위기'라는 특징을 가지고 있었다. 그것은 두 번에 걸쳐 연속으로 이어진 거대한 지구적 정복에 의해 해결됐다. 첫 번째 지구적 정복은 방대한 양의 식량과 자원 공급지로서의 북미와 인도의 창출이었고, 두 번째 지구적 정복은 19세기 후반에 전개된 동남아, 아프리카, 중국에 대한 대대적인 식민화 내지 준식민화였다.

2

일반적으로 산업혁명은 오늘날 우리가 겪는 환경위기의 역사적, 지리적 근원으로 인식되고 있다. 이런 시각은 때로는 다른 시각에 비해 쉽게 기술진보에 대한 깊은 믿음과 공존한다. 이제까지 밝혀진 사실을 고려할 때 나는 산업혁명을 근대적 생태위기의 초기 형태에 대한 해결책인 동시에 더 확장되고 더 집약적인 또 다른 지구자연 착취체제를 구축하는 기폭제였다고 생각하는 것이 더 유용하다고 생각한다. 산업혁명은 초기 자본주의의 생태체제를 파괴한 발전 중의 위기에 대한 기술적인 해결책 이상이었다. 산업혁명은 식량과 자원의 과소생산에 대한 광범위한 지리적 해결방안을 내포하고 있었다. 그 해결방안은 한때는 해방적이었지만, 시간이 흐르면서 한계를 가진 것임이 드러나게 된다.

'생태위기'라는 거대한 기표(signifier)에 대한 이러한 새로운 독해는 근대 세계의 생태위기 문제에 대해 보다 역사적이고 희망적이며 민주적인 사고의 수단을 제공해준다는 것이 내 생각이다. 지난 두 세기 동안의 기술적 발견에 대해 사람들이 별 생각 없이 찬양해왔지만, 이미 1860년대에 스탠리 제번스(Stanley Jevons)는 모든 자원효율성의 진보는 더 많은 총자원소비량을 의미한다는 사실을 분명하게 파악하고 있었다. 이것이 바로 자원의 보존이 아니라 자원의 낭비를 지향하는 근대 세계시장의 작동방식이다. 산업시대의 기술진보가 지리적 확장에 의존해온 정도는 자본주의 발전의 형성기에 해당하는 몇 세기 동안에 그러했던 것에 비해 더하지도 덜하지도 않았다. 지구상의 새로운 지역을 널리 포섭하고 생태 및 사회적 삶의 더 깊은 구석으로 파고드는 움직임은 약화됨 없이 지속됐다. 이른바 '새로운' 인클로저에 대한 관심이 다시 높아지는 것을 보라. 이 모든 추세가 석탄, 석유, 물, 그리고 온갖 전략적 자원을 얻기 위해 정신없이 땅을 파대는 것과 유사한 방식으로 강화돼왔다. 그것은 이미 그 한계에 도달했거나 곧 도달할 생태체제라고 할 수 있다. '석유정점'의 지질학적 진실성 여부와 상관없이 미국이 주도하는 생태체제가 약속했던, 그리고 반세기 동안 그것이 실행했던 값싼 석유공급은 이제 끝났다(이는 물론 석유의 부존량만으로는 분석될 수 없는 문제다).

　이런 관점에서 보면, 현재의 지구적 생태위기를 그 윤곽이나마 분별하는 데 이전의 위기들에 대한 논의가 도움이 될 것 같다. 적어도 되풀이되는 위기의 파도를 공간적으로 해결하려고 해온 자본주의의 역사적 선호가 이제는 매우 뚜렷한 지리적 한계를 갖게 된 세계 속에서 심각한 문제에 봉착했다고 말할 수 있다. 자본의 영역 밖이지만 자본의 손이 닿는 곳에 새로운 노동과 토지가 존재하는 한 이 체제의 사회적, 생태적 모순은 희석될 수 있었다. 20세기에 들어서서 외부 식민화의 가능성이 상실되자 자본은 내부 식민화 전략을 추구할 수밖에 없었다. 내부 식민화의 예로는 1970년대 이후로 유전자조작 식물과 동물이 폭발적으로 늘어나는 것, 석유와 물을 찾기 위해 먼 지역에서 더 깊이 땅을 파는 작업이 전개되는 것, 그리고 가장 불길한 예로 인간, 특히 여성, 유색인, 노동자, 농민의 몸이 발암물질을 비롯한 광범한 치명적 물질의 유독성 폐기물 쓰레기장으로 전환되는 것 등을 들 수 있다.[9]

　이러한 현상은 새로운 것이기도 하고 새롭지 않은 것이기도 하다. 그리고 이와 같은 연속과 단절의 변증법이야말로 현 국면에서 수많은 관찰자들이 놓쳤던 것이다. 오늘날 환경악화의 주된 요인, 즉 정부정책, 다국적기업, 국제교역의 조직과 관련협정 등에 대한 분석은 충분히 이루어지고 있다. 그러나 이런 요인들에 대한 체계적인 위치부여 노력은 부족했고, 그것들을 역사적으로 바라보려는 노력은 더더욱 부족했다. 이는 곧 우리가 "마치 실제의 관계를 이해하는 것이 아니라 개념들 사이의 변증법적 균형을 찾는 것이 과제"인 듯한 태도로 구체적인 전체성이 아니라 추상에 머물렀다는 의미다.[10]

　이 모든 문제는 상당한 긴급성을 갖고 있다. 세계경제가 한계에 도달했고, 어떤 측면에서는 모든 영역에서 생태적 문턱에 이르렀다는 견해에 대해 광범위한 합의가 형성돼 있다. 지구적 생태위기는 임박한 것이 아니다. 그것은 이미 여기에 와 있다. 인간사의 이런 전환점을 이해하는 작업에 나름대로 헌신해온 우리는 세계화에 대한 역사적 시각이 가져다주는 주된 방법론적 통찰, 즉 현재의 국면에서 새로운 것을 낡은 것과 구별하는 가장 효율적인 방법은 현재 전개되는 변화에 세계사적인 위치를 부여하는 것이라는 점을 명심해야 한다. 조반니 아리기(Giovanni Arrighi)의 세 가지 거대한 방법론적 질문은 인류문명의 미래가 이 대재앙의 시대에 대한 우리의 반응에 달려있는 지금 특별히 타당하게 적용될 수 있을 것으로 보인다. 그것은 '무엇이 누적적인가?', '무엇이 주기적인가?', '무엇이 새로운가?' 다.[11] 오늘날의 생태적 변환을 근대세계의 순환과 진화라는 장기적인 대규모 유형 속에 위치시켜야만 우리에게 닥친 생태위기의 특수성을 규명할 수 있을 것이다. 이는 곧 그 첫걸음으로 생태적 관계를 자본주의의 정치경제 안에 위치시키는 것을 의미한다. 그리고 이는 생태적 변환 및 지배구조와 관련된 개념들을 정치경제의 개념들 옆에 나열하는 것이 아니라 정치경제의 기본 범주들 자체를 역사적으로 현존하는 자연과 사회의 변증법이라는 관점에서 재정리하는 것이다.

생산의 생태적 관계를 추가로 고려할 때 눈에 띄는 것 가운데 하나는 지역적 차원과 세계적 차원 양쪽 모두에 걸친 사회—생태 체제의 형성이다. 이 체제는 처음에는 자본축적에 대한 제약을 제거하지만 결국에는 지속적인 축적에 새로운 생태적 '병목'을 초래하는 자기제한적인 모순을 낳는다. 그 결과로 새로운 순환이 시작되는데, 역사적으로 말한다면 그 순환은 자본, 노동, 외부자연 사이의 점점 더 팽창하는 동시에 집약화되는 관계를 수반한다.[12] 그렇다고 해서 자본주의의 환경적 역사가 기계적인 방식으로 보편적이거나 반복적이라고 말하려는 것은 아니다. 오히려 체제의 모순은 현존하는 모순의 증폭을 통해서만 해결된다고 말할 수 있다. 자본주의의 환경적 역사는 그동안 시간적 지연의 형태였다. 물론 논쟁의 여지가 있지만 장기적으로는 지구적 팽창의 계기가 중요했던 것으로 보인다. 하비(David Harvey)에게는 미안하지만, 자본주의가 내부적 해결방안만으로 생존할 수 있을지는 불확실하다.[13] 우리의 역사적 접근은 '생태위기'를 유용한 방식으로 정식화할 수 있게 해주고 과거, 현재, 미래에 걸친 근대세계의 생태적 위기가 보여주는 다중적 형태라는 개념에 더 가까이 다가갈 수 있게 해줄 것이다.

3

위기가 본질적으로 해결될 수 있는 것이라기보다는 전개되며 발전하는 것이라고 본다면, 현재 세계의 좌파가 직면한 핵심적인 질문은 다음과 같다고 생각한다. 어떻게 하면 추상적인 지역주의와 추상적인 세계주의 둘 다의 유혹을 거부하고 '총체성의 시각'을 지향하는 방식으로 위기의 다양한 움직임에 대응할 수 있을 것인가? 물론 총체성은 세계적 규모를 말하는 것도, 지방 또는 지역 구성체의 혼합을 말하는 것도 아니다. 그것은 단연코 철칙이 아닌 운동의 법칙에 의해 지배되는 전체의 다층적인 풍부함을 가리킨다. 1873년에 엥겔스가 마르크스에게 써보낸 대로 "움직임 속에서만 사물이 무엇인지를 스스로 드러낸다." 우리 앞에 놓인 과제는 전개되고 있는 지구적 생태위기 추세들의 '상이한 형태와 종류'를 정확하게 식별해내는 것이다. 오늘날의 지구적 생태위기는 자본주의의 종국적 위기와 관련된 것일 뿐만 아니라 우리가 이제까지 마주쳤던 인간생존에 대한 위협 가운데 가장 심각한 위협이기도 하다.

(김철규 옮김)

바다의 위기: 자본주의와 해양생태계의 악화

브레트 클라크, 레베카 클로센

바다는 지구의 약 70%를 덮고 있다. 바다는 사람들에게 식량과 생태적 서비스를 제공해온 인간역사의 일부다. 그러나 그동안 환경오염에 대한 관심과 자연보존 노력은 주로 지상의 문제에만 초점이 맞추어졌다. 바다를 연구하는 과학자나 해양학자들은 최근 바다가 지닌 풍부한 생물다양성과 복잡한 바닷속 먹이망에 관한 놀랄 만한 발견을 거듭하고 있다. 그러나 해양생태계의 생물학적 상태가 가속적으로 위협받고 있다는 사실이 그러한 발견을 둘러싼 흥분에 찬물을 끼얹고 있다.[1]

21세기가 시작될 때 해양학자들은 바닷물고기의 급속한 고갈에 초점을 맞추었다. 그래서 주요 어장의 75%가 완전하게 착취되거나 과잉착취되거나 고갈됐다는 사실이 밝혀졌다. 세계의 해양에서 대형 포식성 물고기의 90% 이상이 사라진 것으로 추정된다. 남획에 의한 바닷물고기의 감소는 바다 속의 공간과 영양단계의 여러 층위에 걸쳐 해양생태계의 물질대사 관계에 혼란을 초래했다.[2]

바닷물고기 번식환경의 붕괴가 임박했다는 경고가 이어졌음에도 적절한 대응이 이루어지지 않아 해양위기는 심화되기만 했다. 그 심각성은 세계의 바다에 대한 인간의 영향이 어느 정도인지를 측정하려는 최근의 노력을 통해 명백하게 드러났다. 일군의 과학자들이 인간에 의한 해양생태계 변화를 17가지 요인으로 분석한 바 있다. 예를 들면 농업침출수에 들어있는 유기물질에 의한 해양오염, 어류의 남획, 이산화탄소 배출 등이다. 연구결과는 명백했다. 지구상의 바다 가운데 어느 곳도 "인간의 영향을 받지 않은 곳이 없고", 해양생태계의 40% 이상이 다양한 요인들에 의해 심각한 영향을 받고 있다는 것이다. 극해는 곧 중대한 변화에 직면하게 될 상황이다. 산호초와 대륙붕은 심한 훼손을 입었다. 세계의 바다는 대기 중에 배출된 이산화탄소 가운데 약 3분의 1에서 2분의 1 정도를 흡수함으로써 탄소순환에서 핵심적인 역할을 한다. 바다에 흡수되는 이산화탄소의 증가는 바닷물의 온도와 그 표면층의 산도를 높임으로써 조개껍질을 형성하는 플랑크톤과 산호초를 형성하는 산호 종들을 위협하고 있다. 더 나아가 외래종의 유입이 전 세계 연안바다의 84%에 해당되는 수역에 부정적인 영향을 끼쳐 생물학적 다양성을 위축시키고, 이미 곤경에 처한 어장들을 더욱 위협하고 있다.[3]

해양체계에 대한 과학적 분석은 자본주의적 산업화의 시대에 인간사회와 해양환경의 공진화(coevolution)에 심각한 문제가 있었음을 보여준다. 바다와 관련된 구체적인 환경문제는 기술의 발전만으로도 해결될 수 있는 개별적 사건이거나 인간의 재능이 저지른 실수라고 볼 수 없다. 오히려 그와 같은 생태적 변화는 자본의 체계적 팽창 및 이윤을 위한 자연착취와 관련된 것으로 이해돼야 한다. 자본은 세계를 축적의 논리에 복속시키는 특정한 사회적 물질대사 질서(사회와 자연 사이의 물질교환)를 갖고 있다. 그 질서는 스스로 확장하는 가치의 체계이며, 그 체계는 끝없이 더 큰 규모로 자신을 재생산해야 한다.[4] 이 글에서 우리는 자본의 사회적 물질대사 질서와 그것이 바다와 맺고 있는 관계에 대해 검토하고자 한다. 그 목적은 ① 인간이 초래한 바닷물고기 감소의 원인을 살펴보고 ② 자본주의적 생산의 지속이 해양환경에 미칠 생태적 영향을 상술하고 ③ 자본주의적 양식업의 생태적 모순을 조명하는 것이다.[5]

바다의 물질대사: 생물학적 풍요, 에너지위기, 영양단계

생태학자들은 이제 일차생산(생물에 의한 유기물 생산—옮긴이), 탄소격리, 복잡한 먹이망을 비롯한 다양한 측면에서 생물학적 관계의 복잡성을 이해하게 됐다. 바다의 물질대사에 관해 새로운 지식을 제공해주는 해양생태계에 대한 관심이 새롭게 높아지고 있다. 특히 미생물과 플랑크톤, 그리고 더 큰 포식성 바닷물고기 사이에 존재하는 영양단계(trophic level, 이는 생태계 먹이연쇄의 단계를 의미한다. 먹이연쇄의 가장 낮은 단계에는 영양생산자인 녹색식물과 광영양세균이 있고, 그 위로 먹이를 먹는 습성에 따라 초식동물, 육식동물 등이 있다고 보는 개념이다—옮긴이)의 상호작용(먹이망)은 매우 복잡하면서도 통합돼있음이 연구를 통해 드러나고 있다. 해양생물학자인 이반 발리엘라(Ivan Valiela)는 다음과 같이 지적했다.

> 해양생태학과 생물해양학에서 플랑크톤 먹이망의 구조 및 그 구성요소에 관한 개념들보다 더 많이 변한 것은 없다. 더 작은 유기체의 존재와 역할에 대한 최근의 발견, 분해된 유기물의 배출과 재활용, 그리고 상대적으로 큰 유기체의 기능에 대한 재평가 등으로 바다 속의 깊이별 층위를 넘나드는 먹이망에 대한 지식이 상당히 증가하는 동시에 더 복잡해졌다.[6]

영양단계들 사이에 이루어지는 물질대사의 상호작용이 생물학적 풍요와 해양이 갖고 있는 높은 수준의 복원력에 원천이 되고 있다는 점이 확인되고 있다.

해양과학자들에 따르면 "해양의 유전자, 종, 서식지, 생태계는 지구의 다른 어느 체계에 비해서도 더 다양하다." 예를 들면 땅위에 존재하는 생명체는 11개 군(taxon)으로 분류되지만 해양환경에서 살고 있는 생명체는 그보다 더 많은 17개 군으로 분류된다. 바다는 생명을 담고 있는 것으로 알려진 공간 전체 가운데 99%에 해당하며, 그러한 바다 속 공간의 대부분은 아직 그 상태가 잘 알려져 있지 않다. 해양의 중간층을 연구하는 학자들은 생산적인 생태계를 구성하는 수많은 새로운 종을 발견했다. 1.5%를 약간 상회하는 정도만 탐색된 바다의 깊은 밑바닥은 최근 그 풍성한 생물다양성으로 많은 관심을 끌고 있다. 예를 들어 과학자들이 대서양의 해저 약 21평방미터에서 샘플을 채취한 바 있는데 그 안에 798종 9만 672개의 유기체가 들어 있었고, 그 가운데 460종은 새로 발견된 것이었다. 이와 같은 발견들은 해양생태계에 대해 중요한 통찰을 얻게 해준다. 동시에 그러한 발견들은 해류의 역할, 영양분의 순환, 생물자원(바이오매스)의 형성 등 해양환경의 각종 과정에 대한 우리의 지식에 아직도 불확실한 부분이 많다는 사실을 알게 해준다.[7]

최근에는 미생물의 상호작용, 다층적인 영양동학, 그리고 상층 영양단계에서 작동하는 통제 등 세 분야에서 영양단계에 대한 이해가 가장 많이 진전됐다. 첫째로, 먹이망의 기초에 해당하는 생물(규조류와 편모조류를 비롯한 미세조류)에 대한 연구를 통해 밝혀진 일련의 새로운 사실들은 해양학자들로 하여금 '미생물 고리'를 포함한 '플랑크톤 먹이망'에 대해 새로운 견해를 제시하게 했다. 미생물 고리는 유기물이 고전적인 먹이망에 진입하기 전에 미생물을 통해 순환하게 하는 고리인데 이런 순환은 과거에 상정했던 것보다 복잡한 관계임이 드러났다. 둘째로, 민물의 먹이망은 대개 영양단계가 3단계인 것과 달리 해양의 먹이망은 영양단계가 5단개 또는 그 이상인 경우가 많다는 사실이 밝혀졌다. 발리엘라는 아직 충분히 설명되지는 못하고 있지만 이러한 발견은 민물과 해양이라는 두 가지 환경 사이에 중요한 질적 차이가 있음을 보여준다고 지적한다. 과거에는 영양 측면의 상호작용에서 민물고기와 바닷물고기가 서로 비슷하다고 여겨졌고, 이에 따라 민물에 대한 관리와 관련된 의사결정도 그러한 유추를 근거로 내려졌다. 민물의 먹이망과 구별되는 해양의 먹이망이 지닌 다층적 동학에 대한 탐구는 과학계에 보다 복잡한 여러 가지 연구상의 질문을 던진다. 이로 인해 민물이나 육지의 생태계에 비해 해양의 생태계가 얼마나 취약한지에 관한 모든 이론이 불확실성에 휩싸였다.[8]

셋째로, 연구자들은 영양단계의 상층에 속하는 종의 수는 가용한 먹이의 양과 길항관계에 있다는 사실을 발견했다. 이는 곧 영양단계의 상층에 속하는 포식성 물고기의 수는 환경의 수용능력 한계에 근접하게 된다는 것을 의미한다. 이와 달리 민물에서는 경골어류의 대부분이 먹이의 개체수가 충분히 많이 존재하는 환경 속에서 산다. 영양단계의 상층에 속하는 어류의 생존상태 변화를 살펴보면 그러한 어류는 과잉착취에 쉽게 손상을 입는다는 것을 알 수 있다. 해양 영양단계의 상층에 속하는 포식성 어류의 개체수는 먹이자원의 감소를 잘 견뎌내지 못한다. 예를 들어 인간에 의해 대량으로 포획돼온 고래의 수가 과거와 같은 수준으로 다시 늘어날 수 있는가는 크릴이 얼마나 많이 존재하는가에 달려있다. 고래에 대한 대규모의 사냥은 크게 줄어들었지만, 크릴을 단백질원이나 동물사료 첨가물로 남획하는 인간의 행위가 그것을 먹이로 살아가는 고래가 다시 늘어나는 것을 어렵게 만들고 있다.[9]

바다의 영양단계에서 상층에 속하는 포식성 어류는 보다 하위의 영양단계와 상당한 정도의 상호작용을 하고, 그러한 하위 영양단계에 상당한 정도로 의존한다. 영양단계들 사이의 상호작용은 에너지의 흐름에 기반을 두고 형성된 해양 먹이망을 대표하는 현상이자 해양 물질대사의 구성요소 가운데 하나다. 해양의 유기체들 사이에는 영양단계의 상호작용 외에도 다른 많은 관계가 존재한다. 예를 들어 산호초와 해조림과 같은 서식지와 유기체 사이의 관계도 있다. 많은 바닷물고기 종들이 생존을 의존하는 산호초와 해조림은 인간의 자원착취에 매우 취약하다.

자본주의와 바닷물고기 채취

인간은 오랫동안 바닷물고기와 해조류를 채취하는 것을 통해 해양 물질대사 과정과 관계를 맺어왔다. 채취의 방식과 과정은 사회적 생산구조에 따라 달랐다. 생계형 어로는 인간의 역사와 함께해온 오랜 관행으로, 처음에는 해안이나 얕은 호수에서 조개를 채취하는 것으로 시작된 뒤에 뾰족한 돌을 끼운 창, 낚싯바늘, 줄, 그물 등의 도구가 발달하면서 점점 더 진화해왔다. 원래 생계형 어로는 잡은 물고기를 직접 이용하기 위한 활동이었다. 잡은 물고기는 가족과 마을구성원을 먹이는 데 사용됐다. 고기잡이를 통해 인간의 노동은 바다의 과정들과 밀접하게 연관을 맺게 됐고, 그러면서 사람들은 물고기의 이동, 조수, 해류 등에 대해 이해하게 됐다.

과거에는 지역별로 인구규모가 착취의 정도에 영향을 미쳤다. 그러나 자본주의 생산체제 아래에서 사적소유와 상품시장이 도입되면서 바다자원과 고기잡이 노동의 관계에 변화가 일어났다. 특정한 물고기들은 교환가치를 갖게 됐고, 이에 따라 그러한 물고기들이 더 가치가 있는 것으로 여겨졌다. 결국 대구와 같은 특정한 물고기를 최대한 많이 잡는 데 집중하는 어로관행이 생겨나 자리를 잡았다. 고기잡이의 표적이 된 종들과 함께 잡힌 상업적으로 가치 없는 종들은 쓰레기로 취급돼 마구 버려졌다.

자본주의가 발전하고 확산되면서 산업적 어로에 의한 집약적인 물고기 잡기가 일반화됐다. 바다에 대한 어로수요가 늘어났고, 과잉어로로 인해 야생어종의 수가 심각하게 줄어들었다. 리처드 엘리스는 《빈 바다(Empty Ocean)》에 이렇게 썼다. "세계의 모든 바다에서 한때는 측량할 수도 없이 풍부했던 물고기가 이제는 크게 줄어들었고, 어떤 경우에는 거의 멸종에 이르고 있다. 25년 전에 비하면 두 배나 되는 수많은 배가 전 세계의 바다에서 어로작업을 하고 있다. 과거보다 물고기가 두 배 많아졌을까? 도저히 그렇다고 말할 수 없다." 어쩌다 상황이 이렇게 됐을까?[10]

고기잡이 방식에 가장 두드러지고 중대한 변화를 가져온 것은 자본주의적 산업화의 시작이었다. 자본주의적 산업화와 함께 기계화와 자동화, 그리고 대규모 생산과 소비를 특징으로 하면서 고정자본 투자가 빠르게 늘어나는 시대가 열렸다. 이윤추구를 위한 효율적인 생산에 대한 투자는 역사상 처음으로 심해어족의 고갈을 현실적인 가능성으로 만들 정도로 어업기술을 발전시켰다. 이런 전환은 바다의 밑바닥 가까이에서 사는 물고기를 잡는 해저어업의 변화에서 확인할 수 있다.

산업화는 자본축적을 촉진하기 위한 기술을 발달시키면서 대략 1900년대 초부터 해저어업에 영향을 주기 시작했다. 1906년에 영국에서 증기기관으로 움직이는 증기저인망어선이 도입된 것은 물고기를 잡는 방식에 커다란 변화를 가져왔다. 증기저인망어선은 돛으로 움직이는 범선을 빠르게 대체했다. 증기저인망어선이 도입되기 전의 고기잡이는 범선으로 장시간 항해를 하면서 미끼를 단 낚싯줄로 바다 속의 물고기를 잡는 방식이었다. 그때에는 냉장기술도 냉동기술도 없었기 때문에 잡아 올린 대구는 대부분 소금에 절여 보관했다.

자본주의 생산체제 아래서 형성된 경쟁시장은 어획량의 증가가 가져올 결과에 대한 비판적인 평가 없이 그저 증기어선의 높은 효율성만을 환영했다. 어획량의 증가는 더 많은 이윤을 의미했다. 1920년대에는 저인망어선으로의 전환이 마무리됐고, 자본주의의 힘에 의해 조직된 2차 산업혁명이 자본의 손이 닿는 범위를 넓히는 동시에 바다를 둘러싼 인간과 자연의 관계를 변화시키기 시작했다.

고기잡이의 지리적 범위가 확장되고 고기잡이 선단의 속도가 증가하면서 어업의 생산성이 높아졌고, 시장에서 '가치가 있는 것'으로 여겨져 고기잡이의 대상이 되는 어종이 다양해졌다. 기술의 발달과 수송로의 개선이 어업을 성장시키고 고기잡이의 규모를 증대시켰다. 냉동보관 기술은 물고기를 신선하게 보관할 수 있게 해줌으로써 자본이 감수해야 하는 손실을 줄였다. 《대구: 세상을 바꾼 물고기 이야기(Cod: A Biography of the Fish that Changed the World)》라는 책에서 마크 컬랜스키(Mark Kurlansky)는 "대구를 얼리게 되면서 어항과 수산업 기업들의 관계도 바뀌었다. 냉동시킨 물고기는 어디에서나 살 수 있으므로 수산업 기업들은 필요한 물고기를 가장 싼 값에 가장 많이 살 수 있는 곳으로 가서 사게 됐다. 시장이 팽창하면서 지역적인 고기잡이 선단들의 물고기 공급이 수산업 기업들의 물고기 수요 증가를 따라갈 수 없게 됐다." 운송기반시설의 발달은 미국 중서부 사람들로 하여금 더 많은 양의 대구를 소비할 수 있게 함으로써 시장의 비약적인 팽창을 가져왔다. 판매를 촉진시키기 위한 대대적인 마케팅도 이루어졌다. 이런 여러 요인들이 합쳐지면서 어업에서 자본축적이 촉진됐고, 기업들은 축적된 자본의 일부를 고기잡이 선단의 수와 규모를 늘리는 데 재투자했다.[11]

1930년대에 이르면 저인망선단의 대규모 어로작업이 자연의 한계를 넘어섰음을 명백히 보여주는 징후들이 나타난다. 1930년에 하버드대학이 수행한 조사에 따르면 그해에 저인망어선들이 3700만 마리의 대구를 보스턴 항에 하역했고, 7000만 내지 9000만 마리의 새끼 대구들이 죽은 상태로 바다로 내버려졌다. 어획량의 급속한 증가는 소비수요를 늘리기 위한 마케팅 활동도 불러 일으켰지만, 이로 인해 해저물고기의 개체수가 줄어들어 결국은 어획량이 급감했다.

경쟁시장은 자원감소에는 아랑곳없이 생산의 확대를 유도한다. 과잉어로로 인해 물고기 자원이 감소하자 미국의 저인망어선들은 새로운 시장을 개척하고 물고기의 공급을 늘리기 위해 캐나다로 진출했고, 그곳의 해안에서 갈수록 더 먼 바다로 나가 물고기를 잡았다. 물고기 자원이 아직 고갈되지 않은 수역으로 이동할 수 있는 선단의 능력 때문에 '심각한 자원고갈이 진행되고 있다는 사실'이 보이지 않게 가려졌다. 그 결과로 시장에 특정한 상품을 공급하기 위해 특정한 생태계에서 과잉어획을 하는 과정이 확대됐고, 바다의 더 많은 부분이 동일한 파괴체계에 의해 피해를 입었다.[12]

원양어업은 공장형 저인망어선이 등장하면서부터 가능해졌다. 공장형 저인망어선은 지구적 어업의 자원착취와 자본투자가 절정에 이르렀음을 보여주는 것이었다. 윌리엄 워너는 《먼 바다(Distant Water)》에서 공장형 저인망어선의 작업능력에 대해 다음과 같이 묘사하고 있다.

스스로 숲을 관통해 길을 내고 나무를 베어내고 다듬는 일을 통상적인 속도보다 두 배 빠르게 해내면서 소비자가 바로 사용할 수 있는 상태로 목재를 생산해 공급할 수 있는 완전히 자기완결적인 이동식 벌목기계를 상상해보라. 이것이 바로 공장형 저인망어선이 심해라는 숲에서 실제로 한 일이며, 이것이 바로 물고기들에 대한 공장형 저인망어선의 영향이다. 이와 같은 문제는 오래지 않아 세상사람들의 눈에 띄지 않을 수 없었다.

공장형 저인망어선이 바다에 1천 피트 길이의 나일론 그물을 드리웠다가 잡아당기면 한 번에 최대 400톤의 물고기를 잡아 올릴 수 있다. 산업형 저인망어선은 항해를 하면서 잡은 물고기를 곧바로 가공하고 냉동시킬 수 있다.[13] 이런 기술의 발전은 고기잡이의 규모를 키우고 체계적인 자원착취를 심화시켰다.

물고기의 증가에 작용하는 자연적인 한계와 어획량을 계속 늘려야 하는 자본의 필요가 결합되면서 생산능력과 작업효율성을 증대시킨 거대한 저인망어선이 발달하게 됐다. 이런 배 덕분에 가치 있는 물고기가 있는 수역을 찾아갈 수 있게 됐고, 한 번의 출항으로 엄청난 양의 물고기를 잡을 수 있게 됐다. 한 수역에서 물고기가 부족해지는 문제가 발생하면 음파탐지기와 같은 새로운 설비를 갖춘 신형 어선으로 다른 수역으로 가서 더욱 집약적인 어로작업을 하는 방식으로 문제를 해결했다. 바다의 다른 수역으로 옮겨가 상업적인 가치가 있는 어종을 대량으로 잡아들이는 어로활동은 덩달아 잡히는 다른 어종들이 이용되거나 버려지면서 그 다른 어종들의 감소도 불러왔다. 잡힌 물고기가 이렇게 상품으로 팔리기도 하고 폐기물로서 배 밖으로 내던져지기도 하면서 시장의 명령에 종속되는 바다의 수역이 점점 더 확대됐다.[14]

시장점유율을 둘러싼 기업들 사이의 경쟁과 선진기술에 대한 자본의 투자는 어장착취를 심화시켰다. 세계의 기업들이 물고기라는 감소하는 자연자원을 놓고 경쟁을 벌였고, 이런 '물고기 잡기 경쟁'에서 국제적 갈등이 심화됐다. 트루먼 대통령은 이로 인한 분쟁에 대응해 미국 기업들의 이익을 확대시키기 위해 애썼다. 그는 영해를 넘어서까지 미국의 관할권을 확장시키는 두 개의 선언을 발표했다. 그것은 사실상 대륙붕의 끝까지 연안바다를 미국의 영해에 포함시키기 위한 시도였다. 전 세계의 바다 연안에 위치한 국가들은 바다에 대한 소유권을 자국에 이익이 되도록 변형시키기 위해 서로 싸웠다. 갈등이 증폭되자 유엔은 1958년에 제네바에서 1차 해양법회의를 소집했다.

결국 대부분의 국가들이 표결을 통해 유엔 해양법협약을 비준하기로 함으로써 국제법에 "되돌릴 수 없는 변형"을 가했고, "오래된 제도들을 근본적으로 수정”하기도 했다(그러나 미국의 상원은 아직도 해양법협약을 비준하지 않고 있다).[15] 결국 이 협약에 따라 배타적 경제수역(EEZ; Exclusive Economic Zone)이라는 개념에 따른 소유권 체제가 수립됐다. EEZ는 해안에서 200마일까지의 수역은 전적으로 연안국가의 관리권한 아래 두는 개념이다. 그 수역에서는 연안국가가 생물 및 무생물 자원의 추출과 경제적 이용에 대해 배타적 권리를 갖는다.

과잉착취와 수산물 시장의 팽창에 따른 어장의 붕괴는 기업들로 하여금 ‘지구상에서 가장 거래가 잘 되는 동물상품’을 다른 곳에서 찾도록 만들었다. 비참한 경제상황에 직면해 있던 세네갈, 모리타니, 앙골라, 모잠비크와 같은 아프리카 국가들은 유럽과 아시아의 국가와 기업들에게 어업권을 팔았다. 모리타니의 경우 어업권 판매를 통해 정부예산의 5분의 1에 해당하는 연간 1억 4천만 달러 이상의 돈을 벌 수 있었다. 현금이 필요한 상황에서 그와 같은 유혹에 넘어가지 않을 나라는 별로 없었다. 산업화된 저인망어선이 아프리카의 바다에 가서 가치 있는 물고기라는 상품을 긁어 들였다. 지난 30년간 아프리카 바다의 물고기 수는 50% 줄어들었고, 수많은 어부들이 일거리를 잃었다.[16] 이렇게 이윤과 먹을거리가 중심부 국가들로 빼돌려지면서 자본주의적 어업관행의 확장은 계속해서 어장을 황폐하게 만들고 생태오염을 심화시키고 있다.

유엔 식량농업기구(FAO)는 세계의 어획량이 1950년의 약 2000만 톤에서 2005년에는 8420만 톤으로 증가한 것으로 추정하고 있다. 이러한 어획량 증가에 대한 지배적인 설명은 인구증가가 유일한 원인으로 작용해 그와 같은 일이 일어났다는 것이다. 그러나 최근의 연구는 경제성장과 같은 사회구조적 요인도 어획량의 증가와 바다 속 물고기의 감소를 가속화시켰음을 보여준다. 그러나 더 많은 어획을 추구하는 노력이 계속되고 있음에도 불구하고 1989년경부터는 바닷물고기 어획량이 연평균 50만 톤 정도씩 줄어들고 있다.

그 과정에서 특히 참치, 대구, 청새치의 개체수가 빠르게 줄어들었다. 1960년대와 1970년대에 걸쳐 남획으로 인해 대서양의 대륙붕 어업이 와해되기 시작했다. 이에 따라 어업은 더 깊은 바다로 이동했다. 그 결과로 둥근코민태, 양파눈민태, 가시장어, 가시꼬리가오리, 청대구와 같은 심해어종들이 심각한 영향을 받았다. 이런 심해어종들의 개체수는 17년간 87% 이상 급감했다. 이들 심해어종은 멸종 단계로까지 몰리게 될 것으로 예상되고 있고, 실제로 그렇게 되면 그들이 살고 있던 생태계가 치명적인 손상을 입게 될 것이다. 이들 심해어종이 특히 취약한 이유는 부분적으로는 그들의 수명이 약 60년이지만 연령이 10대 말에 이르기까지는 생식을 할 만큼 성숙해지지 않는다는 데 있다.[17]

시장의 변화는 특정 어종에 대한 수요를 변화시킬 수 있다. 참다랑어(참치)는 1900년대 초만 해도 애완동물의 사료로나 적합한 것으로 여겨졌다. 다만 몸무게가 750킬로그램, 길이가 4미터에 달하는 크기와 힘 때문에 낚시를 할 만한 물고기로 간주됐을 뿐이다. 그러나 20세기 후반에 초밥과 생선회를 파는 음식점이 세계적으로 확산되면서 참다랑어는 '세계에서 가장 수요가 많은 생선'이 됐다. 자본주의의 작동논리를 고려할 때 이는 곧 참다랑어가 '대형 물고기 가운데 가장 위협받는 종'이 되었다는 것을 의미한다.

참다랑어의 개체수는 남획으로 인해 계속 줄어들고 있다. 게다가 바다에서 반쯤 자란 참다랑어를 잡아다가 '참치목장'이라고 불리는 해상의 우리 안에 가둬두고 시장에 출하할 수 있을 정도로 클 때까지 기르는 양식방법이 상황을 더욱 악화시켰다. 이런 양식방법은 물고기가 생산되는 과정을 통제하는 데는 도움이 되지만, 물고기를 '번식을 할 만큼 성숙하기도 전'에 잡아다가 '죽임을 당할 때까지 가둬두는' 것을 의미한다. 이런 관행과 남획의 결과로 참다랑어는 고갈될 위기에 몰리고 있다.[18]

자본주의적 해양자원 추출작업이 계속되면서 해양착취의 지리적 범위가 확대돼왔다. 수산업자들이 크릴을 마구 잡아들이게 되면서 남극의 바다까지 공격당하고 있다. 1970년대 이후에 주로 지구온난화로 인해 크릴의 개체수가 80% 감소했다. 이에 더해 어업이 크릴의 개체수 감소를 더욱 촉진하고 있다. 이 작은 갑각류는 수면에서 가까운 물속에서 탄소를 많이 함유하고 있는 먹이를 잡아먹으며, 이를 통해 온실가스인 이산화탄소를 제거하는 데 도움을 준다.

크릴은 오랫동안 바다표범, 고래, 펭귄 등의 주된 먹이였다. 그런데 크릴은 점차 지구적 자본의 탐욕스러운 욕망에 먹혀버렸다. '흡인식 채취(suction harvesting)' 방식으로 빨아들여진 대량의 크릴은 신식의 시설을 갖춘 배에서 가공, 냉동, 보관된다. 이렇게 공급되는 크릴은 물고기농장(가두리양식장)에서 사료로 이용되거나 '오메가-3 오일'을 비롯한 건강보조식품 제조에 이용된다.[19]

대양에서 물고기를 잡기 위해 화석연료를 사용하는 선단들의 활동은 해양생태계를 악화시켰다. 물고기의 감소는 참치나 황새치와 같은 특정한 어종을 잡기 위해 어선이 이동해야 하는 거리를 늘릴 뿐 아니라 자원착취의 지리적 범위, 부수적으로 잡히는 다른 어종의 수, 물고기 개체수 감소의 규모도 늘린다. 2000년의 통계를 보면 8000만 톤의 물고기를 잡기 위해 130억 갤런의 연료가 사용됐고, 그 과정에서 약 1억 3400만 톤의 이산화탄소가 배출됐다. 이는 세계의 어업이 식품으로 공급한 단백질 에너지보다 12.5배나 많은 연료 에너지를 사용했다는 것을 의미한다.[20]

1970년대와 1980년대에 걸쳐 어선들은 더욱 자동화됐고, 완전한 자동화를 추구하는 움직임이 일반화됐다. 오늘날 지구위치정보시스템(GPS)과 같은 항해보조 수단과 일기예측 모델 덕분에 인간의 노동을 가능한 한 적게 들이면서 가급적 짧은 시간 안에 최대한 많은 물고기를 잡기 위한 어선의 능력이 향상됐다. 경쟁적인 지구적 자본주의의 틀 속에서 기술의 발전과 변형된 재산권이 결합된 결과로 바닷물고기 남획과 이윤추구를 위해 조직화된 사회적 물질대사가 강화됐다.

해양생태계의 생태적 악화

종 수준의 영향

자본축적과 무상의 자연전유로 인해 이미 심각한 압박을 받고 있던 해양생태계
로부터 물고기 추출이 더욱 확대된 결과로 해양의 영양단계들 사이의 물질대사
적 상호작용이 심각한 영향을 받고 있다. 해양학자들은 바다의 물고기와 양식장
의 물고기를 합쳐 세계의 바다에서 연간 1억 톤의 물고기가 채취된다면 해양생태
계에 대규모의 장기적인 혼란이 초래될 것이라고 지적한다. 직접적으로 우려되
는 것은 '종 수준의 영향'이며, 그 가운데서도 특히 어획의 표적인 해양생물과
어획의 표적은 아니지만 부수적으로 잡히는 해양생물이 바다에서 제거되는 것이
다. 특정한 어종의 재생산에 필요한 지속가능한 개체수에 못 미치는 수준으로 실
제의 개체수가 줄어들기까지 지속적으로 그 어종을 잡는 것은 결국 그 어종의 멸
종을 초래할 것이다.

예를 들어 '오렌지 러피(orange roughy)'라는 물고기는 10년 전부터 상업적
으로 남획되기 시작했다. 오렌지 러피는 150살까지 살며 25살이 돼야 번식활동
을 시작한다. 그런데 인간이 어업을 통해 나이 많은 것을 먼저 잡아들이는 식으
로 이 물고기를 계속 잡아들이다보니 번식을 하는 연령대의 어른 오렌지 러피가
사라지게 됐다. 게다가 인간이 이 물고기를 잡아들이는 것은 대개의 경우 산호림
을 파괴하는 결과를 낳는다. 오렌지 러피는 이제 멸종의 위기에 직면해 있다. 앞
에서 말한 바와 같이 상업적 연안어업의 대상이 되는 물고기의 개체수 감소는 둥
근코민태, 양파눈민태, 가시장어, 가시꼬리가오리, 청대구와 같은 심해어종을 잡
아 올리는 어업활동을 낳았다. 이에 따라 이들 심해어종도 시장논리의 지배를 받
게 되는 동시에 멸종의 위험에 처하게 됐다.[21]

산업화된 자본주의적 어업은 어획의 대상으로 삼은 물고기를 한꺼번에 대량

으로 잡는 것을 가능하게 한다. 또한 그러한 어업은 어획의 대상이 아닌 바다생물, 즉 '혼획물(bycatch)'도 대량으로 잡게 된다. 혼획물은 상업적 가치가 없으며, 따라서 쓰레기로 간주된다. 이런 '쓰레기 물고기'는 흔히 갈려서 바다에 되던져진다. 혼획물에는 어획대상 어종의 어린 것들도 포함되는데, 그런 어린 것들의 사망률 상승은 해당 어종의 복원을 어렵게 만든다. 이런 관행으로 인해 버려지는 종들의 바다 속 개체수가 명백하게 줄어들게 되고, 그 결과로 해양생물의 전반적인 감소가 촉진된다. 이런 측면에서 피해를 가장 많이 유발하는 어업활동은 저인망어선을 이용한 새우잡이다. 혼획물로 간주되는 어종을 바다에 내버리는 행위는 해양생태계의 먹이망과 서식지를 파괴한다. 이런 파괴의 규모는 상당히 크다. 전 세계에서 상업적 어업을 통해 매년 평균 2700만 톤의 물고기가 버려지고 있고, 미국의 경우에는 버려지는 혼획물의 양이 순어획량의 28%에 이르는 것으로 추정된다.[22]

멸종은 남획의 직접적인 결과다. 남획은 부분적으로 자본축적 추구에 의해 추동되고 기술혁신에 의해 촉진된다. 기술혁신은 '물고기 잡기 경주'로 불리기도 하는 경쟁 속에서 자본축적이라는 목표를 달성하기 위해 동원된다.[23] 자본주의적 관행은 해양의 생물다양성에 손실을 초래하고 해양생태계의 복원력을 약화시킨다. 발리엘라는 "어획량의 규모를 보거나 포식성 어종이 제거되면서 해양 먹이망에 일어나는 큰 변화의 예들을 보면 어로활동의 영향이 폭넓은 공간적 규모에 걸쳐 생태적으로 상당한 수준에 이른다는 것을 알 수 있다"고 지적한다. 남획으로 인해 '해양 먹이망에 일어나는 큰 변화'는 해양의 물질대사 과정에 나타나고 있는 생태적 악화의 매우 명백한 예라고 할 수 있다.[24]

먹이사슬 아래쪽 물고기 잡기

종 수준의 영향보다는 덜 분명하지만 그에 못지않게 심각한 혼란은 남획, 그 가운데서도 특히 '먹이사슬 아래쪽 물고기 잡기'가 생태계에 초래하는 영향이다.[25] 예를 들어 도미, 참치, 대구, 황새치와 같이 상업적으로 가장 유용한 상위 영양단계의 육식물고기 수가 남획으로 인해 줄어들게 되면 상업적 어업을 영위하는 어부들은 경쟁의 압박 때문에 보다 하위의 영양단계에 속하는 어종을 잡게 된다. 40년간에 걸친 세계 어획의 동향을 보여주는 유엔의 통계를 가지고 모형분석을 해본 결과를 보면 이와 같은 하향전환은 세계적으로 진행되고 있음을 알 수 있다. 이런 추세가 계속된다면 그 논리적 귀결은 해양생태계 전반의 붕괴라고 과학자들은 경고한다. 먹이사슬의 아래 방향으로 어획을 확대하는 것은 해양 생물 다양성의 기반을 잠식하고 어업의 생물물리적 토대를 훼손한다. 해양의 영양단계간 상호작용에 관한 최근의 연구들은 해양의 먹이망 가운데 낮은 쪽 영양단계들은 해양생태계의 복잡하면서도 통합적인 기반이 된다는 사실을 발견했다. 이 기반을 손상시키면 해양생태계 내 에너지 흐름의 물질대사적 순환이 망가지게 된다.

영양단계에서 아래쪽에 위치한 어족의 남획이 그동안 먹이사슬을 단축시키고 때로는 하나 또는 둘 이상의 '연결고리'를 제거함으로써 자연과 인간이 가하는 압박에 해양생태계가 더욱 취약해지게 만들었다. 예를 들어 북해에서 대구의 개체수가 너무 많이 줄어들자 이제는 어부들이 대구의 먹이인 '파우트(pout)'라는 낮은 영양단계의 물고기를 잡고 있다. 크릴은 요각류를 먹고, 파우트는 크릴과 요각류를 먹는다. 파우트가 상업적 어획의 대상이 되면서 크릴의 개체수가 늘어나고 있지만 요각류의 개체수는 급격하게 줄어들고 있다(바다의 다른 수역에서는 동물사료 첨가물로 사용할 목적으로 크릴을 잡기도 하며, 이런 어로활동은 크릴에 의존하는 고래의 개체수 회복을 방해한다). 요각류는 새끼 대구의 주된 먹이이기 때문에 요각류의 개체수가 감소하면 대구의 개체수가 인간의 남획으로 인해 줄어든 상태에서 다시 늘어나기가 어렵다.[26]

먹이사슬의 아래로 내려가는 어로활동은 경쟁적인 시장조건 아래서 조직화된 어업과 자본축적의 충동이 수백만 년에 걸쳐 만들어진 해양생태계를 어떻게 와해시키고 있는지를 보여준다. 또한 낮은 영양단계에 속하는 어종들을 잡게 되면 바다에서 많은 양의 물고기를 계속 잡을 수 있게 되어 바닷물고기의 남획 문제가 보이지 않게 가려진다. 사람들은 자신의 식탁에 생선이 계속 올라오기 때문에 높은 영양단계에 속하는 육식물고기를 남획하는 것이 초래하는 영향을 전혀 알지 못하게 된다. 높은 영양단계에 속하는 어종들에 대한 남획이 초래하는 영향 때문에 먹이사슬의 아래로 내려가 물고기를 잡는 것은 육식물고기가 먹고 사는 먹이자원을 감소시킨다는 문제가 있다. 앞에서 지적했듯이 바다의 육식어종들은 먹이의 감소에 대단히 취약하다.

연안 해양생태계의 붕괴

앞의 예들은 멸종이 어떻게 영양단계간 상호작용의 탄력성을 떨어뜨리는지를 보여준다. 그러나 더 큰 문제는 남획에 의한 생태계 전체의 폭넓은 붕괴다. 역사적 자료에 따르면 남획으로 인한 종의 수와 개체수의 감소는 연안생태계 전체의 붕괴에 직접적인 전제조건이 된다. 생태계의 대대적인 붕괴는 해양환경의 생태적 복원력을 위협할 뿐만 아니라 연안생태계에 생계와 생존을 의존하는 사람들에게도 피해를 준다. "남획과 생태적 멸종은 현대의 생태조사 활동보다 먼저 전개됐고, 최근의 해양생태계 붕괴에 조건이 됐다. 이는 가까운 미래에 해양생태계가 훨씬 더 많이 붕괴할 가능성을 높이는 이유가 되고 있다."[27]

해조림, 산호림, 해초밭, 강어귀는 남획을 비롯한 여러 가지 원인에 의한 갖가지 환경악화 때문에 세계의 여기저기에서 붕괴하고 있는 연안생태계의 예들이다. 이런 연안생태계는 많은 종들에게 복합적인 서식지를 제공하며, 많은 지역적 어업공동체의 토대인 경우가 많다. 예를 들어 미국의 메인 만에서는 해조류를 먹고 사는 주요 초식동물인 성게의 개체수가 폭발적으로 늘어나는 바람에 해조림이 심각하게 훼손됐고, 그 속의 영양단계 수도 폭넓게 축소됐다. 다음의 글이 그 과정을 설명해준다.

'대서양 대구'와 같은 해저물고기는 성게를 잡아먹는 포식어종이다. 메인 만에서는 적어도 5천 년 이상 원주민과 초기이주 유럽인 등이 줄낚시 고기잡이로 해저물고기를 집중적으로 잡았다. 그럼에도 불구하고 해저물고기는 해조림이 유지될 수 있을 정도로 성게의 개체수를 억제하는 역할을 했다. 1920년대에 새로이 등장한 기계화된 어업기술은 메인 만에 사는 대구의 수와 그 몸통의 크기를 빠르게 줄어들게 했다. … 포식성 물고기가 제거되면서 성게가 늘어나고 해조림이 사라졌다.[28]

다른 말로 하면 산업적 어업이 해양생태계 착취를 강화했고, 그 결과로 자연조건이 변한 것이다.

여러 가지 인간행동이 산호초의 붕괴를 초래하고 있다. 물고기 남획이 그렇게 되는 원인 가운데 하나다. 또 다른 원인은 삼림파괴다. 숲이 사라지면 강물은 퇴적물이 가득한 흙탕물이 되고, 그 흙탕물이 하류로 흘러가 산호초를 질식시킨다. 그러나 산호초의 대량 파괴를 낳는 주된 원인은 지구온난화다. 대기 중 이산화탄소의 증가는 온난화에 기여하고 바닷물의 산도를 상승시킨다. 그 결과 생물다양성의 측면에서 풍성하고 색깔도 다양한 건강한 산호초들이 표백되어 회백색의 뼈처럼 변하는 것이다. 사회적 물질대사 질서에 큰 변화가 일어나지 않는 한 전 세계의 산호초가 수십 년 안에 소멸할 수도 있다. 산호초가 사라지면 그것에 의존하는 동물군도 사라질 것이다.[29] 모든 지역의 자연조건이 자본주의의 사회적 물질대사 질서에 의해 변화되고 있다. 자본주의적 성장체제가 환경악화의 일반적인 진전을 초래하고, 생명의 조건에 생태적 위기를 만들어내고 있다.

남획에 의해 가장 최근에 연안생태계에 일어나고 있는 변화 가운데 미생물 개체수의 폭발적인 증가가 있다. '미생물 고리'는 예상했던 것보다 훨씬 더 복잡하고 섬세한 것으로 밝혀졌다. 미생물 개체수의 폭발적인 증가는 부영양화, 해양 종들의 질병, 유독성 적조의 원인이 되고, 더 나아가 인간의 건강을 해치는 콜레라와 같은 질병의 원인이 되기도 한다.[30] 미국의 체서피크 만은 이제 박테리아가 지배하는 생태계가 되어 그 영양구조가 한 세기 전과는 완전히 달라졌다. 생태계의 구성에 이런 급격한 변화가 발생한 것은 바다 속에서 미생물을 제거해주는 부유물섭식자(suspension feeder, 물에 떠다니면서 살아 있는 작은 동식물이나 큰 생물의 배설물, 부패물 따위를 먹는 동물—옮긴이)를 남획했기 때문이다. 체서피크 만을 박테리아가 지배하게 된 것과 메인 만의 해조림이 파괴된 것은 영양단계의 최상위층에 속하는 육식물고기의 감소가 어떻게 생태계 전체의 붕괴를 가져오는지를 보여주는 두 가지 예다.

산업적으로 물고기를 잡는 어업에 의한 남획에 내재된 심각한 문제점들에 대응해 어떤 이들은 낙관적인 태도로 양식업을 생태적 해결책으로 제시한다. 그러나 자본주의적 양식업은 생태악화의 과정을 반전시키지 못하고 있다. 그것은 오히려 인간과 바다 사이의 사회적, 생태적 관계를 계속 단절시키고 있을 뿐이다.

양식업: 청색혁명?

물고기의 대폭적인 감소는 자본주의로 하여금 새로운 이윤증진 방법에 눈을 돌리게 했다. 그것은 바로 물고기의 집약적 생산이다. 자본주의적 양식업은 생산의 집중과 강화라는 측면에서 양적인 변화를 보여주며, 유기체의 생애주기를 이윤추구를 위한 사적 소유권의 완벽한 통제 아래 둔다.[31] 이 새로운 산업은 '세계에서 가장 빨리 성장하는 농업형태의 어업'이라고 주장된다. 양식업은 '알에서 생선요리까지'를 소유하고 있다고 자랑하면서 어업의 생태적, 인간적 측면을 크게 변화시켰다.[32]

'아쿠아비즈니스(aquabusiness)'라고도 불리는 양식업은 자연을 자본의 논리에 종속시키는 측면을 갖고 있다. 자본은 지속적인 혁신을 통해 자연적, 사회적 장애물을 극복하려고 한다. 이런 점과 관련해 기업들은 정치경제적 경쟁의 영역 바깥에 존재하던 자연의 요소를 새로이 개발하고, 그것에 투자를 하고, 그것을 상품화하려고 한다. 에드워드 카(Edward Carr)는 〈이코노미스트〉에 기고한 글에 이렇게 썼다. "바다는 보존하면서 이용해야 하는 자원이다. … 그 활용도를 높이기 위해서는 물이 더 땅처럼 돼야 한다. 소유자가 있어야 하고, 법이 있어야 하고, 경계가 있어야 한다. 어부들은 사냥꾼보다는 목장주처럼 행동해야 한다."[33]

세계적으로 상업적 가치가 있는 물고기의 수가 남획을 비롯한 인간행위로 인해 감소하면서 양식업이 세계경제에서 빠르게 팽창하고 있다. 세계의 물고기 총공급 가운데 양식업이 차지하는 비율은 무게로 따질 때 1970년의 3.9%에서 2000년에는 27.3%로 높아졌다. 2004년에는 양식과 어획을 합쳐 1억 600만 톤의 물고기가 공급됐는데 그 가운데 양식이 43%를 차지했다.[34] 유엔 식량농업기구의 통계에 따르면 양식업은 다른 어떤 동물성 식품 생산부문보다 빠르게 성장하고 있다.

양식업은 '청색혁명'이라고 불리며, 제3세계와 빈곤층에 경제성장과 식량안보를 가져다줄 수 있는 방안으로서 농업의 녹색혁명과 자주 비교된다. 중심부 국가들의 시장을 겨냥한 고부가가치 상품이자 육식어종인 연어의 양식은 양식산업에서 더욱 수익성 높은, 그러나 논란의 대상이 되는 노력 가운데 하나로 등장했다.[35] 녹색혁명과 마찬가지로 청색혁명은 수확량의 일시적 증가를 가져올 수 있다. 하지만 그것은 식량안보 또는 환경상의 문제에 대한 해결책을 제공하지 못한다. 식량안보는 분배문제와 연결돼있다. 청색혁명이 이윤추구에 의해 추동되는 한 화폐적 이득에 대한 욕망이 곤궁한 사람들에 대한 식량분배보다 더 우위에 설 수밖에 없다.[36]

산업적 양식업은 야생 물고기들의 자연적인 생애를 통합된 양식장 속으로 가둠으로써 어업생산을 더욱 집약적으로 만든다. 마치 농업의 단작처럼 양식업은 자본주의적 자연분할을 심화시킨다. 단지 그 영역이 바다세계일 뿐이다. 투자수익을 극대화하기 위해 양식업은 그물망이 쳐진 제한된 양식장 안에서 수많은 물고기를 기른다. 물고기들은 자연환경으로부터, 그리고 먹이망과 생태계에서 발견되는 다양한 교환관계로부터 분리된다. 물고기들의 재생산 생애주기는 기계적인 수확에 적합한 시간까지 기르고 번식시킬 수 있도록 개조된다.

양식업은 유기체가 자신이 필요로 하는 영양분을 섭취하는 능력과 관련된 가장 근본적인 물질대사 과정을 저해한다. 가장 이윤이 많이 남는 양식어종은 대서양 연어와 같은 육식성 물고기이므로 어분과 어유를 많이 먹여야 한다. 예를 들어 대서양 연어를 길러 연어고기 1파운드를 생산하기 위해 4파운드의 어분이 필요하다. 결과적으로 미국의 양식업은 양식되는 육식어종을 먹이기 위해 남미에서 수입해야 하는 어분에 크게 의존한다.[37]

양식업이 양식장에서 기르는 물고기를 먹이기 위해 해양의 물고기에 대한 착취를 증가시켜야 한다는 점이 어분의 생산에 내재된 본질적인 모순이다. 이에 따라 야생 물고기에 대한 압박은 더 크게 증가된다. 이런 식의 양식업은 혼획의 양도 증가시킨다. 세계의 5대 어업회사들 가운데 셋은 전적으로 어분을 만들기 위해 원양어업을 하고 있으며, 세계 어획량의 25%를 이들이 차지하고 있다. 자본주의적 양식업은 해양생태계에 부과되는 수요를 줄이기는커녕 오히려 증가시키며, 따라서 어업이 먹이사슬 과정의 아래쪽으로 내려가는 것을 촉진한다. 해양 종들의 개체수, 생태계, 영양단계 등의 측면에서 생태적 악화가 계속되고 있

다.[38]

  사실 '아쿠아비즈니스'인 게 분명한 자본주의적 양식업은 자본이 어업에서 '애그리비즈니스(농산업)'와 비슷한 경로를 가고 있음을 보여준다. 통합된 사육장에서 길러지는 가축들과 마찬가지로 양식되는 물고기도 고밀도의 우리 속에 가두어지며, 이 때문에 질병에 취약해진다. 그러므로 소, 돼지, 닭과 마찬가지로 양식장의 물고기에게도 항생제가 들어있는 어분을 먹이게 된다. 이는 사회적으로 항생제 노출에 관한 우려를 낳고 있다. 〈바다의 침묵하는 봄〉이라는 글에서 돈 스태니포드는 이렇게 지적했다. "연어를 양식하는 데 항생제를 사용하는 것은 처음부터 매우 일반적인 관행이었다. 양식업에서 항생제의 사용이 크게 증가해서 항생제 내성이 사람과 해양 종들의 건강을 위협할 지경이 됐다." 양식업자들은 '바다 이'와 같은 기생충과 양식장에 빠르게 확산되는 질병을 막기 위해 다양한 화학약품을 사용한다. 해양환경에서는 이런 살충제의 독성과 위험성이 긴 먹이사슬 때문에 더욱 증폭된다.[39]

  동물의 생애주기가 한번 자본주의적 과정에 편입되면 점점 더 교환의 경제적 주기에 맞게 조정되며, 이는 주로 그 동물이 성장하는 데 필요한 시간을 단축시키는 방식으로 이루어진다. 물고기가 시장에 출하될 수 있을 정도의 크기로 자라는 데 걸리는 시간을 단축시키기 위한 연구자들의 노력 덕분에 양식업은 그러한 조정을 할 수 있었다. 하와이의 양식장에서는 물고기의 성장을 촉진하기 위해 '유전자 재조합 기술로 제조된 축우용 성장호르몬(rBGH)'이 일부 어류용 사료에 첨가되기도 했다. 물고기의 체중이 더 빨리 증가하게 하기 위해 물고기에 대한 유전자 이식 실험, 즉 한 종의 유전자를 다른 종에 이식하는 실험이 이루어지고 있다. 유전자 이식이 된 물고기는 야생상태에서 자란 것에 비해 60%에서 600%까지 더 크게 자란다.[40] 이런 성장촉진 시도들은 자본주의적 양식업이 더 많은 이윤을 창출하기 위해 자연을 변형시키려고 하고 있음을 보여준다.

　게다가 양식업은 쓰레기의 동화과정에도 변화를 가져온다. 양식업에 사용되는 그물우리는 해양환경에서 작동되는 쓰레기의 자연적 동화과정을 망가뜨린다. 그물우리는 만, 후미, 협만 등의 해양생태계를 양식연못처럼 변화시켜 어린 바닷물고기들이 자랄 수 있는 수역을 파괴한다. 예를 들어 연어 양식용 그물우리는 연어의 배설물과 연어가 먹지 않은 먹이를 바로 연안 바다로 흘러가게 함으로써 대규모의 영양분이 방류되는 결과를 낳는다. 과잉 영양분은 그물우리 밑의 해저에 위치한 해양공동체에는 독이나 마찬가지여서 모든 저생생물 종들의 대규모 죽음을 가져온다.[41] 그물우리에 가두어 길러지는 연어로부터 주위의 다른 해양 유기체들에 전파되는 기생충이나 질병과 같은 부작용도 그물우리 근처에서 집중적으로 나타난다.

　청색혁명은 물고기 수 감소에 대한 환경적 해결책이 아니다. 사실 그것은 해양생태계에 균열을 일으키는 사회적 물질대사 질서의 강화다. "연어를 기르기 위한 집약적 가두리양식장의 자원 투입과 쓰레기 동화를 지원하는 데 필요한 연안 바다를 비롯한 해양의 면적은 가두리양식장 면적의 5만 배에 달한다."[42] 이런 형태의 양식업은 생태계에 매우 큰 부하를 걸어 그 복원력을 약화시킨다. 양식업은 생산의 조건을 폭넓게 통제할 수 있다는 점에서 물고기를 시장에 내다팔기 위한 상품으로 전환시키는 데는 효율적이지만, 생산되는 에너지보다 더 많은 에너지가 연료로 투입돼야 하므로 에너지의 측면에서는 어로작업보다 훨씬 비효율적이다.[43] 바다의 물고기 수 감소 때문에 자본은 물고기 생산을 양식으로 전환하려고 한다. 그러나 이윤을 올리기 위한 이러한 집약적인 물고기 생산방식은 계속해서 바다를 고갈시키고 있으며, 생태계 문제를 심화시키는 쓰레기의 집적을 낳아 모든 층위에서 생태계의 복원력을 약화시킨다.

수중묘지가 되어가는 바다

생태위기와 관련해 세계는 기로에 서있다. 지구적 자본주의 아래서 생태악화가 생물권 전체로 확장되고 있다. 생물이 풍성하게 넘치던 바다는 착취적인 경제활동의 지속적인 침입으로 인해 죽어가고 있다. 과학자들이 해양 종들의 복잡한 상호의존 관계를 밝혀내는 동안에 해양의 위기가 우리의 눈앞에 닥쳤다. 자연의 조건, 생태적 과정, 영양순환이 물고기 남획으로 인해 훼손되고 지구온난화로 인해 변형되고 있다.

어업에서의 기술발전과 축적체제의 확장은 세계의 바다에 대한 착취를 더욱 강화시켰고, 어로활동의 대상이 되는 물고기와 부수적으로 잡히는 물고기 둘 다에 대한 남획을 가속화시켰고, 어업의 공간적 범위를 확장시켰고, 시장에서 가치가 있는 것으로 여겨지는 어종의 범위를 넓혔고, 바다의 재생산 과정과 물질대사 과정을 훼손시켰다. 양식이라는 미봉책은 생태적 모순은 해결하지 못하고, 생산에 대한 자본의 통제력만 증대시킨다.

폴 버케트가 지적한 것처럼 "인간의 멸종은 별개의 문제로 하고, 풍요하던 자연의 축소와 악화가 초래하는 하중으로 자본주의가 영구히 붕괴하리라고 믿는 것은 타당하지 않다"는 점을 인식하는 것이 현명하다.[44] 자본은 축적을 향한 경쟁에 의해 추동되며, 단기적 이윤이 자본주의를 순간순간 살아있게 하는 맥박이다. 자본주의는 백년 또는 그보다 더 긴 시간의 틀 속에서 자연의 재생산에 재투자할 것을 요구하는 조건 아래서는 작동할 수 없다. 그러한 요구는 이윤의 즉각적인 이익과 상치되는 것이다.

인간과 자연 사이의 질적 관계는 점점 더 큰 규모의 자본축적으로 치닫는 움직임에 종속돼버렸다. 마르크스는 "자본에게는 시간이 모든 것이며, 사람은 아무것도 아니다. 사람은 기껏해야 시간의 송장에 지나지 않는다. 질은 더 이상 중요하지 않다. 양만이 모든 것을 결정한다"라고 개탄했다.[45] 생산관계는 생산시간, 노동비용, 자본순환에 관심이 있지 존재의 조건이 악화되는 것에는 무관심하다. 자본은 먹이에 대한 통제와 성장호르몬 사용 등을 통해 자연의 순환과 과정들을 경제의 순환에 종속시킨다. 자연조건의 유지는 관심거리가 아니다. 풍성한 자연은 당연한 것으로 여겨지며 공짜 선물로 맘껏 전유된다.

그 결과로 자본주의 체제는 그 본질적인 속성상 자연을 파괴하고 변형시킨 결과로 초래된 근본적인 위기에 직면해 있다. 이스트반 메자로스는 이 점에 대해 다음과 같이 썼다.

왜 그러냐면 사회적 물질대사가 재생산되는 기초적 조건들을 보면, 오늘날 자본과 관계가 맺어진 방식에 의해 치명적인 위협을 받지 않는 그러한 기초적 조건이 존재한다고는 전혀 생각할 수 없으며, 자본은 그러한 조건들과 오직 그러한 방식으로만 관계를 맺을 수 있기 때문이다. 이는 인간의 에너지 수요나 지구의 광물자원과 화학적 자원에 대한 관리뿐만 아니라 지구적 농업의 모든 측면에도 들어맞는 말이다. 예를 들어 대규모 벌채에 의한 삼림파괴도 그렇지만 물처럼 그것 없이는 인간이 생존할 없는 요소를 매우 무책임하게 다루는 방식도 같은 맥락으로 볼 수 있다. 뭔가 기적적인 해결책이 나오지 않는다면 인과관계와 시간의 객관적 결정에 대한 자본의 자의적인 태도가 결국은 불가피하게 인류와 자연 자체를 희생시키는 쓰디쓴 결과를 낳을 것이다.[46]

해양위기에 대한 분석은 사적인 이윤추구 활동의 파괴적 성격을 확인해준다. 해양생태계의 복원력이 전반적으로 훼손되면서 끔찍한 상황들이 만들어지고 있다. 설상가상으로 축사의 폐기물과 농장에서 유출되는 비료가 강을 따라 만으로 흘러들어 해양생태계를 과잉영양분으로 넘치게 하고 해조류의 과잉성장을 초래한다. 이는 바닷물 속에 산소가 부족한 상태를 초래한다. 게나 물고기가 질식사하게 되는 까닭에 일명 '죽음의 구역'이라고 불리는 저산소 구역이라는 것이 바로 그러한 상태의 구역이다. 수로에서 영양분을 제거하는 자연의 과정들이 약화되고 있는 가운데 세계의 바다에서 죽음의 구역이 약 150개 발견됐다. 죽음의 구역은 땅 위의 지속가능하지 않은 식품생산 관행이 낳은 결과다. 동시에 그것은 해양생물의 감소를 초래해 세계적으로 바다의 생태위기를 더욱 심화시키고 있다.

산업화된 자본주의 어업과 양식업으로 인해 물고기를 비롯한 해양생물의 개체수를 심각하게 감소시키는 추출압력이 바다에 지속적으로 가해지면서 바다가 생태적 악화를 겪고 있다. 물고기를 잡는 속도와 관행이 현재와 같은 상태로 지속된다면 지구상의 해양생태계와 어장이 2050년까지는 모두 다 붕괴할 수 있을 정도로 상황이 심각하다.[47] 바다가 수중묘지가 되는 것을 막기 위해서는 자연에 대한 인간의 관계에서 세계적인 혁명이 반드시 필요하며, 이는 곧 지구사회 자체에서 세계적인 혁명이 필요하다는 뜻이다.

(김철규 옮김)

인도의 수자원 위기: 근대적 대형 댐의 정치학

로한 드수자

1947년 이래 수십 년 동안 인도에서 근대적 대형 댐은 이해하기 어렵고 일관성 없는 어조로 이야기되곤 하는 하나의 정치적 수수께끼였다. 인도의 초대 수상 (1947~64)인 자와할랄 네루는 자주 인용되는 1954년 7월의 연설에서 대형 댐을 '근대적 사원'에 비유했다. 그는 이보다 덜 기억되는 연설이긴 하지만 1958년에 기술자와 기술관료들의 모임에서 한 연설에서는 마치 회개하는 듯이 대형 댐을 추구하는 움직임을 "거대주의 전염병"[1]으로 규정하며 탄식했다.

네루가 대형 댐에 대해 이처럼 일관성 없는 태도를 보인 것은 아마도 당시에는 이해할 만한 것이었으리라. 2차 세계대전 직후의 상황은 몇 가지 측면에서 전례 없는 것이었다. 그때에는 진보라는 개념에 의문이 제기되지 않았고, 개발에 대한 믿음이 강했고, 근대기술에 대한 신뢰가 사람들에게 주입돼 있었고, 실증주의 과학에 대한 확신이 존재했다. 1950년대 초에 토목공학자인 라오 박사(K. L. Rao, 그 뒤인 1963~73년에 인도의 관개수력부 장관을 역임함)가 인도 남부의 안드라프라데시 주에서 나가르주나사가르(Nagarjunasagar) 프로젝트의 댐 건설예정지를 조사할 때 경험했다는 예상치 못한 환대를 그 누가 다르게 설명할 수 있겠는가? 그는 조사대상 지역이 지주제에 반대하는 공산주의자들이 주도하는 게릴라 봉기가 일어난 지역이어서 경찰의 보호가 필요하다는 사실 때문에 고민에 빠졌다. 그때 전개된 상황에 대해 라오 박사가 자서전에서 밝힌 바는 다음과 같다.

> 얼마 뒤에 나는 지하에서 활동하는 공산당 지도자의 편지를 받았다. 그 내용은 내가 경찰의 보호를 받아야 할 필요가 없다는 것이었다. 우리가 자기들의 은신처까지 도로를 놓으려는 시도를 하지 않는 한 그들은 나와 다른 기술자들을 해치지 않을 것이며, 댐이나 관개시설 프로젝트를 수행하는 기술자들은 자기들도 환영한다는 것이었다. 새비지 박사도 중국에서 양쯔 강의 댐 건설예정지에 가보았을 때에 그곳의 공산주의자들로부터 비슷한 말을 들었다고 한다. 그들은 새비지 박사에게 자기들은 하천개발 일을 하는 기술자들을 해치지 않을 것이며, 새비지 박사도 경호 없이 자유롭게 돌아다녀도 무방하다는 전갈을 보내왔다.[2]

대형 댐은 정치를 넘어선 것은 아니었지만 적어도 계급에 중립적인 것으로 여겨졌던 것이 분명하다. 대형 댐의 비정치적 흡인력이 그러하였기에 미국의 학자이자 인도에 대한 논평가였던 헨리 하트(Henry C. Hart)는 1950년대 후반에 펴낸 저서에서 다목적 저수지를 갖춘 대형 댐은 "당연히 국가건설 시대의 기술을 상징하게 됐다"[3]고 선언했다. 다시 말해 '하천개발'은 탈식민지화 과정에 들어선 국가들에 새로운 기술적 과제를 부여하는 것으로 보였다. 그것은 흐르는 물의 힘을 수력발전, 항해, 관개, 홍수조절 등에 이용되는 국가의 자산으로 전환시키려는 거대한 노력이었다.

하지만 댐 건설이 국가건설과 동의어가 된 것이 순전히 기술숭배자들의 열정 때문만은 아니었다. 이보다는 오히려 20세기 초반의 몇십 년간에 자본주의를 압도한 여러 가지 문제에서 근대적 대형 댐에 대한 열광이 비롯됐다고 봐야 할 것이다. 미국의 대공황, 자본주의의 과잉생산 위기, 자유시장의 처참한 실패 등이 바로 그러한 문제였다. 일련의 대형 다목적 댐 건설을 통해 테네시 강에 대한 종합적인 통제가 추진된 것은 바로 케인스식 경제부양책인 뉴딜과 자본주의적 계획을 통해 자본주의를 구출하기 위해 거의 필사적으로 전개된 국가개입의 소용돌이 속에서였다. 테네시강유역개발공사(TVA; Tennessee Valley Authority)의 지휘 아래 테네시 강을 가로질러 건설된 댐들은 테네시 강 유역을 경제적으로 역동성이 있고 근대적 생산성도 갖춘 곳으로 탈바꿈시키리라고 기대됐다.[4] TVA 모델은 2차 세계대전 이후에 생겨난 '대형 댐에 대한 지구적 집착'의 기원이라는 점에서 수력발전의 상징이 됐다.[5]

기술관료, 수자원 분야의 공무원, 기술자, 다양한 사회적 직업 종사자, 일부 카리스마 있는 기업인 등의 집단과 더불어 열광적인 TVA 관계자들은 종합적인 하천관리 시도에 나섰을 뿐 아니라 이와 동시에 대형 댐의 정치적 기원을 사람들의 눈에 보이지 않게 만들었다. 다시 말해 다목적 하천유역 개발이라는 명분 아래 추진되는 대형 댐은 정치와는 관계가 없는 기술적인 것, 즉 인간의 자유를 위해 자연을 지배하고, 강을 관리해서 국가적 성취를 추구하며, 강물의 흐름을 통제해서 풍요를 창출하자는 의도로 기획되고 '순수하게 전문가들이 주도해 건설하는 기술적, 경제적 시설'이라고 선언됐다.[6]

여러 측면에서 인도의 식민지 유산이 대형 댐을 통해 수력자본주의를 추구하는 움직임을 강화했다고 볼 수 있다. 인도대륙에서는 수력관리 기술의 역사가 일부 중첩되긴 하지만 세 단계를 거쳤다. 가장 초기의 시대에는 저수조, 홍수대비용 운하, 배수를 막는 임시시설, 우물, 물레방아 등이 물이용 구조를 구성했다. 이러한 기술의 기본적인 목적은 주로 빗물을 저장하고, 하천의 범람에 대비하며, 지하수를 보충하는 데 있었다.[7] 지나친 단순화의 위험을 무릅쓰고 말하자면, 그 바탕에 깔린 수리원칙은 물이용 구조와 그 시설의 설계를 지역별 기후와 지형, 그리고 하천의 흐름에 적응시키는 것이었다고 결론을 내릴 수 있다.

하지만 19세기 초에 영국의 식민주의는 남아시아 대륙의 일부 지역에 항구적인 운하관개(canal irrigation) 체제를 도입함으로써 기술과 수리원칙 둘 다에 극적인 단절을 만들었다. 남아시아에서 처음으로 강을 가로지르는 둑이 항구적인 수량조절 시설로 건설됐고, 넓은 지역에 걸쳐 복잡하게 얽힌 운하 시스템을 통해 유로가 변경됐다. 강을 가로질러 건설된 둑은 일련의 수문시설을 갖추고 있어 강물을 가두어 두었다가 건기에는 그것을 운하로 흘려보내는 식으로 유량을 조정할 수 있었다. 반대로 강물의 수위가 높아지면 수문을 열어 물을 방류하는 것도 가능했다.

결과적으로 강의 특정 지점에서 강물의 가변적인 흐름을 평탄화하는 것을 통해 관개가 계절적인 수량조절에 그치지 않고 항구적인 수량조절을 가능하게 하는 것으로 변했다. 근대적 관개의 도입기로 일컬어지는 이 단계에 갠지스 운하(1854), 고다바리 시스템(1852), 크리슈나 시스템(1855)과 같은 항구적인 수량조절 시설을 갖춘 몇 개의 대규모 운하관개 체제가 건설됐다. 이러한 대규모 토목공학적 노력들은 몇 가지 측면에서 심대한 변혁적 영향을 가져왔다. 특히 하천에 대한 토목공사 실시와 관료적 통제로 인해 지역적 관개기법이 제거되면서 하천관리에 대한 지역사회의 '지혜'가 파괴됐다.[8]

관개기술의 변화는 또한 수력환경 전체를 극적으로 변화시켰다. 이런 변화가 일어난 대표적인 곳은 동부 삼각주 지역(현재의 벵골, 비하르, 오리사)이다. 이 지역은 강물의 주기적 범람에 의존하는 농업체제가 파괴되면서 오히려 홍수에 취약한 곳으로 바뀌었다.[9] 식민지 체제는 종합적인 홍수통제를 위해 주요 운하들 안에 강물을 가둘 목적으로 홍수통제용 제방을 체계적으로 건설하기 시작했다.

홍수통제를 위한 이러한 조치들은 주로 토지에 대한 재산권 확보의 필요성에 의해 추진됐지만, 곧 자연적인 강물의 흐름을 방해해 홍수의 위험을 증가시켰고, 이로 인해 삼각주가 온통 홍수에 취약해졌다. 게다가 식민지 체제는 동서방향으로 도로, 철도망, 다리를 건설함으로써 대부분 북에서 남으로 흐르는 인도의 자연적인 유역체계를 방해했다. 그러한 구조물들은 시간이 지남에 따라 그렇지 않아도 복잡하고 취약했던 유역체계를 교란시키기 시작했고, 이는 예상할 수 있는 일이기도 했다. 20세기에 들어서서 자연적인 유역체계는 극히 일부만 살아남았고, 인도 동부의 대부분 지역은 '물에 잠긴 습지들이 연속해 있는 곳'으로 변형됐다. 그러한 곳에서는 '말라리아의 온상'이 되는 황량한 늪들이 주민의 건강과 토지의 비옥도에 해로운 영향을 주었다.

이제는 많은 사람들이 인정하고 있지만, 식민지 시대에 인도에서 펼쳐진 하천 개조 사업은 이 나라의 몇 가지 독특한 물 관련 전통을 괴멸시켰다. 물론 그렇다고 해서 '전통적'인 물 관련 관행들이 모두 다 이상적이고 지속가능하며 환경적으로 건전했다고 주장하려는 것은 아니다. 여기서 강조하고자 하는 것은 현대 인도의 물 관리 모델이 전통적인 물 관리 기법과 기술을 지속적으로 몰수 또는 제거함으로써 식민지 유산을 확대재생산하고 있다는 점이다. 또한 그렇게 되면서 인도에서 물을 관리하고 보존하는 다른 방식, 다른 기술, 다른 시설, 다른 전통, 다른 문화가 소멸되면서 대형 댐만이 티나(TINA, 이는 '대안은 없다(There is No Alternative)'의 두문자 약어로 신자유주의 정책의 캐치프레이즈다—옮긴이)적 대안으로 추구되고 있다.

최근의 통계에 따르면 오늘날 지구상에서 강이 지나가는 수없이 많은 계곡과 유역에 4만 5000개가 넘는 대형 댐이 강을 가로질러 설치돼 있다.[10] 과거에는 거침없이 흐르던 강물이 이제는 일을 하도록 길들여져 터빈을 돌리거나, 질서 있게 정해진 양 만큼씩만 관개수로를 통해 움직이거나, 적당한 양의 전력을 산업기계에 공급하는 역할을 하거나, 식수용 파이프를 부지런히 흐르거나, 숱하게 많은 저수지에 고요히 저장돼 있다. 강물은 이제 언제든지 사용할 수 있는 상태로 통제되기에 이르렀다.

하지만 댐에 갇힌 강물은 아래에서 내가 다시 주장하겠지만 자본주의와 자연 사이의 화해하기 어려운 긴장과 심각한 모순을 드러낸다. 특히 지난 60여 년간의 경험이 말해주듯이 근대적 대형 댐은 자본주의를 구성하는 다양한 과정들, 예를 들어 인클로저, 권력집단의 수력자원 지배, 산업적 농업의 강화, 주변적 지역사회로의 생태비용 전가, 토착적인 물 관리 전통의 제거와 같은 과정들과 깊은 관계를 갖고 있다.

새로운 인클로저: 댐이 사람을 삼킬 때

인도에서 대형 댐을 둘러싼 소요는 처음에는 수몰지역 주민들의 이주라는 문제로 표출됐다.[11] 다목적 댐은 인공호수를 만들어내고, 넓은 범위에 걸쳐 삼림과 거주지를 수몰시킨다. 따라서 댐의 인공호수에 수몰될 지역의 마을과 지역사회의 주민들 모두가 자신의 토지와 집에서 강제로 퇴거당하게 된다. 1980년대까지 댐으로 인해 쫓겨난 사람이나 이주민의 수는 엄청난 규모에 이르렀다. 많이 칭송되는 책이자 확대되는 환경위기를 다룬 책인 〈2차 시민보고서(Second Citizens' Report)〉(1985, 뉴델리)가 '댐 건설로 인한 인도의 이주민들'에게 헌정된 것도 바로 이 때문이다.[12]

사실 댐으로 인해 생겨나는 수몰민들은 이중으로 강탈당한다. 한편으로는 수

몰에 의해 그들의 기존 생계수단이 완전히 파괴된다. 다른 한편으로는 다른 곳으로의 의미 있는 이주나 재정착도 체계적으로 부정당한다. 처음에는 생색내기용 보상으로 수몰민들에게 보잘것없는 수준의 이주재정착 자금만 지급됐다. 그러다가 1984년에 나르마다(Narmada) 강의 악명 높은 ‘사르다르 사로바르 프로젝트(Sardar Sarovar Project)’에 대해 강력한 저항이 일어난 것이 부분적인 원인으로 작용해서 수몰민의 이주와 재정착에 대한 인도정부의 공식 정책이 마침내 토지보상에 대한 수몰민의 권리를 인정하지 않을 수 없게 됐다.

수몰민의 입장에서 큰 소득인 것처럼 보이는 이런 조치에도 불구하고 인도에서 수몰민의 이주 및 재정착 과정은 새로운 유형의 인클로저로 기능했다. 오래된 식민지 유산인 1894년의 토지취득법(Land Acquisition Act)으로 무장한 인도정부는 모든 토지에 대해 수용권을 행사했고, ‘공익목적’이라는 요건에 부합하는 것으로 간주되는 온갖 용도로 토지를 수용했다. 게다가 그러한 법률 틀은 토지를 강탈당한 사람들이 어떤 것이 공익인가에 대한 정부의 규정을 논박하거나 그러한 규정에 맞설 권리를 부정하는 것이었다. 그래서 생계수단을 잃고 쫓겨난 사람들이 그만큼 더 불리한 입장에 처했다.

이주 및 재정착 프로그램은 그것이 이행되는 과정에서 그동안 문화적으로 긴밀하게 얽힌 제도들의 집합으로 존재하던 지역사회 전체를 과도하게 단순화된 가족들로 해체하는 것으로 수몰민들의 보상 요구에 대응했다. 그 결과로 다양한 사회집단(특히 부족 공동체나 토착민 공동체)의 생명력을 떠받치고 확고하게 했던 긴밀한 결속관계들에 혼란이 일어났고, 그러한 결속관계들이 원자화된 개인들로 해체됐다. 달리 말하면 이주 및 재정착과 관련된 경제적 계산을 쉽게 하기 위해 도입된 관료적, 형식적 분류범주들로 인해 주민들의 생존전략과 생계수단에서 절대적으로 중요했던 뿌리 깊은 역사적 관계, 서로간의 유대, 문화적 연계가 강제적으로 단절된 것이다.

이주 및 재정착 전략과 관련해 마지막으로 지적해야 할 점은 그것이 토지상실에 대한 경제적 등가치를 추정하는 데 모든 노력을 집중함으로써 숲, 초지, 하천, 저수지, 어업권, 마을공유지처럼 지역사회가 대체로 공유하던 토지 이외의 생계제도와 생계수단에 대한 무시와 저평가로 귀결됐다는 것이다. 그러한 공유자산들은 소유한 토지가 없는 사람들, 소외된 사람들, 가난한 사람들이 크게 의존하는 자연자원 망이었다.

댐 건설로 인한 수몰지역 주민들의 이주는 직접적인 생계수단 몰수가 합법화됐다는 점과 그 과정에서 원자화가 강요되고 개인의 취약성이 증가했다는 점에서 인클로저의 현대판으로 볼 수 있는 게 분명하다. 1947년 이후 인도에서 대형 댐 건설로 인해 이주하게 된 사람들의 수는 보수적인 추정에 따르더라도 4천만 명에 달한다. 그리고 이렇게 많은 수의 쫓겨난 사람들 가운데 극히 적은 일부만이 다른 곳으로 의미 있는 이주를 하거나 다른 곳에 의미 있는 재정착을 할 수 있었다. 그러나 쫓겨난 사람들의 수가 이처럼 엄청나다는 사실도 대형 댐에 열광하는 자들이 인도의 남부에서 폴라바람(Polavaram) 프로젝트를 추진하는 것을 가로막지 못했다. 이 프로젝트는 매우 보수적인 집계에 따르더라도 최대 23만 명의 이주민을 발생시킬 것으로 예상된다. 이렇게 내쫓기는 사람들 가운데 상당수가 부족민 또는 토착민이라는 사실은 더 이상 놀랍지도 않다.[13]

정치적으로 계산된 편익과 비용

대형 댐은 언제나 기술적, 경제적 결정으로 발표된다. 따라서 대체로 수량화가 추구되며, 그 목적은 주로 프로젝트별로 수용될 수 있는 비용 – 편익 비율을 찾는 것으로 좁혀진다. 이상적인 것은 편익이 비용보다 클 것으로 예상되는 경우다.

하지만 비용 – 편익 비율이 분명하게 도출되는 경우는 드물다. 많은 경우에 가치와 가격이 결정되는 방식이 많은 논란을 불러일으키고 정치적인 성격도 갖기 때문에 혼란이 빚어지기 마련이다.

인도에서 비용 – 편익 공식에 대해 초기에 지적된 의문점들을 사티아지트 싱(Satyajit Singh)이 요약해 놓은 것이 도움이 된다. 그는 몇몇 댐 프로젝트에 대한 통찰력 있는 검토에서 편익은 언제나 과대평가되는 경향이 있는 반면에 비용은 과소추정되는 식으로 비용 – 편익 비율이 늘 조작된다고 지적했다.[14] 이런 지적을 고려하면 인도에서 비용 – 편익 비율이 대형 댐 건설에 대한 저항운동을 촉발시키는 원인이 된 경우가 많다는 것은 놀라운 일이 아니다. 예를 들어 논란이 된 사르다르 사로바르 프로젝트의 경우에는 란지트 드위베디(Ranjit Dwivedi)의 연구가 비용 – 편익 비율이 객관적인 기준에 토대를 두기보다는 정치적으로 도출됐음을 밝혀냈다.[15]

비용 – 편익 공식은 그 밖의 다른 측면에서도 결함을 갖고 있다. 라다 드수자(Radha D'Souza)는 탁월한 연구를 통해 수량화된 데이터는 개념적으로 의심스러운 경우가 많음을 지적했다. 드수자는 '크리슈나강물분쟁재판소(Krishna Water Disputes Tribunal)'에 대한 연구에서 수자원 데이터를 '과학적'으로 수량화하려는 시도가 난관에 봉착한 이유로 '강물의 유량에 대한 신뢰할 만한 시계열 측정치가 존재하지 않는다'는 사실뿐만 아니라 매우 흥미롭게도 '강의 수리학적 순환을 측정하는 시공간적 척도들 사이에 커다란 차이가 존재한다'는 사실도 지적했다. 특히 강으로 유입되는 수량이나 확률적 평균수량과 같은 지형학적 척도와 강의 유량과 같은 제한적인 성격의 토목공학적 척도 사이에 큰 차이가 있다고 드수자는 지적했다. 드수자는 크리슈나강물분쟁재판소의 데이터 채택은 과학적 판단보다는 정치적 실용주의와 편의주의에 근거해 결정됐다고 주장했다.[16] 이러한 연구들은 비용 – 편익 비율이 일종의 '정치적 산술' 기능을 하게 됐음을 설득력 있게 지적하고 있다. 다시 말해 중립적인 기술적 계획으로 제시되는 대형 댐 프로젝트가 실제로는 특정한 정치적 결과의 실현을 겨냥한다는 것이다.

따라서 비용-편익 공식을 비판적으로 살펴보는 것 외에 대형 댐에 대한 새로운 정의도 요구된다. 대형 댐은 정치적 결과를 실현하기 위한 기술적 수단으로 볼 수 있다. 대형 댐은 지역적인 수자원을 이미 권력을 쥐고 있는 수혜자들에게 이전시키며, 그 과정에서 강탈당하는 수몰지역 주민들과 지역사회에 불공정하게 많은 비용이 부과된다.

수자원의 이전은 강의 생태계를 총체적으로 변형시킨다. 다시 말해 강이 관개수의 유량, 수력발전에 의해 생산되는 전력의 양, 홍수통제용 저수의 양으로 변형되어 기능하게 된다. 강의 성격이 이렇게 극적으로 바뀐 결과는 슈리파드 다르마디카리(Shripad Dharmadhikary)의 최근 연구에서 훌륭하게 논의됐다.[17] 그는 〈바크라 파헤치기(Unravelling Bhakra)〉라는 저서에서 그동안 크게 찬양돼온 바크라-낭갈(Bhakra-Nangal) 프로젝트에 대한 재평가를 통해 인도에서 작동하는 수자원 이전의 정치학과 비용-편익 접근법에 대해 매우 독보적인 논의를 제시했다. 1963년부터 일차 시설가동에 들어간 바크라-낭갈 프로젝트는 스틀레즈 강과 베아스 강(둘 다 인더스 강의 지류다)의 강물을 활용하기 위한 다수의 댐, 저수지, 유역간 연결수로, 발전소, 대규모 운하 네트워크 등을 건설하는 것이다.

다르마디카리가 보기에 바크라-낭갈 프로젝트의 영향은 표준적인 비용-편익 계산만으로는 평가될 수 없다. 이 프로젝트는 널리 주장돼온 윈-윈(win-win)의 결과가 아닌 윈-루즈(win-lose)의 결과를 낳을 것이 분명했다. 예를 들어 바크라-낭갈 프로젝트를 통해 총면적이 237만헥타르에 이르는 지역들에 공급하기로 한 물은 애초부터 수틀레즈 계곡 프로젝트를 통해 거의 같은 면적에 해당하는 221만헥타르의 파키스탄 내 지역들에 공급하던 강물을 차단해서 얻어진 것이었다.[18] 게다가 항구적 운하관개 시설은 인도에 녹색혁명 농업전략을 도입하기 위한 것이었다. 녹색혁명 정책은 본질적으로 인체에 스테로이드를 주입할 때 일어나는 효과와 비슷한 효과를 농업에서 일으키자는 것이다. 통제된 관개용수가 풍부하게 존재하는 것은 작물수확을 늘리기 위한 다양한 기법과 기술을 뒷받침한다. 그 결과로 토지병합을 통해 토지의 소유와 임대차 형태에 변화가 일어났고, 새로운 투입요소(화학비료, 고수확 작물, 기계화)가 도입됐으며, 단작농업이 촉진됐다.

하지만 주로 곡물의 생산에서 일어난 수확량 증대의 이득은 환경비용으로 인해 빛이 바랬다. 다르마디카리는 집약적인 단작이 토양에 미치는 악영향과 침수, 염화로 인해 운하관개 체제에 편입된 농지 가운데 많은 부분의 토질이 악화됐다고 주장한다. 게다가 투입비용은 점점 더 늘어나는 반면에 수확량은 점점 더 줄어드는 가위효과(scissor effect)가 많은 농민에게 이윤압박을 초래했다. 단순한 비용－편익 접근법으로 장기적인 생태적, 경제적 결과를 예상하기란 분명히 불가능하다.

다르마디카리는 바크라－낭갈 댐을 통한 수자원 이전과 관련해서는 그 프로젝트가 그 지역에서 영국의 식민정책으로 추진됐던 토지 및 물 관리 시도들을 더욱 증폭시키는 결과를 낳았다고 주장했다. 19세기에 시작된 식민정책은 산림과 초지를 상업적 밀 재배를 위한 단작농지로 변화시켰고, 주기적 범람에 의존하던 생계형 경작자 공동체들을 파괴했으며, 식민주의적 세금징수를 통해 농민들을 수탈했다. 그 결과로 소떼를 키우며 살던 '유랑부족'의 대부분이 사라졌다. 요컨대 식민주의는 인더스 강으로부터 물을 공급받던 다양한 사회적, 생태적 범람원을 행정적으로 단순화된 정착 농경지로 바꾸려고 했다.[19]

역사를 돌이켜보면 인더스 지역은 19세기 후반에 항구적 운하관개 시설과 결합된 거대한 '물 빼돌리기' 프로젝트들이 시작되기 전에는 연간 최대 1억 5000만 에이커피트(acre－feet, 관개수량의 단위. 1에이커피트는 4만 3560입방피트—

옮긴이)의 강물이 삼각주 지역에 흘러가 그곳에 풍부한 영양물질을 갖춘 약 4억 톤의 실트를 퇴적시켰던 것으로 추정된다. 그때에는 인더스 삼각주가 바다와 육지 사이에 넓게 펼쳐진 지역으로서 맹그로브, 협만, 강의 지류, 그리고 동물과 식물들 사이에 형성된 셀 수 없이 많은 생태적 관계 등으로 구성돼 있었다.[20] 하지만 농업, 개발, 국가건설을 위해 인더스 강 및 그 지류들에서 숱한 댐건설과 유로변경이 이루어졌고, 그 결과 인더스 삼각주로 흘러들던 풍부한 강물은 연간 1000만 에이커피트(이는 역사적 유량의 10%에도 못 미치는 수준이다)에 불과할 정도로 줄어들었다.

이렇게 삼각주에서 대량으로 물을 빼내는 것의 부정적인 영향 전체가 이제야 겨우 인정되기 시작했다. 삼각주와 해안가를 따라 거주하던 주민 120만 명의 생계유지 가능성이 약화된 것 외에도 삼각주로 유입되는 강물의 감소가 물고기의 산란에 눈에 띄는 부정적 영향을 미쳤다는 점, 해양 먹이사슬이 훼손됐다는 점, 이 지역의 독특한 염수생태계가 파괴됐다는 점, 생물종 다양성에 커다란 손실이 초래됐다는 점 등이 인정되고 있는 것이다.[21]

인도에서 다목적 저수지를 통한 수자원 이전의 양상은 최근 몇 년 사이에 새롭게 변형됐다. 강물을 도시용수나 산업용수로 공급할 목적으로 대형 댐이나 다목적 계곡개발 프로젝트가 점점 더 많이 추진되고 있다. 나르마다 강의 용수분배를 둘러싸고 들끓고 있는 갈등이 대표적인 사례라 할 수 있다. 원래는 가뭄빈발 지역인 사우라슈트라, 쿠치, 북부 구자라트, 판치마할의 8215개 마을과 135개 도시의 2900만 명에게 '혜택'을 준다는 명분 아래 추진된 이 지역의 프로젝트에서 구자라트 수도시설회사(Gujarat Water Infrastructure Limited)는 사람들이 오랫동안 기다려온 바와 달리 파이프를 통해 간디나가르 시로 물길을 돌렸고, 그 물이 쿠치의 산업시설로 공급됐다.[22]

인도 동부에 위치한 오리사 주에서는 2007년 11월에 약 3만 명의 농민들이 삼발푸르 구역의 히라쿠드 댐 저수지 앞에 운집했다. 저수지를 에워싼 농민들은 산업용수보다 농업관개수를 먼저 공급할 것을 보장하라고 정부에 요구했다. 사람들을 구타하고 체포하는 경찰의 행동이 이어졌음에도 불구하고 농민들의 결의는 확고했다. 첫 번째 항의시위 후 10일 만에 다시 모인 농민들은 베단타 알루미늄(Vedanta Aluminum)이 저수지에서 자사의 제련공장으로 물을 보내기 위해 설치한 지하 파이프가 지나는 곳의 땅 위에 16피트 길이의 벽을 세웠다. 그 벽은 카시 레카(Chasi Rekha, '농민들의 경계선'이라는 뜻임)이라 명명되었고, 그 뒤로 저수지에 대한 권리를 주장하기 위해 농민들이 집결하는 장소의 상징이 되었다.[23]

수자원 이전으로 인해 야기되는 항쟁과 갈등의 수위는 인도대륙 전체에서 놀라울 정도의 정치적 의미를 띠기에 이르렀다.[24] 그 중심에는 대형 댐이 존재하며, 점점 더 많은 사람들이 대형 댐을 '공급측면 수리학(supply-side hydrology)' 추구의 가장 극단적인 물리적 표현으로 보고 있다.

요약하자면 파괴적인 식민지 유산과 20세기 근대주의 이데올로기에 근거하여 수립된 인도정부는 1947년 이래 지역적 자연보존 노력이나 토착적 물관리 지식의 전통에 초점을 맞추기보다는 대규모 토목공학 프로젝트나 집약적인 물 저장 및 이용 기술을 통한 물수요 충족을 공격적으로 추구해왔다. 공급측면 수리학이 추구된다는 것은 물 부족을 완화하기 위한 정책적 시도가 댐을 건설하고 유로를 변경하는 것과 전기펌프나 디젤펌프를 이용한 지하수 채굴을 촉진하는 것으로 구성된다는 의미다.[25] 따라서 현재 인도의 수자원 관리는 중앙집중화된 물 관료 집단, 토건업자, 민간 토목회사, 세계은행과 아시아개발은행과 같은 지구적 금융 자본기구, 강력한 정치적 로비조직 등에 의해 압도적으로 통제되고 있다. 다시 말해 막대한 자본력과 정치권력을 소유한 이들 전문가 주도의 기구와 조직들에 의해 토착적 물 관리 기술들이 몰수되고 물관리 전통들이 파괴되는 과정이 체계적으로 진행되고 있는 것이다.

결론

오늘날 인도에서 대형 댐은 이전에 비해 정치적 수수께끼의 성격이 줄어들었다. 대형 댐은 이제 경합의 대상인 정치적, 경제적, 생태적 영역의 일부라는 사실이 폭넓게 받아들여지고 있다. 앞의 논의가 보여주듯이 대형 댐은 중립적인 기술적 구조물로 내세워지지만 자본주의적 팽창에 포함된 여러 과정들, 그리고 자본주의적 팽창이 자연세계에 흔적을 각인하는 방식과 긴밀한 관계를 갖고 있다. 그러므로 다목적 저수지의 건설과 운영은 그 시작단계에서부터 인클로저, 수자원의 이전, 다른 물 관리 기술과 전통의 몰수나 제거와 같은 정치적 효과를 낳고, 필연적으로 비용을 외부화해 가장 소외되고 가난한 지역공동체에 부과한다.

또한 근대적 대형 댐은 공급측면 수리학을 떠받치는 데 결정적인 역할을 하는 것으로 이해돼야 한다. 그러나 최근에 세계적으로 공급측면 수리학 추구가 특히 그것의 환경적 영향 문제를 둘러싸고 난관에 부닥치기 시작했다. 다시 말해 지하수 채굴, 영구적인 운하관개 시설, 대형 댐으로 구성되는 삼중의 전략은 물 관리 모델로서는 지속가능하지 않음이 입증됐다. 강의 체계를 단순히 조절돼야 하고 댐으로 관리돼야 하는 대규모의 흐르는 물로만 보는 토목공학적 사고방식과 그런 식의 관료적 규정은 결함을 갖고 있다는 인식이 확산되고 있다.

생태주의자들은 그처럼 과도하게 단순화된 관점에 분명하게 맞서면서 흐르는 강물의 체계는 부단히 움직이는 지형학적, 화학적, 생물학적 과정들이 서로 얽힌 복잡한 체계라는 점을 설득력 있게 부각시키고 있다. 강은 다양한 수중 및 수변 생물종을 떠받치는 서식처들의 모자이크다. 강의 생태적 건강과 생명력을 유지시키는 맥박을 만들어내는 심장의 역할을 하는 것은 바로 '자연적인 강물 흐름의 체계'이며, 이는 강의 생태계 그 자체를 조직화하고 규정한다. 자연의 가변적인 강물 흐름이 수로, 범람원, 습지, 하구 사이의 구체적인 역동적 관계를 창조하고 유지한다는 것은 이제 널리 이해되고 있다.

습지는 물고기들에게 중요한 양육처를 제공하고, 주요 수로에 유기물과 미생물을 공급하는 기능을 수행한다. 또한 범람원을 휩쓰는 주기적인 홍수는 유역 내 식물종의 서식환경을 회복시킨다. 자연하천 체계는 본질적으로 가변적이며, 이러한 점이 생태계의 기능과 원래의 생물종 다양성이 유지되는 데 매우 중요하다는 점을 보여주는 증거들이 그동안 많이 축적됐다. 그러므로 자연하천 체계로부터 강을 떼어내고 극단적인 물 채취를 추구하는 공급측면 수리학이 자연 그 자체와 충돌하면서 자연을 위협해온 것은 놀랄 일이 아니다.

인도에서는 신뢰할 만한 기록이 아주 적음에도 불구하고 충분한 경종이 울려왔다. 예컨대 최근의 한 연구는 지하수의 과도한 채굴이 지하수의 급속한 고갈, 염수에 의한 침해, 대수층의 고갈, 지하수의 오염을 낳고 있다고 보고한다. 인도의 많은 부분에서 지하수위가 연간 1~2미터씩 낮아지고 있다는 사실이 보고되기도 했다.[26]

집약적인 운하관개 농지에서는 이와 반대로 침수 문제가 불거졌다. 이런 지역에서는 지하수위가 연간 최대 1미터씩 상승하면서 토양염화 문제가 발생하고 있다. 1980년대 후반까지 인도에서 염수에 의한 피해를 입은 토양은 700만 헥타르에 가까운 것으로 추산되는데, 이는 당시에 운하관개 지역에 속하는 면적의 17% 정도에 이르는 것이었다. 이와 더불어 인도에서는 대형 댐의 영향에 대한 믿을 만한 공식 조사가 없다는 점도 큰 문제다.[27] 대형 댐들 모두가 그 기능에 문제가 없지는 않음을 지적하는 독립적인 연구와 보고들이 있긴 하지만,[28] 소문으로 알려진 대형 댐의 성공이나 실패의 실상이 어떠한지는 국가기밀로 남아있다.

현재 인도에서 대형 댐과 공급측면 수리학은 그 어느 때보다도 긴급한 정치적 해법을 필요로 하고 있다. 한편에서는 토건업자, 민간 토목회사, 중앙집중화된 물 관료집단이 최근에 마지막 노력으로 강과 강을 연결하는 프로젝트를 내세우고 있다. 이것은 본질적으로 기존정책과 기존질서를 유지하는 모델인데, 이를 통해 그들은 인도의 37개 강을 총 30건의 유로변경이나 연결, 그리고 36개의 대형 댐 건설을 통해 연결하려고 한다.[29] 다른 한편에서는 수많은 사람들이 참여하는 민중운동 세력과 강제이주의 희생자가 될 수 있는 사람들이 기존 물 패러다임의 폐기를 주장하는 목소리를 점점 더 높이고 있다.[30] 이 싸움의 결과가 어떻게 되는가는 많은 것을 좌우할 것이다.

(엄은희 옮김)

푸른 협약: 대안적인 물의 미래

모드 발로

담수 공급량의 감소, 물에 대한 불평등한 접근, 물에 대한 기업의 지배력 강화라는 세 가지 물 관련 위기가 지구와 인류의 생존에 대한 우리 시대의 가장 큰 위협이 되고 있다. 물 위기는 화석연료 방출로 인해 생겨난 기후변화와 더불어 인류에게 생사를 가를 결정을 요구한다. 우리 모두가 집단적으로 행태를 변화시키지 않는다면 줄어드는 담수 공급량을 둘러싼 국가와 국가 사이, 부자와 빈자 사이, 공적이익과 사적이익 사이, 도시거주자와 농촌거주자 사이, 자연세계의 요구와 산업화된 인간의 요구 사이의 갈등이 증폭될 것이고, 그 결과로 전쟁이 벌어질 수도 있다.

인류는 지구적 물 위기가 유발할 갈등과 전쟁을 피할 수 있는 기회를 아직은 가지고 있다. 푸른 협약(Blue Covenant), 즉 물에 대한 지구적 협약을 체결하는 것이 그러한 기회를 살리는 첫걸음이 될 수 있다. 푸른 협약은 다음과 같은 세 가지 요소를 갖추어야 한다. 첫째 요소는 물 보존 협약이다. 이는 사람들과 정부들이 지구 자체와 다른 생물종들도 깨끗한 물에 대한 권리가 있음을 인정하고 세계의 물을 보호하고 보존할 것을 맹세하는 것이다. 둘째 요소는 물 정의 협약이다. 이는 물과 자원을 독점하고 있는 선진국들과 그렇지 못한 개발도상국들이 물 정의, 모두를 위한 물, 물에 대한 지역적 통제를 위해 연대할 것을 약속하는 것이다. 셋째 요소는 물 민주주의 협약이다. 이는 모든 정부가 물 문제는 전 인류의 기본적 인권에 해당하는 문제임을 인정하는 것이다. 각국의 정부는 자국민에게 공적 서비스의 일환으로 깨끗한 물을 공급해야 할 뿐만 아니라 다른 국가의 국민도 물에 대한 동일한 권리를 가지고 있음을 인정하고 국가간 물 분쟁에 대한 평화적인 해결책을 모색해야 한다.

지구의 벗 중동(Friends of the Earth Middle East)의 '좋은 물 좋은 이웃(Good Water Makes Good Neighbors)' 프로젝트는 수계를 공유하는 국가들이 물 정의라는 개념을 도입해 지역 차원에서 폭넓은 평화협정을 협상한 좋은 사례다. 독일, 오스트리아, 리히텐슈타인, 스위스가 공동의 노력을 통해 아름다운 콘스탄스 호수를 복원하는 데 성공한 것도 또 다른 좋은 사례다.

푸른 협약은 각 국민국가의 헌법과 유엔 차원의 국제법을 통해 채택될 수 있는 물 권리에 관한 새로운 협약체계의 핵심이 돼야 한다. 이런 협약이 체결될 수 있는 조건을 만들어내려면 조율된 집단적 국제협력이 필요하며, 다음과 같은 대안들을 통해 세 가지 물 관련 위기에 대처해나가야 한다.

물 보존

첫 번째 위기, 즉 담수 공급량 감소에 대한 대안은 물 보존이다. 지구의 물 시스템을 보호할 수 있는 방법은 이미 상당히 연구됐다. 필요한 지식과 권고는 이미 존재하며, 현재 없는 것은 정치적 의지뿐이다. 가장 먼저 해야 할 중요한 실천은 하천망을 복원하고 수자원을 보호하는 것이다. 슬로바키아의 과학자인 미할 크라프시크(Michal Kravcik)는 동료들과의 공동연구를 통해 인류의 물 남용을 기후변화의 가장 큰 원인으로 지목하고, 이와 같은 인류의 현 행태가 계속된다면 지구의 물 순환 시스템이 완전히 파괴될 것이라고 경고했다. 그리고 유일한 해결책은 하천망의 대대적인 복원뿐이라고 그들은 주장한다. 말라붙은 자연경관에 다시 물이 흐르게 하라는 것이다. 가능한 한 많은 양의 빗물이 대지에 잔류되도록 함으로써 사라졌던 물을 되살리고, 물이 토양으로 스며들어 지하수 시스템을 보충하게 하고, 기온조절에 충분한 양의 수분이 대기로 되돌아가게 해서 궁극적으로 지구의 물 순환이 되살아나게 하라는 것이다. 모든 인간행위, 산업행위, 농업행위가 이런 원칙에 부합되게 이루어지게 한다면 이와 같은 프로젝트는 개발도상국들에서 수많은 고용을 창출하고 빈곤에 빠져있는 사람들을 구제할 수 있을 것이다. 또한 도시 주위에는 녹지보존지구가 설정돼야 하고, 담수를 공급하고 정화하는 기능을 하는 지구의 허파이자 신장인 숲과 습지가 복원돼야 한다.

이를 위해서는 자연법칙에 맞는 세 가지 조치가 취해져야 한다. 첫째, 빗물이 지역별 분수계에 잔류할 수 있게 하는 조건을 만들어야 한다. 다시 말해 빗물이 땅에 떨어져 흐를 수 있는 자연공간을 복원해야 한다. 물의 잔류는 다양한 수준에서 이루어질 수 있다. 가정과 사무실에서는 옥상정원 조성을 통해, 도시별로는 빗물이 지층에 머물게 하는 내용의 도시계획을 통해, 논과 밭에서는 작물의 수분 함유를 통해, 하수시설에서는 생활하수를 정화해 땅으로 되돌리는 기능을 통해 물의 잔류량을 늘릴 수 있다. 이런 방향의 모든 노력은 해수면의 상승을 방지하는 데 도움이 된다.

둘째, 지하수가 보충되는 속도를 넘어서는 지하수 채수를 계속해서는 안 된다. 이런 행태가 계속된다면 다음 세대에는 물이 충분하지 못하게 될 것이다. 예금을 하지 않고는 은행에서 돈을 인출할 수 없는 것처럼 지하수의 채수량도 그 충수량을 초과해서는 안 된다. 따라서 모든 정부는 자국 내 지하수의 총량에 대해 세밀한 조사를 실시하고, 지하수가 고갈되기 전에 지하수 개발에 대한 규제를 도입해야 한다.

셋째, 지표수와 지하수를 오염시키는 행위는 중단돼야 하고, 각국 정부는 강력한 법규로 그러한 오염행위를 규제해야 한다. "법률은 심장을 움직일 수 없지만, 심장 없는 이들의 행위는 저지할 수 있다"는 마틴 루터 킹의 말을 상기하자. 이러한 규제에는 외국의 수자원을 오염시키는 자국 기업에 대한 제재도 포함돼야 한다. 석유나 메탄가스를 생산하는 과정에서 물을 남용하는 행위도 중단돼야 한다. 화학물질을 사용하는 산업적 농업과 관개시설이 물에 어떤 해악을 끼치는지에 대해서는 이미 많은 글이 씌어졌다. 클라우스 란츠(Klaus Lanz), 크리스티안 렌치(Christian Rentsch), 르네 슈바르첸바흐(René Schwarzenbach), 라르스 뮐러(Lars Müller)는 함께 엮은 책《누가 물을 소유하는가?(Who Owns the Water?》(2007)에서 농업에서의 '푸른 혁명'을 주장했다. 그들이 말하는 푸른 혁명의 주요 정책에는 '적은 물로 더 많은 작물을 재배'하는 정책과 식량생산에서 화학비료의 대량살포를 금지하는 정책이 포함돼있다. 오늘날 세계 각지에서 농민들이 사용하는 살충제의 양은 50년 전에 비해 6배로 늘어났다고 한다. 우리는 많은 정부가 막대한 보조금을 지급해가며 지원하는 바이오연료 농장에 대한 경고의 목소리에도 귀를 기울여야 한다. 바이오연료 농장은 생산력이 있는 농지를 위험한 형태로 사용하는 새로운 방법으로 인해 물을 엄청나게 많이 사용한다. 샌드라 포스텔(Sandra Postel)을 비롯한 많은 사람들은 '점적관개(drip irrigation)'를 비롯해 보다 지속가능한 식량생산 체제를 주장하고 있다.

세계화국제포럼(International Forum on Globalization)은 지역적 규모에서 지

속가능 농업을 증진하고 환경을 보호하기 위한 지역적 식량생산을 국가정책이나 국제 무역규칙을 통해 지원한다는 의미를 가진 '부차성(subsidiarity)'의 개념에 대해 자세히 설명한 바 있다. 이 개념에 따른 정책은 가상수(virtual water)의 거래를 억제할 수 있고, 각국이 파이프라인을 이용해 물을 대량으로 이동시키는 행위도 금지하거나 제한할 수 있다. 또한 상하수 시설에 대한 정부의 투자는 낡은 시설을 수리하거나 시설이 아예 없던 곳에 관련 시설을 신설해서 용수의 손실을 대폭 줄일 수 있고, 필요한 국내법을 제정해 모든 수준에서 '물의 효율적 보존과 이용'의 실천을 강제할 수 있다.

크라프시크는 순진한 이상주의자가 아니다. 그는 이와 같은 자연 기반의 해법들이 경제적 지구화와 그 배후에 있는 성장지상주의의 교리에 도전하는 것임을 잘 알고 있다(고인이 된 미국의 환경주의자 에드워드 애비(Edward Abbey)는 '성장을 위한 성장'은 암세포와 같은 이데올로기라고 말한 바 있다). 크라프시크는 또한 자신의 제안이 탈염, 하수의 재사용, 나노기술과 같은 기술적 해결책으로 흘러 들어가는 막대한 규모의 투자를 위축시킬 수 있다는 사실도 잘 알고 있다. 그는 "우리가 제시하는 해결방안의 비극은 대기업들이 투자하려고 할 만큼 거대하고 매력적인 기술공학적 사업 대신에 수많은 주민들의 세심한 관심을 필요로 하는 지역사회 수준의 프로그램을 추구한다는 점에 있다"고 말한다. 그는 각국 정부와 국제기구들을 향해 현재 그들이 지원하는 기술보다 몇 배 더 저렴하고, 생물다양성을 지킬 수 있으며, 자연재해와 전쟁을 예방할 수 있는 '지역사회 차원의 지속가능 발전 프로그램'을 통해 푸른 지구를 살려나가는 노력을 기울여달라고 요구하고 있다.

자연적으로 형성된 전통적인 옛 관개수로를 활용해 건조한 지역에 물을 보내는 뉴멕시코의 '아세키아(Acequia, 스페인과 옛 스페인 식민지에서 발견되고 있는 지역사회 단위의 관개수로. 아세키아는 수관을 의미하는 아랍어 '알 사키야

(al sakiya)'에서 유래한 말이라고 한다—옮긴이)' 시스템에서부터 인도의 라젠드라 싱(Rajendra Singh) 지역에서 실행되는 저수 프로젝트에 이르기까지 이미 많은 사례가 가능성을 보여주고 있다. 제네바에 본부를 둔 국제빗물저장연대(International Rainwater Harvesting Alliance)는 세계 도처에서 지속가능한 빗물저장 프로그램을 촉진하기 위한 작업을 벌이고 있고, 많은 정부와 유엔이 이를 지원하고 있다. 크라프시크에 따르면 이러한 개혁은 10년 안에 실행돼야 한다. 어쨌든 간단하게 말하면, 물에 관심을 가지고 지구로 하여금 물을 계속 새롭게 순환시키게만 만들어도 인류는 그러한 순환과정 속에 존재하는 물을 영구적으로 사용할 수 있다.

물 정의

두 번째 위기, 즉 물에 대한 불평등한 접근에 대한 대안은 물 정의다. 여기서 정의라는 말은 자선과는 구별되는 것으로 봐야 한다. 세계은행과 국제통화기금(IMF)에 대한 부채 부담 때문에 정부가 자국민에게 보건과 교육 서비스는 물론이고 깨끗한 물도 공급할 여력이 없는 국가에서 수많은 사람들이 살아가고 있다. 또한 가난한 나라들은 부채상환을 위해 자국민과 물을 비롯한 자연자원을 착취하도록 강요당한다. '주빌리 사우스(Jubilee South)', '빈곤을 역사로(Make Poverty History)', '액션에이드(ActionAid)'와 같은 단체들은 하루에 수천 명에 이르는 유아사망을 막으려면 최소한 62개 국가에 대한 신속한 부채탕감이 이루어져야 한다고 주장한다. 선진국들의 해외원조는 국내총생산(GDP) 대비 0.7%라는 권고기준에 한참 못 미친다. 대표적인 예로 미국의 해외원조는 GDP의 0.17%에 지나지 않으며, 그럼에도 불구하고 부시 행정부는 미국기업에 대한 시장개방 약속을 원조의 조건으로 내걸기까지 했다.

이러한 상황에서 미국기업들은 개발도상국에서 단일한 경제모델을 내세우며 새로운 형태의 식민지 정복에 나서는 행태를 보여주고 있다. 이는 범죄행위다. 북미와 유럽의 기업들은 대부분의 저개발국가에서 여러 해에 걸쳐 면세혜택을 받으면서 활동하는 과정에서 진출지역의 주민과 환경을 함부로 다룬다. 세계화 국제포럼의 데일 원(Dale Wen) 박사는 중국의 토양을 심각한 수준으로 악화시키는 외국계 다국적기업들의 행태를 외면한 채 '중국의 오염문제'를 비난하는 것은 어불성설이라고 주장한다. 제1세계의 정부는 해외로 진출한 자국 기업들의 활동을 통제해야 할 필요가 있다. 한 예로 캐나다의 대규모 광업회사들은 제3세계의 환경을 파괴하는 행위로 악명이 높다. 캐나다 정부는 자국 기업들에 그러한 행동에 대한 책임을 지도록 강제해야 한다.

다국적 물 기업들의 행태는 가장 악질적이며, 그들은 가난한 나라에서 떠나야 한다. 세계은행, 유엔, 그리고 선진국들이 모든 사람에게 깨끗한 물을 공급하는 문제를 진지하게 생각한다면 그들은 제3세계의 부채를 최소화하거나 대폭 삭감해주고, 해외원조를 대폭 늘리고, 공적서비스에 대해 자금지원을 해야 한다. 보다 중요한 점을 이야기하자면, 그들은 또한 다국적 음료회사들에 대해 가난한 나라의 수원을 고갈시키는 행위를 중단하고 대신 수원 보호를 위한 프로그램에 투자를 하라는 명령을 내려야 한다. 이와 더불어 그들은 어느 나라, 어느 지역사회가 물 관련 기금의 지원을 받아야 하는지에 대해 물 회사들은 더 이상 발언권을 행사할 수 없다고 분명히 선언해야 한다. 제1세계의 시민들은 자국 정부가 외국계 기업들이 물 공급 사업을 운영해서 이윤을 획득하도록 허가하지 않는 체하는 태도의 위선을 인식하고 그에 도전해야 하며, 자국 정부는 오히려 제3세계에서 물을 상품화하기 위해 지구적 금융기구나 무역기구들을 지속적으로 지원하고 있다는 사실에 눈을 떠야 한다. 현재 지구적으로 활동하는 물 정의 운동가들은 공정무역 단체들과 함께 지속가능성, 협력, 환경청지기 정신, 공정한 노동기준에 기초를 둔 새로운 세계무역 규칙을 만들어내기 위해 노력하고 있고, 금융투기에 대해 세금을 부과하는 제도의 도입을 주장하고 있다. 이러한 제도를 통해 징수되는 세금은 개발도상국들에 병원, 학교, 물 관련 시설 등을 설치해주는 사업에 우선적으로 투자될 수 있다.

특히 여성들과 원주민들이라는 두 집단에 물과 관련된 불평등에 따른 고통이 집중된다는 사실에 주목해야 한다. 전 세계의 정책결정에 대한 여성의 권한 강화를 추구하는 국제단체인 여성환경발전기구(WEDO; Women's Environment and Development Organization)는 세계적으로 물과 관련된 작업의 80%를 여성이 수행하고 있으며, 따라서 여성이 물 불평등에 따른 고통의 대부분을 감수하고 있다는 사실을 상기시킨다. 이 단체는 성 평등과 여성의 권한 강화에서 물 문제가 환경안전, 빈곤제거와 더불어 핵심적인 요소라고 주장한다. 물에 관한 정책에 대한 결정권이 지역사회 수준에서 지구적 수준(예를 들어 세계은행)으로 더 많이 옮겨갈수록 물이 어떤 조건 아래 누구에게 공급되는가에 대한 여성의 정책결정권은 더욱 약화될 수밖에 없다. 전 세계에 걸쳐 1차적 취수자의 위치에 있는 여성들이야말로 그러한 정책결정 과정에서 주된 이해당사자로 인정받아야 한다.

원주민들은 물이 갈취되고 전용되는 과정에 따른 피해를 입기 쉬우며, 각국 정부는 토지와 물에 대한 그들의 재산권을 보호해주어야 한다. 2007년의 세계 물의 날에 채택된 구호는 "물을 소중히 여기자, 물을 존중하자, 물에 감사하자, 물을 보호하자"였다. 원주민환경네트워크(IEN; Indigenous Environment Network)는 각국 정부와 선진국 기업들이 약탈하고 있는 자원 가운데 상당부분은 원주민들이 조상으로부터 물려받은 땅에 존재하는 것이라는 사실을 지적한다. IEN은 그러한 약탈에 이어지는 착취, 사유화, 오염은 원주민들의 문화자원과 그들이 성스럽게 여기는 장소의 균형된 상태를 파괴한다고 지적하고, "신성한 물을 방어하기 위해 원주민들이 목소리를 높여야 한다"고 촉구하고 나섰다.

물 민주주의

세 번째 물 관련 위기인 물에 대한 기업의 통제력 강화에 대한 대안은 공적 통제다. 국제 수자원 카르텔이 창출되면 물의 배분에 대한 결정이 환경적 관점이나 사회적 관점이 아닌 상업적 관점에 기초해 내려지게 된다는 점에서 그러한 카르텔의 창출은 윤리적, 환경적, 사회적으로 옳지 않다. 만약 민간 초국적기업이 물 보존, 물 정의, 물 민주주의 원칙에 토대를 두고 운영된다면 물 산업에서 그 기업의 경쟁력은 유지될 수 없다. 공공선을 위해 일하는 사명을 부여받은 정부만이 그러한 원칙에 토대를 두고 운영될 수 있다. 공익사업체든, 생수사업체든, 새롭게 등장한 물 재사용 사업체든 간에 물 기업들은 소비증대를 부추겨 이윤을 거두어야 한다. 따라서 물 기업들은 수원의 보호와 보존을 위한 사업에 진지하게 협력할 수가 없다. 게다가 물 공급에 대한 기업들(주로 외국계 기업들)의 통제력 강화는 그들이 입지한 지역사회와 국가의 민주적 감독기능을 크게 저해한다. 물은 지구적 공공재 가운데 하나이지만 지역적, 민주적, 공적인 관리의 대상이 돼야 한다. 물에 대한 기업들의 통제를 대체할 대안은 그동안 수없이 모색됐고, 이미 도처에서 셀 수 없이 많은 시도가 이루어지기도 했다.

공공서비스인터내셔널(PSI; Public Services International)과 세계개발운동(World Development Movement)은 물 서비스에 대한 사적 통제를 대체할 대안을 모색하는 작업을 수행해왔고, 그 결과로 공공파트너십(PUP; Public-public Partnership)을 대안으로 주장하고 있다. 데이비드 홀(David Hall)과 이매뉴얼 로

비나(Emanuele Lobina)는 《공공서비스로서의 물(Water as a Public Service)》이라는 저서에서 물 분야의 공익사업체는 정치적인 힘, 공적인 정당성, 법적인 권한, 충분한 재원, 지속가능한 노동력을 갖추어야 한다고 주장했다. 선진국과 개발도상국의 기존 물 관리기구들은 모두 다 이러한 역량을 개발하는 노력을 기울여왔지만, 개발도상국에서는 아직 그러한 노력에서 성과를 거두지 못한 경우가 많다. 개발도상국에서는 그 대안으로 공공파트너십을 역량형성 메커니즘으로 이용할 수 있다. 예를 들어 선진국의 제도화된 공적 시스템이 도움을 필요로 하는 국가에 전문인력을 지원하고 기술을 전수하는 물 관리당국간 파트너십을 이용할 수도 있고, 공공부문의 노조나 공공연금기금 운영위원회와 같은 공적기구가 자신의 재원을 개발도상국의 공공 물 서비스를 지원하는 데 활용하는 프로젝트를 이용할 수도 있다. 공공파트너십의 목표는 물을 공급하고 공적 하수처리 서비스를 제공하는 데 필요한 기술을 갖춘 노동자들과 지역적 관리를 위한 전문인력을 지원하는 것이다.

스톡홀름과 헬싱키의 수도관리국이 옛 소련에 속했던 에스토니아, 라트비아, 리투아니아와 맺은 파트너십과 '암스테르담 수도(Amsterdam Water)'가 인도네시아와 이집트의 몇몇 도시들과 맺은 파트너십이 성공적인 공공파트너십의 사례로 꼽힌다. PSI의 계산에 따르면, 성공적으로 운영되고 있는 공적 물 관리조직들이 도움을 필요로 하는 세 개 도시를 각각 선정해 지원한다면 공공파트너십이 지구적 수준에서 운영될 수 있으며, 현재 민간 기업들을 지원하는 데 소요되는 비용의 극히 일부만으로도 모든 사람에게 안정적으로 물을 공급할 수 있다는 것이다. 이런 공공파트너십을 실현할 수 있다면 그것은 물과 관련된 협력을 통해 인류통합에 기여할 수 있음을 보여주는 구체적인 사례가 될 수 있다.

세계개발운동은 2007년 3월에 발간한 《공공의 복원: 지구적 물 위기에 대한 개발도상국식 해법(Going Public: Southern Solutions to the Global Water Crisis)》

이라는 책자에서 지역 수준의 성공적인 공적 물 시스템의 사례 네 가지를 소개했다. 그것은 브라질의 포르투알레그레, 인도의 타밀나두, 캄보디아의 프놈펜, 우간다의 캄팔라의 사례다. 이들 네 도시의 지역적 문제에 대한 지역적 해결방식은 상이했지만 효율성, 책임성, 투명성, 지역사회의 참여도를 높이기 위해 노력했다는 점에서는 네 도시가 똑같았다. PSI는 또한 공적인 물 공급을 위한 재정 확보방안을 집중 연구한 결과를 토대로 중앙정부의 누진과세, 마이크로금융의 활성화, 협동조합 방식에 의한 매일매일의 시스템 운영을 권고했다. PSI는 또한 이를 위한 자본투자와 관련해 통화위기로 인한 피해로부터 국가와 투자자를 보호하기 위해 국가와 국제 수준의 공공부문에서 돈을 빌릴 것을 제안했다. 이런 측면에서 개발은행들은 애초의 설립목표에 따른 역할로 돌아가 효율적이고, 책임감 있고, 투명하고, 민주적으로 운영되는 비영리 공적 시스템에 투자를 해야 할 것이다.

기업들이 그 밖의 다른 영역에서 물에 대한 통제력을 강화하려는 시도도 잘 제어해야 한다. 그렇다고 지구적 물 위기에 대한 해법을 찾는 데서 민간부문의 역할이 전혀 없다는 말은 아니다. 하지만 사적 부문의 활동은 모두 엄격한 공적 감시와 정부의 관리책임 아래서 이루어져야 하며, 물 보존과 물 정의를 목표로 하는 프로그램의 틀 안에서 운영돼야 한다. 미할 크라프시크의 빗물저장 방법이나 엄격한 오염방지법 내지 수원보호법이 세계적으로 채택된다면 물 재사용 기술과 관련된 민간영역의 산업은 새로운 역할을 맡아 하게 될 것이다. 하지만 전 세계의 바닷가에 수천 개의 탈염공장을 짓거나 구름에서 빗물을 직접 빨아들이는 기계를 개발하는 식의 미래는 배제돼야 한다. 또한 병에 담은 생수의 생산에 대한 그 어떠한 합리화도 인정해서는 안 될 것이다.

정부는 이와 같은 변화들이 저절로 일어나 물 재사용 기술과 관련된 산업에 대한 통제가 저절로 이루어지기를 앉아서 기다리기만 해서는 안 되며, 이 분야에 대한 모든 정부투자는 분명히 공공선에 맞춰져야 한다. 병에 담은 생수가 유일하게 안전한 식수인 국가와 지역사회에서는 정부가 생수산업을 통제할 수 있어야 한다. 다시 말해 그런 곳에서는 생수산업이 지속가능한 방식으로 지역적으로 운영되고, 공적으로 통제되며, 사용된 병은 재활용되도록 강제할 수 있어야 한다. 하지만 궁극적인 목표는 모든 곳에서 병에 담은 생수를 이용해야 할 필요성을 영구히 없애는 데 맞춰져야 한다.

물에 대한 권리: 실행될 때가 된 아이디어

지구적 물 정의 운동은 누가 물을 통제해야 하는가 하는 문제를 완전히 해결할 국제법 변경을 요구하고 있다. 물이 경제적 측면을 갖고 있다는 점은 부인할 수 없지만, 물은 상업적인 상품이 아니라 인간의 권리 및 공적인 신뢰와 직결되는 것이라는 점이 일반적으로 이해돼야 한다. 현재 필요한 것은 국가가 공적 서비스로서 충분하고, 안전하며, 접근성 있고, 감당 가능한 가격의 물을 자국민에게 제공할 의무를 갖고 있음을 구속력 있는 법률로 명문화하는 것이다. '물은 언제 어디서든 모두를 위한 것이어야 한다'는 명제는 그 자체로 당연한 말로 들리지만, 사실은 물에 대한 기업의 통제력을 확보하고자 하는 세력들이 여전히 맹렬하게 이 명제에 저항하고 있다. 부유한 나라에서는 물의 상품화가 기업에 가져다주는 이익 때문에, 가난한 나라에서는 정부가 물 공급에 관한 약속을 스스로 지키기 어려울 것이라는 두려움 때문에 많은 정부가 그러한 저항의 태도를 보이고 있다. 이에 대항하여 세계 도처의 다양한 조직들이 국가 수준에서는 물에 대한 권리를 헌법에 명시하기 위해, 국제 수준에서는 유엔에서 물에 대한 권리를 국제적으로 인정하는 내용의 완전한 협정(유엔에서 협정(convention), 협약(covenant), 조약

(treaty)은 서로 바꿔 사용할 수 있는 용어로 간주된다)을 체결하기 위해 노력하고 있다.

스위스의 개발도상국연대(Alliance Sud) 소속 활동가인 로즈마리 바르(Rosmarie Bar)는 구속력 있는 협정이나 협약에 대한 요구의 배경에는 다음과 같은 원칙의 문제들이 있다고 말한다. 물에 대한 접근은 인권의 문제인가, 아니면 단순한 필요사항인가? 물은 공기와 같은 공공재인가, 아니면 콜라와 같은 상품인가? 수도꼭지를 틀어 열거나 잠글 수 있는 권리와 권한은 누구에게 주어져야 하는가? 민중인가, 정부인가, 아니면 시장의 보이지 않은 손인가? 필리핀의 마닐라나 볼리비아의 라파스와 같은 도시의 빈민가 수도요금은 누가 결정해야 하는가? 지역적으로 선출된 물 위원회인가, 대표적인 초국적 물 서비스 기업인 수에즈(Suez)의 최고경영자인가? 바르에 따르면 지구적 물 위기를 해결하려면 '좋은 지배구조(good governance)'가 필요하고, 좋은 지배구조는 보편적으로 적용되는 인권 관련 규범과 같은 구속력 있는 법적인 기반을 요구한다. 유엔에서 물 협약을 체결하는 것은 물이 경제적 상품이 아니라 사회적, 문화적 자산임을 인정하는 출발점이 되고, 정의로운 물 보급 시스템을 갖추는 데 반드시 필요한 법적인 기반이 될 수 있다. 유엔의 협약에는 국민 모두에게 깨끗하고 감당할 수 있는 가격의 물을 제공하는 것이 정부가 해야 할 역할임이 명시돼야 한다. 이와 같은 유엔의 협약은 가난한 나라와 부유한 나라를 불문하고 모든 나라에 공통적으로 적용되고 일관성 있는 법률체제가 될 것이다. 또한 유엔의 물 협약은 다른 조약이나 협정에서 합의된 인권과 환경의 원칙을 더욱 확고하게 만들 수 있다.

네슬레와의 싸움에 깊이 관여한 미시간 주의 변호사 짐 올슨(Jim Olson)은 물의 사유화는 공공재로서의 물이 지닌 성격과 양립할 수 없으며, 따라서 기본적인 인권과도 양립할 수 없다는 점을 끊임없이 반복해 지적해야 한다고 말한다. "물은 인간의 간섭이 없다면 언제나 흐른다. 인간의 간섭은 단지 물을 사용할 권리를 행사하는 것이어야 할 뿐 다른 사람들을 물에 대한 동등한 접근에서 배제하기 위한 물의 소유나 사유화여서는 안 된다. 국가가 주권적 권한을 가지고 물을 소유하고 통제하는 것과 사적 소유를 구별하는 것은 중요하다. 물에 대한 국가의 주권적 소유는 사적 소유와 같지 않으며, 사적 이익이 아닌 공공복지, 보건, 안전을 위해 물을 사용하거나 통제하는 것과 관계가 있다." 이에 덧붙여 올슨은 만약 정부가 세계은행의 편을 들거나 자국의 물에 대한 사적인 권리에 대해 민간기업과 협상을 한다면 그런 정부의 행위는 잘 수립된 협약 아래서는 인권의 원칙에 의해 보장됐을 시민의 권리를 침해하는 것이라고 지적한다.

인권에 관한 협정이나 협약은 국가에 다음과 같은 세 가지 의무를 부여한다. ① 존중의 의무: 정부는 인권을 침해하는 일체의 조치나 정책을 삼가야 한다. ② 보호의 의무: 정부는 인권을 침해하는 3자개입을 방지해야 한다. ③ 충족의 의무: 정부는 인권의 실현을 위한 추가적인 수단을 강구해야 한다. 이 가운데 특히 보호의 의무는 기업들이 물에 대한 만인의 동등한 접근(이것은 그 자체가 물 기업들에게 떠나게 하는 유인으로 작용한다)을 부정하거나, 수원을 오염시키거나, 수자원을 과도하게 채굴하지 못하게끔 규제할 수 있도록 다양한 수단을 채택할 의무를 정부에 부과한다.

실행의 차원에서 보면, 물에 대한 권리에 관한 협약은 시민들에게 국내의 실제 법정이나 여론의 법정을 통해서, 또는 국제적인 교정절차를 밟아서 자국 정부로 하여금 책임을 지게 할 실질적 도구가 될 것이다. 세계자연보호연맹(World Conservation Union)은 "일반적인 국제법이 국가 대 국가의 권리와 의무를 다루는 것이라면 인권은 개인의 차원에서 정식화된다. 따라서 물을 인권의 영역에 두면 물은 개개인에게서 빼앗을 수 없는 것이 된다. 권리에 기초한 접근법은 물 오염의 피해자와 기본적인 필요를 충족하는 데 필요한 물을 강탈당한 사람이 문제를 해결할 수 있는 기회를 제공한다. 인권의 시스템은 다른 국제법 시스템과 달리 개인과 NGO에게 접근할 길을 열어준다."

세계자연보호연맹에 따르면 물에 대한 권리에 관한 협약은 시민들로 하여금 정부의 의무와 그 위반행위를 보다 쉽게 들여다볼 수 있게 해준다. 이런 협약이 비준되면 1년 이내에 정부는 권리의 실현을 위한 정책, 지표, 시간일정을 포함한 연간 실행계획을 수립해 실행에 들어가야 한다. 이와 더불어 정부는 새로운 권리에 부응하도록 기존의 국내법을 개정해야 한다. 어떤 경우에는 헌법의 개정이 필요할 수도 있다. 또한 새로운 권리의 실현에 대한 감시체제가 제도화될 수도 있고, 여성과 원주민처럼 주변화된 집단이 필요로 하는 바가 특별히 다뤄질 수도 있다.

유엔의 협약에는 국가별로 그 협약에 따라 국내법이나 국내 실행계획을 수립할 때 시민사회의 참여를 보장하는 특별한 원칙이 포함될 수도 있다. 이렇게 되면 시민들이 물 관련 싸움을 할 수 있게 해주는 헌법적인 수단을 추가로 갖게 된다. '지구의 벗 파라과이'가 2003년에 물에 대한 권리에 관해 발표한 성명서에는 다음과 같은 구절이 들어있다. "물에 대한 권리는 자연유산에 대한 지역사회의 통제 및 주권과 불가분의 관계에 있으며, 수원에 대한 관리와 물이 생산되는 영토 및 수계와 지하대수층 충수지역에 대한 지역사회의 통제 및 주권과도 불가분의 관계를 갖고 있다." 물에 대한 권리에 관한 협약은 또한 물 유산을 파괴하고 있는 세계에서 물 사용에 관한 원칙과 우선순위를 설정할 수 있다. 우리가 생각하는 협약은 물에 대한 지구와 인간의 권리뿐만 아니라 다른 생물종의 권리도 보장하는 내용을 포함해야 하고, 오염된 물의 복원에 대한 긴급한 필요와 수원에 대한 파괴적인 행위를 중단시킨다는 내용을 명시해야 한다. 지구의 벗 파라과이는 또한 이렇게 지적했다. "물에 대한 인간의 요구와 자연의 요구 사이에 예상되는 갈등을 직접적으로 언급하지 않을 수 없는 것은 물의 존재가 생태계의 지속가

능한 관리와 보존에 의존한다는 근본적인 사실에 대한 인식이 결여돼있는 상황
때문이다."

유엔에서의 진전

1947년에 발표된 유엔의 세계인권선언에는 물 문제가 포함되지 않았는데, 이는
당시만 해도 물이 인권적 측면을 갖고 있다고 인식되지 않았기 때문이다. 지금도
현실적으로 물이 강요될 수 있는 인권의 영역에 속하지 않는다는 사실로 인해 물
정책에 대한 결정권이 유엔과 정부들로부터 세계은행, 세계물위원회(World
Water Council), 세계무역기구(WTO)와 같이 물의 상품화나 민간 물 기업에 호의
적인 기구나 조직들로 옮겨가도록 허용됐다. 하지만 지난 10여 년 동안 유엔 안
의 다양한 층위에서 물에 대한 권리에 관한 협약을 체결해야 한다는 요구가 끊임
없이 제기됐다. 시민사회단체들은 물 기업의 활동이 지구화되는 동시에 지구적
금융기구들의 지원을 받기 때문에 물에 대한 권리를 다루는 국가 차원의 조직이
시민들을 보호하는 데 더 이상 충분하지 않다고 주장한다. 그들은 물을 독점한
세력의 지구적 영향력을 통제할 국제법이 필요하다고 주장한다. 또한 그들은
1992년 리우 지구정상회담에서 기후변화, 생물다양성, 사막화와 더불어 물이 긴
급한 실천이 요구되는 주요 영역으로 선언됐음을 상기시킨다. 그 뒤로 물을 제외
한 모든 영역에 대해서 유엔 차원의 협약이 이미 체결됐다.

　　최근에는 시민사회단체들의 로비가 성공을 거두기 시작하면서 물에 대한 권
리가 유엔의 결의를 비롯한 다수의 국제적 결의나 선언에서 인정되기에 이르렀
다. 2000년의 '발전에 대한 권리'에 관한 유엔 총회의 결의, 2004년의 독성 폐기
물에 관한 유엔 인권위원회의 결의, 회원국이 116개국에 이르는 비동맹운동이

2005년 5월에 발표한 물에 대한 권리에 관한 성명서 등이 그것이다. 그러나 무엇보다 중요한 것은 2002년에 유엔의 '경제적, 사회적, 문화적 권리 위원회'가 채택한 일반논평(General Comment) 15호다. 이 일반논평은 물에 대한 권리가 다른 모든 인권을 실현하기 위해, 그리고 존엄한 삶을 위해 반드시 필요한 조건이라고 규정했다. 이 일반논평은 물은 인권의 영역에 속한다는 점을 분명히 한 권위 있는 해석이며, 물에 관한 완전하고 구속력 있는 유엔 협약으로 가는 길의 중요한 이정표다. 일반논평은 인권과 관련된 조약이나 협약에 대한 해석을 각국 정부에 제공하는 것을 목적으로 해서 전문가들로 구성된 독립기관이 그러한 조약이나 협약에 대해 내린 권위 있는 해석이다. 그리고 일반논평 15호는 경제적, 사회적, 문화적 권리와 관련된 국제협약에 대한 해석이다.

하지만 세계자연보호연맹의 존 스캔런(John Scanlon), 앤젤라 캐사르(Angela Cassar), 노에미 네메스(Noemi Nemes)는 2004년에 〈인권으로서의 물(Water as a Human Right?)〉이라는 제목의 법률검토 논문에서 일반논평 15호는 여전히 구속력 있는 조약이나 협정이 아니라 하나의 해석일 뿐이라고 지적했다. 물에 관한 권리를 국제법상에 명문화하려면 구속력 있는 협약이 필요하다. 이에 따라 완전한 협약을 실현하라는 압박이 강화됐다. 2004년 상반기에 독일의 '세계를 위한 빵(Bread for the World)'이라는 단체의 다누타 사처(Danuta Sacher)와 UN의 '주거권과 퇴거 센터(UN Center on Housing Rights and Evictions)'에서 물에 대한 권리 프로그램을 담당하고 있는 아슈팍 칼판(Ashfaq Khalfan)은 정상회담의 필요성을 제기하면서 '물에 대한 권리의 친구들(Friends of the Right to Water)'이라고 불리는 새로운 국제 네트워크를 출범시켰다. 이 네트워크는 다른 물 정의 운동 조직이나 각국 정부에 일반논평 15호에 명시된 권리를 강화시키고자 하는 캠페인에 참여하도록 독려하면서, 국제협약을 통해 물에 대한 권리를 보장하는 메커니즘을 만들자고 주장하고 있다.

2006년 11월에 새롭게 구성된 UN 인권위원회는 몇몇 국가의 요청에 따라 인권고등판무관실에 국제인권 법률 안에서 물에 대한 접근과 관련된 적절한 인권 관련 의무의 범위와 내용에 대한 세부적인 연구를 수행하고, 앞으로의 실천을 위한 권고사항을 개발해줄 것을 요청했다. 이 요청이 정확하게 협약을 언급하지는 않았지만, 많은 이들은 이러한 과정이 궁극적인 협약의 체결로 귀결될 잠재력을 지니고 있다고 기대했다. 2007년 4월에는 물에 대한 권리의 친구들의 또 다른 창립회원인 '캐나다인위원회 푸른지구프로젝트(Council of Canadians' Blue Planet Project)'의 애닐 나이두(Anil Naidoo)가 물 권리 협약의 체결을 호소하는 내용의 편지를 UN 인권고등판무관인 루이즈 아버(Louise Arbour)에게 보내는 일을 주도했는데, 여기에는 세계 각지에서 176개 단체의 서명이 첨부됐다.

물에 대한 권리 협약 체결을 위해 개도국 정부들의 지지를 획득하는 것은 매우 중요한 일이다. 개발도상국들 가운데 다수는 정부가 새로운 의무사항을 즉각적으로 수행하지 못한다면 협약이 자칫 자국민이 국가에 저항하는 수단으로 활용될 수 있음을 두려워하고 있다. 이에 협약의 제안자들은 새로운 인권 의무의 적용은 점진적으로 이루어져야 하는 것으로 이해돼야 함을 강조한다. 권리를 완벽하게 이행할 능력을 갖추지 못한 정부에 대해서는 의무를 즉각적으로 수행하지 못하는 데 대한 책임을 물을 수 없다. 이러한 정부에게 필요한 것은 역량을 키우면서 협약 이행을 향한 최소한의 노력을 기울이는 것이다. 하지만 일부 정부들은 공적 서비스보다는 군사비 지출과 같은 진짜 우선순위 목표를 가리는 구실로 그러한 자국의 무능력을 이용하고 있다. 발전에 대한 권리 기반 접근법은 무능력과 의지박약을 구별한다. 1993년 UN 세계인권위원회에서 다음이 합의됐다. "개발은 모든 인권의 향유를 촉진시킨다. 하지만 국제적으로 인정되는 인권의 축소를 정당화하기 위해 저개발 상태가 악용되어서는 안 된다." 물에 대한 권리 협약을 비준하는 데 실패한 정부가 역량논란 뒤에 숨으려는 시도를 해서는 안

된다.

캐나다처럼 상대적으로 수자원이 풍부한 국가가 이러한 협약으로 인해 자국의 수원을 다른 국가와 공유하도록 강요당하게 될 것이라는 거짓된 위기감을 조성하는 것(캐나다가 지금 그렇게 하고 있다)도 용인될 수 없다. 인권 조약은 국민국가와 그 국민들 사이의 것이다. 물에 대한 권리를 승인하는 것이 수자원을 관리하는 국가의 주권적 권리에 영향을 미치지는 않는다. 제1세계 정부와 그들이 주도하는 개발기구들에 기대하는 것은 개발도상국이 그들의 목표를 충족시킬 수 있게 하는 적절한 원조를 하고, 그런 그들의 원조와 세계은행의 원조가 비영리 공적 물 서비스에 대한 지원을 지향하게 만들라는 것이다.

경합중인 비전들

지구적 물정의 운동이 위와 같은 발전에 자극되어 역동적으로 추진되고 있지만, 그러한 과정 자체가 물 기업, 일부 북반구 국가들, 세계은행에 의해 탈취되어 사적 부문의 개입을 정당화하는 국제협력 체제를 만드는 데 활용되고 있다는 점에 대한 우려 또한 고조되고 있다. 이제는 물에 대한 권리라는 개념이 존중돼야 할 때가 됐다는 데 대해 광범위한 이해가 존재하고, 아주 최근까지도 물에 대한 권리에 반대하던 자들 가운데 일부도 이제는 반대를 거두고 물에 대한 권리를 실현하는 과정과 그 최종 결과물을 자기들의 모습에 맞게 만들기로 결정했다. 얄궂게도 이들의 새로운 시도는 지구적 물정의 운동의 힘겨운 노력이 성공한 데서 생겨났다. 최근까지 국제기구들과 대형 물 회사들은 국제적인 물 권리 협약에 강하게 반대해왔다. 특히 다국적 물 기업들의 모국인 프랑스, 영국, 독일을 비롯한 많은 유럽 국가들이 그랬다.

헤이그와 교토에서 개최된 세계 물 포럼에서 세계물위원회의 회원단체와 정부들은 국제 물 권리 협약을 체결하라는 시민사회의 요구를 거부했으며, 물은 인권이 아니라 필요의 영역에 속한다고 주장했다. 이것은 단순한 언어유희 이상이다. 인권은 사고팔 수 없으며, 지불능력에 기초하여 누군가에게 인권을 부정할 수도 없다. 멕시코시티에서 열린 제4차 세계 물 포럼의 각료선언도 물에 대한 권리를 포함시키지 않았다. 세계물위원회는 〈물에 대한 권리: 개념에서 이행으로 The Right to Water: From Concept to Implementation〉라는 제목의 새로운 보고서를 발표했는데, 이 문서는 민간 부문에 대해 거의 아무런 언급도 하지 않았고(물에 대한 권리는 '다양한 방식'으로 실행될 수 있다는 문구 외에는), 물에 대한 권리를 둘러싸고 가열되고 있는 '공적 통제냐, 사적 소유냐'하는 논쟁에 대한 언급도 없이 그저 다수의 유엔 문서들을 온화한 어조로 반복한 것일 뿐이다. 이 보고서는 물에 대한 권리 협약을 권고하는 수준에는 훨씬 미달하는 내용으로 돼있지만, 머리말(이 머리말은 세계물위원회의 의장이자 다국적 물기업인 수에즈의 고위임원인 로이크 포숑(Loïc Fauchon)에 의해 작성됐다)의 앞대목은 기업들과 세계은행이 현재 처한 상황의 본질을 잘 포착하고 있다. "물에 대한 권리는 인간의 존엄성과 분리될 수 없는 요소다. 오늘날 감히 이를 부정할 사람이 있겠는가? 누가 과연 그렇게 할 수 있을까?"

세계물위원회는 미하일 고르바초프가 대표를 맡고 있는 환경교육단체인 녹십자인터내셔널(Green Cross International)과 함께 물에 대한 권리에 관한 UN 협약의 체결을 요구하는 대규모 캠페인을 펼치고 있다. 하지만 그 캠페인의 내용은 대표적인 물 기업인 수에즈의 고위 임원인 로이크 포숑도 수용할 수 있는 정도다. 녹십자인터내셔널이 작성한 협약의 초안은 물에 대한 사적 개발은 "과도한 이윤과 투기적 목적"으로 인해 문제가 있음을 인정한다. 그러함에도 불구하고 그들의 초안은 물에 대한 상업적 권리와 물에 대한 인권을 동일선상에 놓고, 물

서비스를 위한 민간금융의 개입을 제안하고, 물 관련 시설에 대한 민간의 관리를 허용하고, 물 관리 시스템은 시장규칙을 따라야만 한다고 주장하고 있다. 캐나다의 통상전문가이자 캐나다 푸른지구 프로젝트의 법률고문인 스티븐 슈리브먼 (Steven Shrybman)은 녹십자의 협약 초안을 법률적으로 검토한 후 "물과 관련된 인권에 대한 기존 국제법의 보호 수준보다도 퇴보했다고 봐야 할 정도로 심각한 결함을 지니고 있다"고 혹평했다. 하지만 고르바초프는 〈파이낸셜 타임스〉와의 인터뷰에서 세계적인 물 문제를 해결할 수 있는 지적, 재정적 잠재력을 지닌 "유일한 조직"은 기업들이라며 "그들과 함께 일할 준비가 돼있다"면서 자신의 친기업적 제안을 옹호했다.

지구적 물정의 운동은 이런 종류의 국제 협약이나 조약을 결코 승인하지 않을 것이다. 수백 개의 단체들이 UN 인권고등판무관에게 보낸 의견서를 통해 UN에 '물에 대한 공적 소유권을 옹호한다'는 분명한 의사표명을 할 것을 촉구했다. 그들이 주장하는 협약은 물은 인권의 문제일 뿐만 아니라 공적 신뢰(public trust)의 문제임을 명문화하는 것이다. 이와 함께 UN의 물 권리 협약이 시민사회에 의해 수용되려면 기존의 인권 개념이 갖고 있는 두 개의 중요한 결함이 해결돼야할 것이다. 기존 인권 개념은 의미 있고 강제력 있는 메커니즘을 만들지 못했다는 점, 그리고 국제기구들을 구속할 수단을 확보하지 못했다는 점에서 한계가 있었다.

루이즈 아버에게 보낸 의견서에서 변호사 스티븐 슈리브먼은 국제법상 가장 중요한 변화는 UN의 후원 아래 이루어지지 못하고 오히려 세계무역기구 또는 정부간 협약을 통해 기업의 권리를 국제법에 명문화한 정부들 사이의 수많은 양자간 투자협정을 통해 이루어졌음을 지적한다. 그는 이렇게 덧붙였다. "이에 따라 국제법규 아래서 물은 하나의 상품, 그리고 투자와 서비스의 대상으로 간주될 뿐이고, 따라서 물은 그러한 무역 및 투자 협정의 뒷받침을 받는 사적인 권리를 저해할 수도 있는 인권, 환경, 기타 비상업적 사회적 목표를 보호하는 데 필요한 정책, 법률, 관행을 수립하거나 유지할 정부의 능력을 심각하게 제약하는 구속력 있는 규율에 종속돼 있다."

게다가 그러한 협정들은 '정부가 개입할 수 없는 기업의 물 소유권'을 주장할 수 있는 강력하고 새로운 무기를 기업들의 손에 쥐어준 꼴이라는 것이다. 슈리브먼은 이렇게 말했다. "그러한 사적 소유권의 명문화는 물에 대한 인권의 실현을 명백하고 심각하게 저해할 것이다." 그와 같은 협정들 아래서 운영되는 민간 중재기구가 현재 인권의 규준과 투자 및 무역 관련 법률의 규준 사이에서 일어나는 갈등을 중재하는 일을 하고 있지만, 그런 민간 중재기구는 이런 역할을 하는 데 적합하지 않은 기구다. 슈리브먼은 더 나아가 UN 인권고등판무관에게 이러한 현실을 다룰 필요가 있음을 인정할 것을 촉구하고, UN 기구들이 인권의 기본적인 중재자로서의 역할을 스스로 재천명하지 못한다면 완전히 UN의 틀 밖에서 운영되는 민간 중재기구가 인권법규의 핵심적 문제들을 다루는 것을 옆에서 지켜보기만 하는 방관자로 전락할 것이라고 경고하고 있다. UN 협약이 효과적이기 위해서는 물에 대한 인권이 사적, 상업적 이익과 충돌하는 경우에는 물에 대한 인권이 우선함을 명시해야 한다. 더불어 이러한 원칙은 정부 이외의 다른 기구들, 그 가운데서 가장 중요하게는 초국적 기업들, WTO, 세계은행에 적용될 수 있어야 한다.

풀뿌리 운동의 선도적 역할

새로운 형태의 경합이 전개될 무대가 놓여진 것은 분명하다. 지구적 물정의 운동이 지금까지 UN으로 하여금 물에 대한 권리 문제를 다루도록 하는 데 성공해왔으니 이제는 물에 대한 권리가 실현될 수 있도록 새로운 도전을 시작해야 한다. 좋은 조짐이 많다. 여전히 주요 국가들(대표적으로 미국, 캐나다, 오스트레일리아, 중국)이 물에 대한 권리를 부정하고 있지만, 그 밖의 많은 국가들이 최근 몇 년간에 걸쳐 물에 대한 권리를 지지하는 대열에 동참하고 나섰다. 유럽의회는 2006년에 세계 물위기를 다룬 유엔의 〈인간개발보고서(Human Development Report)〉에 호응해 2006년 3월과 2006년 11월에 물에 대한 권리를 인정하는 결의안을 채택했으며, 영국 역시 기존의 반대입장을 뒤집고 물에 대한 권리를 인정했다. '주거권과 퇴거 센터'의 아슈파 칼판의 설명에 따르면 이미 대부분의 국가들이 다양한 방식으로 UN의 여러 결의를 통해 물 권리라는 개념에 대한 지지를 약속했고, 또 앞으로도 그렇게 할 것으로 믿어진다. 문제는 협약의 내용이 실행될 수 있도록 충분한 지지를 확보하는 것이다. 여기에서 시민사회단체의 역할이 기대된다. 다수 국가의 물 정의 운동조직들이 자국 정부가 물 권리를 인정하고 실행을 지원하도록 설득하는 데 많은 노력을 기울이고 있다.

그들은 UN의 결정을 앉아서 기다리지만은 않는다. 상당수의 조직과 활동가들이 모두를 위한 물 권리를 인정하도록 국내법 개정을 위해 자국 내에서 많은 노력을 기울이고 있다. 2004년 10월 31일 우루과이 국민들은 세계 최초로 물에 대한 권리를 투표로 결정했다. 우루과이에서는 '물과 생명 수호를 위한 국가위원회(National Commission for the Defence of Water and Life)'의 아드리아나 마르키시오(Adriana Marquisio)와 마리아 셀바 오르티즈(Maria Selva Ortiz), 그리고 '지구의 벗 우루과이'의 알베르토 빌라레알(Alberto Villarreal)이 주도하는 가운데 국내의 많은 운동조직들이 국민투표를 요구하는 3만 여명의 서명을 받아 의회에 '인간의 강물'의 상징으로 제출했다. 이에 따라 물에 대한 권리를 보장하기 위한 헌법개정에 대한 국민투표가 실시됐고, 이 국민투표에서 그들은 3분의 2 정도의 지지를 얻어 승리를 거두었다. 반대세력들이 위기론을 퍼뜨린 것을 감안하면 이는 이례적인 승리라 할 수 있다. 물에 대한 권리와 관련된 개정헌법의 표현은 대단히 중요한 의미를 갖는다. 개정헌법에 따르면 이제 우루과이에서는 물이 기본적인 인권의 영역에 속하며, 정부는 물에 관한 정책을 수립할 때 사회적 고려를 경제적 고려보다 우선해야 한다. 또한 개정헌법은 "국민이 소비할 물을 공급하는 공공서비스의 경우에는 '국가법인'이 배타적이며 직접적인 제공권을 갖는다"고 명문화함으로써 사적 기업의 물 공급 서비스 참여를 원천적으로 봉쇄했다.

몇몇 다른 나라들도 물에 대한 권리를 입법화했다. 남아공은 인종분리 정책을 폐지할 때에 넬슨 만델라의 지도 아래 물에 대한 권리도 인권으로 규정한 신헌법을 제정했다. 그러나 이 신헌법은 물 배급 문제에 대해서는 침묵했고, 얼마 지나지 않아 세계은행은 남아공의 새 정부에 다수의 물 관련 서비스를 민영화할 것을 요구했다. 현재 에콰도르, 에티오피아, 케냐 등 몇몇 다른 개발도상국들도 물에 대한 권리를 인권으로 규정한 헌법조항을 가지고 있다. 하지만 물 배급은 공적 기구에서만 할 수 있다고 제한하는 수준에는 이르지 못했다. 2005년 4월에 벨기에 국회는 물에 대한 권리를 인권으로 인정하는 헌법개정을 위한 결의안을 통과시켰고, 2006년 9월에 프랑스 상원은 모든 개인은 깨끗한 물에 접근할 권리가 있음을 밝히는 물 관련 법률의 개정안을 통과시켰다. 하지만 이 두 나라에서도 물 배급을 공적인 기구를 통해 해야 한다고 명시하지는 않았다. 물 배급을 공적으로 해야 한다고 헌법에 명시한 국가는 우루과이 외에는 네덜란드뿐이다. 네덜란드는 식수를 공급하는 일을 완전한 공적 성격의 공익사업체에 국한시키는 법률을 2003년에 통과시켰다. 하지만 네덜란드는 이 개정법률에서 물에 대한 권리를 명시적으로 인정하지는 않았다. 헌법으로 물에 대한 권리와 공적인 물 배급을 보장하고 있는 나라는 오직 우루과이뿐이며, 이 점에서 우루과이는 다른 나라들에 하나의 모델이 되고 있다. 우루과이의 이런 헌법개정이 낳은 직접적인 결과로 세계적인 물 기업인 수에즈가 우루과이를 떠날 수밖에 없었다.

그 밖에도 흥미로운 시도들이 진행되고 있다. 2006년 8월에 인도의 대법원은 자연호수와 습지를 보호하는 것은 '삶에 대한 권리'(인도 대법원은 이것을 가장 기본적인 권리로 본다)를 존중하는 것과 같다고 판결했다. 네팔의 활동가들은 대법원에 출석해 헌법이 보장하고 있는 건강에 대한 권리에 물에 대한 권리가 포함돼야 한다고 주장했다. 에콰도르의 '공공의 물 수호연대(The Coalition in Defense of Public Water)'는 정부가 한 단계 더 나아가 물에 대한 권리를 인정하는 헌법개정을 하도록 요구하는 것을 통해 물의 사유화를 둘러싼 투쟁에서 값진 승리를 얻었다. 남아프리카공화국의 '물 사유화 대항연대(The Coalition Against Water Privatization)'는 요한네스버그에 있는 대법원 앞에서 물 사용량을 재는 물 계량 관행이 소웨토 시민들의 인권을 침해하고 있다고 주장하며 물 계량 관행에 저항하는 활동을 벌이고 있다. 볼리비아의 대통령인 에보 모랄레스는 무역협정이 부과하는 시장모델을 거부하기 위한 '인권과 모든 생명체의 물 접근에 대한 남아메리카 협약'을 체결하자고 제안했다. 적어도 열두 개 이상의 국가에서 이 제안에 긍정적인 반응을 보였다. 세계 각지에서 다수의 시민사회단체들이 우루과이와 유사한 헌법개정을 위해 많은 노력을 기울이고 있다. 콜롬비아의 60여 개 시민단체들의 네트워크인 '에코폰도(Ecofondo)'는 헌법개정을 위한 국민투표를 요구하는 운동을 시작했다. 앞으로 그들은 최소한 150만 명 이상의 서명을 받아야 하고, 몇 건의 법정 싸움을 거쳐야 하며, 위험하고도 적대적인 반대에 대응해야 할 것이다. 멕시코의 10여 개 단체들도 '물에 대한 권리를 위한 멕시코 시민단체 연합(COMDA; Coalition of Mexican Organizations for the Right to Water)'이라는 연대조직을 결성하고 우루과이와 같은 헌법개정을 통해 물에 대한 권리를 확실하게 하기 위한 전국적인 캠페인을 펼치고 있다.

캐나다의 인권단체, 개발단체, 종교단체, 노동단체, 환경단체 등도 '푸른행성 프로젝트'의 주도 아래 '캐나다의 물 권리를 위한 친구들(Canadian Friends of the Right to Water)'이라는 대규모 네트워크를 조직하고, 캐나다 정부에 UN의 물 권리 협약에 대한 반대입장을 철회할 것을 요구하고 있다. 미국에서도 '식량과 물 감시(Food and Water Watch)'라는 단체가 주도하는 네트워크가 미국 내 수자원 보호를 위한 물 관련 내셔널트러스트 운동을 추진하고 있으며, 나아가 물에 대한 권리와 관련된 정부정책의 변화를 요구하고 있다. 이탈리아에서도 리카르도 페트렐라(Riccardo Petrella)가 물에 대한 권리가 인정되도록 하기 위한 운동을 이끌어왔고, 이 운동은 중앙과 지방의 정치인들로부터 상당한 지지를 얻고 있다. 현재 우리는 세계 도처에서 물에 대한 권리를 요구하는 목소리가 높아지는 중대한 국면에 서있다.

그렇다면 앞으로 해야 할 일은 이런 것이다. 인류의 생존을 원한다면, 물은 현명하고 지속가능하게 공유되고 관리돼야 하는 지구와 모든 인류의 공동자산임을 재천명하는 것이 필요하다. 우리가 시장에 기초한 지구화의 기본 교리를 거부할 준비가 돼있지 않다면 그렇게 하는 것이 불가능할 것이다. 경쟁, 무한성장, 사적 소유라는 현재의 지상과제 대신에 협력, 지속가능성, 공적 관리와 같은 새로운 지상과제의 관점에서 물을 다시 인식해야 한다. 볼리비아의 모랄레스 대통령은 2006년 10월에 남아메리카 정상들에게 다음과 같이 제안했다. "우리의 목표는 '훌륭하게 살기' 위한 진정한 통합을 이루는 것이어야 한다. 우리는 남들보다 더 잘 사는 것을 열망하지 않기 때문에 '훌륭하게 살기'를 말하는 것이다. 우리는 타인과 자연의 희생을 전제로 한 무한한 발전과 진보의 노선을 믿지 않는다. '훌륭하게 살기'란 일인당 소득의 관점에서가 아니라 문화적 정체성, 공동체, 우리와 어머니 지구의 조화라는 관점에서 사고하는 것이다." 자연이 인류에게 준 선물인 물로부터 배워야 할 교훈이 있다. 물은 우리에게 지구와 조화를 이루면서, 그리고 서로 간에 평화로운 관계를 유지하면서 살아가는 법을 가르쳐준다. 아프리카의 속담 가운데 이런 것이 있다. "우리가 연못에 가는 것은 거기서 물을 떠오기 위해서만이 아니다. 거기에 가면 친구들과 꿈을 만날 수 있기 때문이기도 하다."

(엄은희 옮김)

01 생태, 그 결정적인 순간

1 John Bellamy Foster, The Vulnerable Planet (New York: Monthly Review Press, 1994), 12. '40년 남았다' 는 예측은 Worldwatch Institute의 연구를 근거로 한 것이다. Lester R. Brown, et al., "World Without End," Natural History(May 1990): 89, and State of the World 1992 (London: Earthscan, 1992), 3~8.

2 James Hansen, "Tipping Point," in E. Fearn and K. H. Redford eds, The State of the Wild 2008 (Washington, D.C.: Island Press, 2008), http://pubs.giss.nasa.gov/docs/2008/2008_Hansen_1.pdf, 7~15 와 James Hansen, "The Threat to the Planet," New York Times Review of Books, July 13, 2006을 보라. 기후변화와 관련된 티핑 포인트에 대한 주장은 경제적 축적체제에 의해 만들어진 '생물권의 균열(biospheric rifts)'이라는 맥락에서 가장 잘 이해될 수 있다. 이에 대해서는 Brett Clark and Richard York, "Carbon Metabolism and Global Capitalism: Climate Change and the Biospheric Rift," Theory and Society 34, no. 4(2005): 391~428을 보라.

3 Lester R. Brown, Plan B 3.0 (New York: W.W. Norton, 2008), 102. 2007년 현재 멸종위기에 처한 종의 비율은 확인된 세계 조류종의 12%, 세계 포유류종의 20%, 세계 어류종의 39%에 이른다. International Union for the Conservation of Nature (IUCN), IUCN Red List of Threatened Species, Table 1, "Numbers of Threatened Species by Major Groups of Organisms" (http://www.iucnredlist.org/infor/stats)를 보라. 덧붙여 말한다면 기후변화는 식물종의 다양성에 심각한 영향을 미치고 있다. "최근의 연구들은 기후변화로 금세기 말까지 세계 식물종의 절반이 멸종될 수 있다고 예측한다." Belinda Hawkins, Suzanne Sharrock, and Kay Havens, Plants and Climate Change (Richmond, UK: Botanic Gardens Conservation International, 2008), 9를 보라.

4 David Spratt and Philip Sutton, Climate Code Red (Fitzroy, Australia: Friends of the Earth, 2008), http://www.climatecodered.net, 4; Brown, Plan B 3.0, 3; James Hansen, et al., "Climate Change and Trace Gases," Philosophical Transactions of the Royal Society 365 (2007), 1925~54; James Lovelock, The Revenge of Gaia (New York: Basic Books, 2006), 34; Minqi Li, "Climate Change, Limits to Growth, and the Imperative for Socialism," Monthly Review 60, no. 3 (July~August 2008), 51~67; "Arctic Summers Ice-Free 'by 2013,'" BBC News, December 12, 2007.

5 Hansen, "Tipping Point," 7~8.

6 Brown, Plan B 3.0, 4~5. 주류 환경주의자인 브라운은 생태문제의 심각성은 정확히 묘사하고 있지만, 기술적인 조정과 시장의 마술을 현명하게 조합하면 사회를 실질적으로 변화시키지 않고도 모든 것이 쉽게 잘 교정될 수 있다고 주장한다. Minqi Li, "Climate Change, Limits to Growth, and the Imperative for Socialism," Monthly Review 60, no. 3 (July~August 2008), 51~67.

7 Nicholas Stern, The Economics of Climate Change: The Stern Review (Cambridge: Cambridge University Press, 2007).

8 스턴보고서는 윌리엄 노드하우스를 비롯한 보수적인 주류 경제학자들의 비판을 받아왔다. 스턴보고서

의 분석은 노드하우스의 분석과 같은 보다 표준적인 경제적 분석에 비해 미래의 비용과 편익에 대해 훨씬 낮은 할인율을 적용함으로써 현재의 가치에 견주어 미래의 가치를 지나치게 중시하는 윤리적 선택을 하는 결과를 낳는다는 것이다. 그렇게 하면 오늘날의 환경문제가 더욱 절박한 것이 된다고 주류 경제학자들은 주장한다. 사실 미래에 대해 노드하우스는 연 6%로 할인하는 데 비해 스턴은 그 4분의 1인 연 1.4%로 할인한다. 따라서 1세기 뒤의 1조 달러가 스턴보고서의 경우에는 오늘날의 2470억 달러와 같은 가치를 갖는 데 비해 노드하우스의 경우에는 오늘날의 25억 달러와 같은 가치를 갖는다. 노드하우스는 스턴보고서를 가리켜 "기후변화 경제학에 대한 급진적인 수정"이라면서 이 보고서가 "단기적으로 과도하게 많은 배출량 감축을 요구한다"고 비판한다. John Browne, "The Ethics of Climate Change," Scientific American 298, no. 6 (June 2008): 97~100; William Nordhaus, A Question of Balance (New Haven: Yale University Press, 2008), 18, 190.

9 James Hansen, et al., "Target Atmospheric CO2: Where Should Humanity Aim?," Science에 제출된 논문의 요약, http://pubs.giss.nasa.gov/abstracts/submitted/Hansen_etal.html (2008년 5월 접속). 이 논문 이전에도 NASA 고다드 우주연구소의 한센과 그의 동료들은 양의 피드백과 기후의 티핑 포인트를 고려할 때 지구의 평균기온 상승폭이 2000년을 기준으로 1°C 이내로 억제돼야 한다고 주장했다. 이는 대기 중 CO2 농도가 450ppm이나 그 이하로 유지될 필요가 있음을 의미한다. Pushker A. Kharecha and James E. Hansen, "Implications of 'Peak Oil' for Atmospheric CO2 and Climate," Global Biogeochemistry, 2008. http://pubs.giss.nasa.gov/abstracts/inpress/Kharecha_Hansen.html.

10 Stern, The Economics of Climate Change, 4~5, 11~16, 95, 193, 220~34, 637, 649~51; "Evidence of Human-Caused Global Warming is Now 'Unequivocal'," Science Daily, http://www.sciencedaily.com; Browne, "The Ethics of Climate Change," 100; Spratt and Sutton, Climate Code Red, 30; Editors, "Climate Fatigue," Scientific American 298, no 6 (June 2008): 39; Ted Trainer, "A Short Critique of the Stern Review," Real-World Economics Review, 45 (2008), http://www.paecon.net/PAEReview/issue45/Trainer45.pdf, 54~58. 스턴보고서가 온실가스 감축의 성공사례로 프랑스의 핵전환을 제시했지만 이런 경로로 나아가서는 안 될 강력한 환경적 이유가 존재한다. Robert Furber, James C. Warf, and Sheldon C. Plotkin, "The Future of Nuclear Power," Monthly Review 59, no. 9 (February 2008): 38~48을 보라.

11 Paul M. Sweezy, "Capitalism and the Environment," Monthly Review 41, no. 2 (June 1989): 1~10.

12 Michael Shellenberger and Ted Nordhaus, "The Death of Environmentalism," Environmental Grantmakers Association, October 2004, http://thebreakthrough.org/PDF/Death_of_Environmentalism.pdf.

13 James Gustave Speth, The Bridge at the End of the World: Capitalism, the Environment, and Crossing from Crisis to Sustainability (New Haven: Yale University Press, 2008), xi, 48~63; 107, 194~98; Samuel Bowles and Richard Edwards, Understanding Capitalism (New York: Oxford University Press, 1985), 119, 148~52. '글로벌 시나리오 그룹(Global Scenario Group)'에 대해서는 John Bellamy Foster, "Organizing Ecological Revolution," Monthly Review 57, no 5 (October 2005): 1~10을 보라. 생태적 지속가능성, 고전적 사회주의, 자본주의에 의해 자연과의 물질대사에 초래되는 균열 등에 대한 마르크스의 비판적 논의에 대해서는 John Bellamy Foster, Marx's Ecology (New York: Monthly Review Press, 2000)를 보라.

14 William Morris, "Why Not," in Morris, Political Writings (Bristol: Thoemmes Press, 1994), 24~27.

2. 자본주의에서 사회주의로의 이행과 생태

이 글은 2008년 4월 12일에 호주의 시드니에서 〈그린 레프트 위클리(Green Left Weekly)〉의 주최로 열린 '기후변화, 사회변화'에 관한 회의에서 기조연설을 통해 발표한 내용을 일부 수정한 것이다.

1 Karl Marx, Capital, vol. 3 (New York: Vintage, 1981), 959.

2 Karl Marx, Capital, vol. 1 (New York: Vintage, 1976), 636~39, Capital, vol 3, 754, 911, 948~49.

3 Karl Marx, Early Writings (New York: Vintage, 1974), 328. 앞에서 소개된 마르크스와 엥겔스의 생태적 우려에 관한 기록은 다음 저작들에서 발견할 수 있다. Paul Burkett, Marx and Nature (New York: St. Martin's Press, 1999); John Bellamy Foster, Marx's Ecology (New York: Monthly Review Press, 2000); Paul Burkett and John Bellamy Foster, "Metabolism, Energy, and Entropy in Marx's Critique of Political Economy," Theory & Society 35 (2006): 109~56. 엥겔스와 마르크스가 제기한 당대의 지역적 기후변화 문제(산림파괴로 인한 기온변화에 관한 고찰)에 대해서는 Marx and Engels, MEGA IV, 31 (Amsterdam: Akadamie Verlag, 1999), 512~15에 실려 있는 프라스(Fraas)에 관한 엥겔스의 주석을 보라.

4 Marx, Capital, vol. 3, 911.

5 마르크스 이후 사회주의자들의 생태적 통찰에 대해서는 Foster, Marx's Ecology, 236~54를 보라. 소련 초기의 생태학에 대해서는 Douglas R. Weiner, Models of Nature (Bloomington: Indiana University Press, 1988)도 참고하라. 포돌린스키에 대해서는 John Bellamy Foster and Paul Burkett, "Ecological Economics and Classical Marxism," Organization & Environment 17, no. 1 (March 2004): 32~60을 보라.

6 Karl Marx, Grundrisse (London: Penguin, 1973), 471~79, and Capital, vol. 1 (London: Penguin, 1976), 915.

7 '불안정한 일자리'에 관해서는 Fatma Ulku Selcuk, "Dressing the Wound," Monthly Review 57, no. 1 (May 2005): 37~44를 보라.

8 Joseph Needham, Moulds of Understanding (London: George Allen and Unwin, 1976), 301.

9 Branko Milanovic, Worlds Apart (Princeton: Princeton University Press, 2005); John Bellamy Foster, "The Imperialist World System," Monthly Review, vol 59, no. 1 (May 2007): 1~16.

10 Hannah Arendt, The Human Condition (Chicago: University of Chicago Press, 1958), 248~73; Karl Marx and Frederick Engels, Collected Works (New York: International Publishers, 1975), vol. 1, 224~63.

11 Michael R. Raupach, et al., "Global and Regional Drivers of Accelerating CO2 Emissions," Proceedings of the National Academy of Sciences 104, no. 24 (June 12, 2007): 10289, 10288; Associated Press, "Global Warming: It's the Humidity," October 10, 2007.

12 Paul Burkett의 "Marx's Vision of Sustainable Human Development," Monthly Review 57, no. 5 (October 2005): 34~62를 보라.

13 Ernesto Che Guevara, "Man and Socialism in Cuba." 체 게바라는 사회주의로의 이행에 대한 부르주아

적 비판에 대해 말하고 있다. 하지만 그가 극복돼야 했던 초기 사회주의 실험의 실제 모순으로서 이 문제를 보았던 것은 분명하다. Michael Löwy, The Marxism of Che Guevara (New York: Monthly Review Press, 1973), 59~73.

14 Rodriguez quoted in Richard Gott, In the Shadow of the Liberator (London: Verso, 2000), 116; Simón Bolivar, "Message to the Congress of Bolivia," May 25, 1826, Selected Works (New York: The Colonial Press, 1951), vol. 2, 603.

15 Karl Marx, The Poverty of Philosophy (New York: International Publishers, 1963), 146, and Early Writings (New York: Vintage, 1974), 348, 353.

16 István Mészáros, Socialism or Barbarism (New York: Monthly Review Press, 2002), 23.

17 바이오연료 생산에 대해서는 Fidel Castro Ruiz가 지난 시기에 대해 일련의 회고를 하면서 강력히 비판한 바 있다. http://www.monthlyreview.org/castro/index.php를 보라.

18 Paul M. Sweezy, "The Transition to Socialism," in Sweezy and Charles Bettelheim, On the Transition to Socialism (New York: Monthly Review Press, 1971), 112, 115; Michael Lebowitz, Build it Now (New York: Monthly Review Press, 2006), 13~14를 보라.

19 G. W. F. Hegel, Introductory Lectures on Aesthetics (London: Penguin, 1993), 51; Karl Marx, "Confessions," in Teodor Shanin, Late Marx and the Russian Road (New York: Monthly Review Press, 1983), 140.

20 Bill McKibben, Hope, Human and Wild (Minneapolis: Milkweed Editions, 1995), and Deep Economy (New York: Henry Holt, 2007)를 보라.

21 Michael A. Lebowitz, "An Alternative Worth Struggling For," Monthly Review 60, no. 5 (October 2008): 20~21.

22 McKibben, Deep Economy, 73. 또한 Richard Levins, "How Cuba is Going Ecological," in Richard Lewontin and Richard Levins, Biology Under the Influence (New York: Monthly Review Press, 2007), 343~64; Rebecca Clausen, "Healing the Rift: Metabolic Restoration in Cuban Agriculture," Monthly Review 59, no. 1 (May 2007): 40~52; World Wildlife Fund, Living Planet Report 2006, http://assets.panda.org/downloads/living_planet_report.pdf, 19; Peter M. Rosset, "Cuba: A Successful Case Study of Sustainable Agriculture," in Fred Magdoff, John Bellamy Foster, and Frederick H. Buttel, eds., Hungry for Profit (New York: Monthly Review Press, 1999), 203~14를 보라.

23 Levins, "How Cuba is Going Ecological," 355~56 in Lewontin and Levins, Biology Under the Influence, 367.

24 Lebowitz, Build it Now, 107~09. 차베스에 영향을 준 '공동체적 교환(communal exchange)' 이론에 대해서는 István Mészáros, Beyond Capital (New York: Monthly Review Press, 1995), 758~60을 보라. '사회주의적 시간회계(socialist time accountancy)'에 대해서는 Mészáros, Crisis and Burden of Historical Time (New York: Monthly Review Press, 2008)을 보라.

25 David Raby, "The Greening of Venezuela," Monthly Review 56, no. 5 (November 2004): 49~52.

26 McKibben, Hope, 62, 154.

3. 균열과 전환: 환경위기의 뿌리 찾기

1 James Hansen, "Tipping Point," in E. Fearn and K. H. Redford, ed., State of the World 2008 (Washington, D.C.: Island Press, 2008), 7~8.

2 Arthur P. J. Mol, Globalization and Environmental Reform (Cambridge: MIT Press, 2001); Charles Leadbeater, The Weightless Society (New York: Texere, 2000).

3 John Bellamy Foster, Marx's Ecology (New York: Monthly Review Press, 2000), 158; Karl Marx, Capital, vol. 1 (New York: Vintage, 1976), 637~38.

4 István Mészáros, Beyond Capital (New York: Monthly Press, 1995), 40~45, 170~71; István Mészáros, "The Necessity of Planning," Monthly Review 58, no. 5 (2006): 27~35.

5 Karl Marx, Grundrisse (New York: Penguin Books, 1993), 409~10; Paul Sweezy, "Capitalism and the Environment," Monthly Review 56, no. 5 (2004): 86~93; Paul Burkett, Marx and Nature (New York: St. Martin's Press, 1999).

6 Justus von Liebig, Letters on Modern Agriculture (London: Walton & Maberly, 1859).

7 Karl Marx, Capital, vol. 3 (New York: Penguin Books, 1991), 949.

8 John Bellamy Foster and Brett Clark, "Ecological Imperialism," in Leo Panitch and Colin Leys, ed., Socialist Register 2004 (London: Merlin Press, 2003); Jason W. Moore, "The Modern World–System as Environmental History?," Theory and Society 32, no. 3 (2003): 307~77; Marx, Capital, vol. 1, 637.

9 Karl Marx, "Wage Labour and Capital," in Robert Tucker, ed., The Marx–Engels Reader (New York: W.W. Norton, 1978), 213.

10 Foster and Clark, "Ecological Imperialism"; Jimmy M. Skaggs, The Great Guano Rush (New York: St. Martin's Griffin, 1994).

11 Marx, Grundrisse, 527.

12 Marx, Capital, vol. 3, 950.

13 Marx, Capital, vol. 1, 638.

14 Karl Kautsky, The Agrarian Question (Winchester, MA: Swan, 1988), 215.

15 John Bellamy Foster and Fred Magdoff, "Liebig, Marx, and the Depletion of Soil Fertility," in Fred Magdoff, John Bellamy Foster, and Frederick Buttel, ed., Hungry For Profit (New York: Monthly Review Press, 2000); Fred Magdoff, Les Lanyon, and Bill Liebhardt, "Nutrient Cycling, Transformation and Flows," Advances in Agronomy 60 (1997): 1~73; Philip Mancus, "Nitrogen Fertilizer Dependency and its Contradictions," Rural Sociology 72, no. 2 (2007): 269~88.

16 Vaclav Smil, Energy in World History (Boulder: Westview, 1994); Michael Williams, Deforesting the Earth (Chicago: University of Chicago Press, 2003); Brett Clark and Richard York, "Carbon Metabolism," Theory and Society 34, no. 4 (2005): 391~428.

17 See Joseph Fargione, et al., "Land Clearing and the Biofuel Carbon Debt," Science 319 (2008): 1235~38; Timothy Searchinger, et al., "Use of U.S. Croplands for Biofuels Increase Greenhouse Gases Through Emissions from Land–Use Change," Science 319(2008): 1238~40; Fred Magdoff, "The Political Economy and Ecology of Biofuels," Monthly Review 60, no. 3 (2008): 34~50.

18 Paul J. Crutzen, "Albedo Enhancement by Stratospheric Sulfur Injections," Climate Change 77(2006): 211~19; Freeman Dyson, "The Question of Global Warming," New York Review of Books LV(2008): 43~45.

19 Karl Marx, Theories of Surplus Value, vol. 3 (Moscow: Progress Publishers, 1971), 301~10; Istvan Meszaros, Beyond Capital, 174; James Hansen, "The Threat to the Planet," The New York Review of Books 53(2006): 12~16; Mészáros, "The Necessity of Planning," 28.

20 Marx, Capital, vol. 3, 911; Frederick Engels, Anti—Dühring (Moscow: Progress Publishers, 1969), 136~38.

4. 기후변화, 성장의 한계, 사회주의

1 Intergovernmental Panel on Climate Change, "Summary for Policymakers of the Synthesis Report of the IPCC Fourth Assessment Report," November 2007, http://www.ipcc.ch.

2 David Spratt, "The Big Melt: Lessons from the Arctic Summer of 2007," October 2007.

3 David Spratt and Philip Sutton, Climate Code Red (Friends of the Earth, 2008), http://www.climatecodered.net.

4 David Spratt and Philip Sutton, Climate Code Red Jonathan Leake, "Fiddling with Figures while the Earth Burns," Times Online, May 6 2007, http://www.ecolo.org/ lovelock; James Lovelock, The Revenge of Gaia (New York: Basic Books, 2006), 15~38.

5 James Hansen et al., "대기 중 CO2 목표: 인류는 목표를 어디에 두어야 하는가?(Target Atmostpheric CO2: Where Should Humanity Aim?" (초록, Abstract), April 2008 (accessed May 2008). 또한 John Bellamy Foster, "The Ecology of Destruction," Monthly Review 58, no. 8 (2007): 1~14도 참고하라.

6 이는 '제번스의 역설'로 알려진 것이다. 여기서 제번스는 이런 연관관계에 처음으로 주목한 19세기의 영국 경제학자 윌리엄 스탠리 제번스(William Stanley Jevons)를 가리킨다. Brett Clark and John Bellamy Foster의 "William Stanley Jevons and The Coal Question, "Organization & Environment 14, no. 1 (2001): 93~98 참조; John Bellamy Foster, Ecology Against Capitalism (New York: Monthly Review Press, 2002), 94~95도 참조.

7 Ted Trainer, Renewable Energy Cannot Sustain A Consumer Society (Dordrecht, Netherlands: Springer, 2007), 110~11.

8 Energy Watch Group, "Uranium Resources and Nuclear Energy," EWG—Series No. 1/2006 (December).

9 Michael H. Heusemann, "The Limits of Technological Solutions to Sustainable Development," Clean Technology and Environmental Policy 5 (2003): 21~34. 독일정부가 후원한 최근의 한 실험은 풍력 61%, 태양광 14%, 바이오매스 25%의 구성으로 전력을 생산하면 기존의 전력수요를 최대 100%까지 충족시킬 수 있음을 증명해 보인다는 의도로 수행됐다("Renewed Energy," The Guardian, February 26, 2008). 그러나 본문의 아래에서 설명되는 대로 바이오매스는 화석연료보다 더 많은 온실가스를 배출할 수 있다는 점에서 큰 문제가 있다. 이 때문에 위 실험의 의도에 따르더라도 발전의 탈탄소화는 75%까지만 가능하다.

10 이 글에서 인용되는 에너지 통계는 International Energy Agency, Key World Energy Statistics 2007에서 가져온 것이다.

11 '수소경제'의 발전에 대한 논의가 그동안 많았지만 수소 자체가 일차에너지원인 것은 아니다. 개발의 대상이 될 수 있는 수소의 천연저장소는 없다. 수소연료는 물에서 얻을 수 있지만, 그 과정에서 에너지의 투입이 필요하다. 수소는 단지 배터리처럼 에너지를 저장하는 수단이 될 뿐이고, 그 환경적 결과는 수소를 생산할 때 사용되는 에너지원에 의해 전적으로 좌우된다.

12 Joseph Fargione, et al., "Land Clearing and the Biofuel Carbon Debt," Science 319, no. 5867 (2008): 1235~38; Timothy Searchinger, et al., "Use of U.S. Croplands for Biofuels Increases Greenhouse Gases Through Emissions from Land–Use Change," Science 319, no. 5867 (2008): 1238~40.

13 Key World Energy Statistics (footnote 9)에 따르면 2005년에 경제협력개발기구(OECD) 회원국들의 에너지 집약도는 세계평균보다 37% 낮았다. 세계평균에 비해 프랑스는 41%, 독일은 44%, 영국은 56%만큼 각각 낮았다.

5. 석유정점과 에너지 제국주의

1 영향력 있는 주류 정치분석가이자 닉슨 행정부의 백악관에서 전략가로 일했던 켈빈 필립스(Kevin Philips)는 최근 중동 등지의 석유가 '미국 자본주의의 지구적 위기'에서 아마도 가장 중요한 전략적(비금전적) 요소로 대두되고 있다고 봐야 할 것이며, 세계가 '새로운 에너지 체제'로 전환해야 할 필요성과도 긴밀한 관계가 있다고 주장했다. Phillips, Bad Money: Reckless Finance, Failed Politics, and the Global Crisis of American Capitalism (New York: Viking, 2008), 124~27을 참고하라. 사실 세계의 석유에 대한 통제력을 확보하기 위한 시도는 미 제국의 새로운 지정학의 핵심임과 동시에 미국 헤게모니의 몰락을 방지하기 위해 계획된 것으로 볼 수 있다. John Bellamy Foster, "A Warning to Africa: The New U.S. Imperial Grand Strategy," Monthly Review 58, no. 2 (June 2006): 1~12를 보라.

2 Michael T. Klare, Blood and Oil (New York: Henry Holt, 2004), 82.

3 Colin J. Campbell and Jean H. Laherrère, "The End of Cheap Oil," Scientific American (March 1998): 78~83; International Energy Agency, World Energy Outlook, 1998 (Paris: OECD, 1998), 94~103.

4 Matthew R. Simmons, "Has Technology Created $10 Oil?," Middle East Insight (May~June 1999), 37, 39.

5 Matthew R. Simmons, "An Oil Man Reconsiders the Future of Black Gold," Good Magazine, February 11, 2008, 인용문에 괄호로 묶여 삽입된 것도 원문 그대로다.

6 Matthew R. Simmons, Twilight in the Desert: The Coming Saudi Oil Shock and the World Economy (Hoboken, New Jersey: John Wiley and Sons, 2005).

7 John Wood and Gary Long, "Long Term World Oil Supply (A Resource Base/Production Path Analysis)," Energy Information Administration, U.S. Department of Energy, July 28, 2000,

8 Klare, Blood and Oil, 13~14를 보라.

9 Sam Nunn and James R. Schlesinger, cochairs, The Geopolitics of Energy into the 21st Century, 3 volumes (Washington, D.C.: Center for Strategic and International Studies, November 2000), vol. 1, xvi~

xxiii; vol. 2, 30~31; vol. 3, 19.

10 Edward L. Morse, chair, Strategic Energy Policy Challenges for the 21th Century, cosponsored by the James A. Baker III Institute for Public Policy of Rice University and the Council on Foreign Relations (Washington, D.C: Council on Foreign Relations Press, April 2001), 3~17, 29, 43~47, 84~85, 98; Edward L. Morse, "A New Political Economy of Oil?," Journal of International Affairs 53, no. 1 (Fall 1999), 1~29도 참조하라.

11 White House, National Energy Policy (Cheney report), May 2001, http://www.whitehouse. gov/energy/National-Energy-Policy.pdf, 1~13; Department of Energy, Energy Information Administration, International Economic Outlook, 2001, http://www.eia.doe.gov/ oiaf/archive/ieo01/pdf/0484(2001).pdf, 240; International Petroleum Outlook, April 2008, tables 4.1b and 4.1d; Klare, Blood and Oil, 15, 79~81.

12 Klare, Blood and Oil, 82~83.

13 Alan Greenspan, The Age of Turbulence (London: Penguin, 2007), 462~63.

14 James A. Baker Institute for Public Policy, "The Changing Role of National Oil Companies in International Markets," Baker Institute Policy Report, no. 35 (April 2007), http://www.bakerinstitute.org/publications/BI_PolicyReport_35.pdf, 1, 10~12, 17~19.

15 Fareed Muhamedi and Raad Alkadiri, "Washington Makes It's Case for War," Middle East Report, no. 224 (Autumn 2002), 5; John Bellamy Foster, Naked Imperialism (New York: Monthly Review Press, 2006), 92.

16 U.S. Department of Energy, Energy Information Administration, International Petroleum Monthly, April 2008, tables 4.1b and 4.1d.

17 Richard Heinberg, The Party's Over (Garbiola Island, B.C: New Society Publishers, 2005), 127~28; Michael Klare, Rising Powers, Shrinking Planet (New York: Henry Holt, 2008), 41; Greenpeace, "Stop the Tar Sands/Water Pollution," http://www.greenpeace.org/canada/en/campaigns/tarsands/ threats/water-pollution.

18 Energy Watch Group, Crude Oil: The Supply Outlook, October 2007, 33~34.

19 '이른 정점론자(early peakers)'와 '늦은 정점론자(late peakers)'의 구분은 Richard Heinberg, The Oil Depletion Protocol (Garbiola Island, B.C: New Society Publishers, 2006), 17~23에서 볼 수 있다. '이른 정점론자'의 관점을 취하고 있는 대표적인 저작으로는 케네스 데페이에스(Kenneth S. Deffeyes)의 《허버트의 정점(Hubbert's Peak)》(Princeton: Princeton University Press, 2001), 데이비드 굿스타인(David Goodstein)의 《가스가 떨어지고 있다(Out of Gas)》(New York: W. W. Norton, 2004), 하인버그(Heinberg)의 《파티는 끝났다(The Party's Over)》를 들 수 있다. '케임브리지 에너지 연구연합(Cambridge Energy Research Associates)'은 독립적인 입장에서 '늦은 정점론자'들의 견해를 대표한다. http://www.cera.com/aspx/cda/public1/home/home.aspx를 참조하라.

20 International Energy Agency, World Energy Outlook, 1998, 83~84. 최근에 비재래식 석유가 부각되면서 미국 에너지부의 보고서에서처럼 '석유' 대신 '액체연료(liquids)'가 점점 더 많이 언급되고 있다. Michael T. Klare, "Beyond the Age of Petroleum," The Nation, October 25, 2007을 보라.

21 Richard Heinberg, Power Down (Gabriola Island, B.C.: New Society Publishers, 2004), 35; James

Howard Kunstler, The Long Emergency (New York: Atlantic Monthly Press, 2005), 67~68. 미국의 NASA 고다드 우주연구소와 컬럼비아대학 지구연구소에 소속돼 있는 푸슈커 카레챠(Pushker A. Kharecha)와 제임스 한센(James Hansen)은 지구온난화에 대해 석유정점이 어떤 의미를 갖고 있는가 하는 문제를 다룬 중요한 논문에서 석유로부터 발생하는 이산화탄소 배출이 대략 2016년에서 2036년까지 거의 수평을 이루는 그래프를 한 시나리오에서 그려 보여주고 있다. Pushker A. Kharecha와 James E. Hansen, "Implications of 'Peak Oil' for Atmospheric CO2 and Climate," Global Biogeochemistry (2008, in press), figure 3.

22 "Oil Officials See Limit Looming on Production," Wall Street Journal, November 11, 2007; Klare, Beyond the Age of Petroleum."

23 Phillips, Bad Money, 130~31, 153; Energy Watch Group, Crude Oil: The Supply Outlook, October 2007, 71.

24 필립스(Phillips)는 최고위층의 분석과 워싱턴의 공식적인 진술 간에 이와 같은 차이가 나는 것은 미국의 시스템 그 자체가 현재 정점에 달하고 있다는 견해를 일반인들에게 알리지 않고자 하는 데서 대체로 연유한다고 보고 있다. Pillips, Bad Money, 127을 보라.

25 Robert L. Hirsch, project leader, Peaking of World Oil Production: Impacts, Mitigation, and Risk Management, U.S. Department of Energy, February 2005, 13, 23~25. 또 다른 보다 공식적인 입장은 2005년 6월 13일 말레이시아 콸라룸푸르에서 개최된 10차 '연례 석유와 가스 총회(Annual Oil and Gas Conference)'에서 EIA의 기 카루소(Guy Caruso) 국장이 '언제 세계의 석유생산이 정점에 이를 것인가'라는 제목으로 연설하는 형식으로 2004~2005년에 EIA에 의해 발표됐다. '중간 시나리오(central scenario)'에서는 세계의 석유생산 정점이 2044년에 닥칠 것으로 추정됐는데, 이는 신뢰할 만한 다른 연구들과는 크게 다른 것이다. http://www.eia.doe.gov/neic/speeches/Caruso061305.pdf를 참조하라.

26 Robert L. Hirsh, "The Inevitable Peaking of World Oil Production," Bulletin of the Atlantic Council of the United States 16, no. 2 (October 2005): 8.

27 Daniel F. Fournier and Eileen T. Westervelt, U.S Army Engineer Research and Development Center, U.S. Army Corps of Engineers, Energy Trends and their Implications for U.S. Army Installations, September 2005, vii.

28 International Energy Agency, World Energy Outlook, 2005 (Paris: OECD, 2005), 510~12; Simmons, Twilight in the Desert, 170~79; Klare, Rising Powers, Shrinking Planet, 38.

29 United States Government Accountability Office, Crude Oil: Uncertainty about Future Oil Supply Makes It Important to Develop a Strategy for Addressing a Peak and Decline in Oil Production, February 28, 2007, 4, 20~22, 35~38.

30 Bloomberg.com, "Goldman's Murti Says Oil 'Likely' to Reach a $150~$200 (Update 5)," May 6, 2008; "The Cassandra of Oil Prices," New York Times, May 21, 2008; Klare, Rising Powers, Shrinking Planet, 121~22; Joroen van der Veer (interview), "Royal Dutch Shell CEO on the End of 'Easy Oil,'"; "Not Enough Oil is Lament of BP, Exxon on Spending (Update 1)," Bloomberg.com, May 19, 2008; Mike Nizz, "Market Faces a Disturbing Oil Forecast," The Lede (New York Times blog), May 22, 2008,

31 Lester R. Brown, Plan B 3.0 (New York: W. W. Norton, 2008), 41; Fred Magdoff, "The World Food

Crisis," Monthly Review 60, no. 1 (May 2008): 1~15, and "The Political Economy and Ecology of Agrofuels," Monthly Review 34~50 (July~August, 2008).

32 Anthony H. Cordesman and Khalid R. Al~Rodhan, The Changing Risks in Global Oil Supply and Demand, Center for Strategic and International Studies, October 3, 2005 (first working draft), 8, 13~19, 55~59, 79, 83.

33 John Deutsch and James R. Schlesinger, chairs, National Security Consequences of U.S. Oil Dependence, Council on Foreign Relations, 2006, http://www.cfr.org/publication/11683/, 3, 16~30, 48 ~56.

34 James A. Baker III Institute for Public Policy of Rice University, "The Changing Role of National Oil Companies in International Oil Markets," Baker Institute Policy Report, no. 35 (April 2007), http://bakerinstitute.org/publications/BI_PolicyReport_35.pdf, 1, 10~12, 17~19.

35 Kunstler, The Long Emergency, 76~84; Baker Institute, "Changing Role of National Oil Companies," 12.

36 Roger Stern, "The Iranian Petroleum Crisis and the United States National Security," Proceedings of the National Academy of Sciences 104, no. 1 (January 2, 2007): 377~82.

37 Foster, "A Warning to Africa"; Michael Watts, "The Empire of Oil: Capitalist Dispossession and the New Scramble for Africa," Monthly Review 58, no. 4 (September 2006), 1~17; Klare, Rising Powers, Shrinking Planet, 146~76.

38 "U.S. Military Sees Oil Nationalism Spectre," Financial Times, June 26, 2006; Council on Foreign Relations, "The Return of Resource Nationalism," August 13, 2007; Eva Golinger, Bush vs. Chávez (New York: Monthly Review Press, 2008).

39 Simmons, "An Oil Man Reconsiders the Future of Black Gold."

40 Carlos Pascual, "The Geopolitics of Energy," Brookings Institution, January 2008, http://www.cfr.org/publication/15342/brookings.html, 3~4.

41 Daniel Litvin, The Guardian (UK), "Oil, Gas and Imperialism," January 4, 2006.

42 Joshua Kurlantzick, "Put a Tyrant in Your Tank," Mother Jones 33, no. 3 (May~June 2008), 38~42, 88 ~89.

43 리처드 하인버그(Richard Heinberg)의 저서 Peak Everything(Gabriola Island: New Society Publishers, 2008)의 탁월한 장인 'Bridging Peak Oil and Climate Change Activism', 141~57을 보라. 생물권의 균열이라는 개념에 대해서는 브레트 클라크(Brett Clark)와 리처드 요크(Richard York)의 '탄소대사: 지구 자본주의와 기후변화, 생물권의 균열(Carbon Metabolism: Global Capitalism, Climate Change, and the Biospheric Rift),' Theory & Society 34, no. 4 (2005): 391~428을 참고하라. 석유정점과 지구온난화에 관한 논문에서 카레챠와 한센은 세계의 석유생산이 지질학적 요인뿐만 아니라 경제적, 정치적 요인에 의해서도 조정되면서 정점에 이르게 되는 것이 주된 이유로 작용해서 2016년에 석유로부터의 이산화탄소 배출량이 정점에 이르게 된다는 '대기 중 탄소 안정화의 기본 시나리오'를 내놓았다. 그들은 만약 그러한 정점이 닥친다면 과학자들이 점점 더 안전한 수준의 한계로 간주하는 450ppm(이는 산업화 이전에 비해 지구의 평균기온을 2℃ 정도 상승시키는 수준이다)에서 대기 중 이산화탄소 농도의 안정화가 확실하게 실현될 것이라고 주장한다. 그러나 그러한 수준에서 대기 중 이산화탄소 농도를 안정

시키기 위해서는 석탄화력발전소로부터의 이산화탄소 배출량이 2025년까지 정점에 도달하는 동시에 탄소가 격리되지 않는 석탄화력발전소가 단계적으로 퇴출되어 '세기 중반 이전'에 완전히 사라지는 것이 요구된다. Pusher and Kharecha, "Implications of 'Peak Oil' for Atmospheric CO2 and Climate."

44 Rachel Carson, Lost Woods (Boston: Beacon Press, 1998), 210.

6. 액화천연가스와 화석자본주의

이 글은 멕시코와 나이지리아에서 진행 중인 연구를 토대로 한 것이다. 이 글의 주요 내용은 2007년 12월에 스토니브루크의 뉴욕주립대학에서 '위험한 거래: 지구화되고 있는 세계에서의 산업자본의 역사'라는 주제로 열린 컨퍼런스에서 발표됐다. 필자는 이 연구를 지원해준 캘리포니아대학 버클리캠퍼스의 키리아시-반트루프 펠로십 프로그램, 유익한 논평을 해준 로리 콕스, 바하칼리포르니아에서 이 일을 지원하고 협력해준 세르히오 차베스, 연구를 보조해준 페르난도 루악스에게 고마운 마음을 전한다.

1 Elmar Altvater, "The Social and Natural Environment of Fossil Capitalism," in Leo Panitch and Colin Leys, ed., Socialist Register 2007 (New York: Monthly Review Press, 2006).

2 http://www.LNGpollutes.org를 보라.

3 John Bellamy Foster and Brett Clark, "Ecological Imperialism: The Curse of Capitalism," in Leo Panitch and Colin Leys, ed., Socialist Register 2004 (New York: Monthly Review Press, 2003), 186~201. David Harvey, The New Imperialism (New York: Oxford University Press, 2003), and Spaces of Hope (Berkeley: University of California Press, 2000). Lorenzo Meyer, Mexico and the United States in the Oil Controversy 1917~42 (Austin: University of Texas Press, 1972).

4 Richard Auty, Sustaining Development in Mineral Economies (London: Routledge, 1993); Terry Lynn Karl, The Paradox of Plenty (Berkeley: University of California Press, 1997); M. Ross, "Does Oil Hinder Democracy?" World Politics 53, no. 3 (2001): 325~61 등에 나오는 표현들이다. 석유와 갈등의 연관성에 대한 일부 전통적 접근을 비판한 문헌으로는 M. Watts, "Resource curse?" Geopolitics 9, 1 (50~80) 과 K. Omeje, ed., Extractive Economies and Conflicts in the Global South (Aldershot, Ashgate, 2008)가 있다.

5 예를 들어 Lorenzo Meyer and Isidro Morales, Petróleo y nación (Mexico D. F.: Colegio de Mexico, 1990) 을 보라.

6 이 문제는 부채위기에 뒤이은 시기에 보다 두드러지게 됐다. 부채위기란 사실 선진국의 은행들이 1970 년대 석유파동의 시기에 개도국의 석유수출업자들이 맡긴 석유달러를 환류시킬 필요가 있었던 데서 연유한 것이었다.

7 Foster and Clark, "Ecological Imperialism"; Jason W. Moore, "Environmental Crises and the Metabolic Rift in World-Historical Perspective," Organization & Environment 13, no. 2 (2000): 123~57.

8 Gavin Bridge, "Gas, and How to Get It," Geoforum 35 (2005): 395~97.

9 Paulina Jaramillo, W. M. Griffin, and H. S. Matthews, "Comparative Life-Cycle Air Emissions of Coal, Domestic Natural Gas, LNG, and SNG for Electricity Generation." Environmental Science and

Technology 41, no. 17 (2007): 6290~96을 보라.

10 Faith Birol, "LNG in the World Energy Outlook," International Energy Agency Presentation to "Making Gas Market Global Workshop," Paris, 2005.

11 Ike Okonta, When Citizens Revolt (Trenton: Africa World Press, 2008); Don Pedro, Ibiba, Oil in the Water (Lagos, Foreword Communications, 2006); Cyril Obi, The Changing Forms of Iden Nordiska Afrikainstitutet (Uppsala, 2001)를 보라.

12 보다 자세한 통계에 대해서는 Environmental Rights Action Nigeria, (Friends of the Earth), Gas Flaring in Nigeria, 2005, http://www.eraction.org/files/gas.flaring.in.nigeria.pdf를 보라.

13 Ukoha Ukiwo, "From 'pirates' to 'militants,'" African Affairs 2007 106, no. 425: 587~610; Peterside and Zalik "The Commodification of Violence in the Niger Delta" in Leo Panitch and Colin Leys, eds., Socialist Register 2009. (NewYork: Monthly Review Press, 2008).

14 Peter P. Ekeh, "Colonialism and the Two Publics in Africa," Comparative Studies in Society and History 17 (1975): 91~112.

15 피니마(Finima)의 생태보호구역을 관리하는 비정부기구(NGO)는 생태보호구역 안에서 파이프를 비롯한 산업쓰레기가 버려져 있는 것을 자주 발견한다. 필자의 현장조사; 2003, 2006.

16 이 시기에 일어난 생태파괴에 관한 보다 자세한 내용에 대해서는 Myrna Santiago, The Ecology of Oil (Cambridge: Cambridge University Press, 2006), 133을 보라.

17 http://UNTCIP.net를 보라.

18 Tyler Hamilton, "Is LNG Flame Burning Out?" Toronto Star, April 12, 2008을 보라. 그리고 http://www.savepassamaquoddybay.org도 보라.

19 The Daily Astorian, May 13, 2008을 보라. 빌 클린턴은 아스토리아(Astoria) 지역을 방문했을 때 힐러리가 LNG 기지에 대한 승인권한을 연방에너지규제위원회(Federal Energy Regulatory Commission)에 준 2005년도 에너지법(Energy Policy Act)에 반대하고 있다고 말했다. 이 법의 내용 가운데 일부는 논란의 대상이 되고 있다. http://www.energycurrent.com/?id=3&storyid=9628을 보라.

20 James Ridgeway, "Homeland Security: Floating Targets," Sept. 6, 2007, http://www.motherjones.com/news/featurex/2007/09/homeland-insecurity-floating-targets.html.

21 Richard Kuprewicz, et al., Public Safety and FERC's LNG (Bellingham, WA: Pipeline Safety Trust, 2005). 수송관안전기금(Pipeline Safety Trust)은 1999년에 벨링햄(Bellingham) 인근에서 '올림픽 수송관' 폭발사건이 일어난 직후에 만들어졌다.

22 http://www.ferc.gov/o12faqpro/default.asp?Action=Q&ID=464.

23 Kuprewicz, et al., Public Safety and FERC's LNG. 이 보고서는 일어날 수 있는 LNG 사고의 다양한 형태를 설명하고 있다. 그것은 풀화재(pool fire), 가연성 증기구름, 무화염 폭발 등이다. 풀화재의 경우에는 누출된 LNG에서 증발한 기체에 불이 붙게 되면 누출되는 LNG가 누출원에서 점점 더 멀리까지 퍼지면서 누출된 LNG의 덩어리(pool)가 커지게 된다. 이렇게 일어난 불은 누출원의 LNG가 모두 다 누출되어 타서 없어지기 전에는 꺼지지 않으며, 그 과정에서 불의 열복사로 인해 누출원에서 상당히 먼 거리에 있는 사람이나 재산에까지 손상을 입힐 수 있다. 만약 이와 같이 누출된 LNG에 불이 붙지 않을 경우에는 그 LNG 덩어리가 바다 위를 떠다니게 되며, 그러다가 발화원을 만나게 되면 그때의 LNG 덩어리 내 농도분포에 따라 그 덩어리의 다양한 부분에서 다양한 강도로 불이 붙게 된다.

24 Loretta Lynch, formerly California Public Utilities Commissioner, http://pacificenvironment.org/article.php?id=2074.

25 캘리포니아 공익사업위원회는 캘리포니아 주 안에서 LNG에 관한 대중적 청문회를 열라는 RACE 연합의 요구를 거부했다. Rory Cox and Robert Freehling, "Collision Course," 24, http://www.raceforcleanenergy.org/downloads/PacEnvCollisionCourse-FINAL.pdf를 보라.

26 Greenpeace Mexico, Press Release, May 29, 2004. "초국적기업들의 LNG 프로젝트를 받아들이는 것은 에너지에 대한 의존과 고위험, 그리고 우리가 미국의 뒤뜰이 되는 것을 수용한다는 의미다."

27 http://www.surfrider.org를 보라.

28 U.S. Energy Information Administration/Department of Energy, Mexico Country Analysis Brief, January 2007을 보라.

29 가스업계의 한 관계자는 2004년에 '멕시코 가스' 프로젝트에 관한 브리핑에서 해안에서 20마일 떨어진 코로나도 섬에서 셰브론이 추진 중인 프로젝트에 대해 멕시코 의회가 "멕시코가 주권을 가진 수자원에 대해 결국은 외국의 다국적기업들이 통제권을 갖게 될 것"이라며 반대하고 있다고 강조했다. Haynes and Boone LLP, "Mexico's Gas Markets." Available at http://www.hg.org/articles/article_410.html.

30 William Freudenburg and Robert Gramling, Oil in Troubled Waters (Albany: SUNY, 2004).

31 이 점에 대해서는 Santiago, The Ecology of Oil을 보라.

32 Jason W. Moore, "Environmental Crises and the Metabolic Rift in World-Historical Perspective," Organization & Environment 13, no. 2 (2000): 123~57; John Bellamy Foster, "Marx's Theory of Metabolic Rift: Classical Foundations for Environmental Sociology," American Journal of Sociology 2 (1999): 366~405.

7. 바이오연료의 정치경제학과 생태학

1 US Environmental Protection Agency, "Regulation of Fuels and Fuel Additives," Federal Register 72, no.83 (May 1, 2007).

2 David Pimentel and T.W. Patzek, "Ethanol Production Using Corn, Switchgrass, and Wood; Biodiesel Production Using Soybean and Sunflower," Natural Resources Research 14, no.1.(2005): 65~76.

3 Jason Hill, et al., "Environmental, Economic, and Energetic Costs and Benefits of Biodiesel and Ethanol Biofuels," Proceedings of the National Academy of Sciences 103 (2006): 11206~10.

4 Doug Koplow, "Biofuels-At What Cost? Government support for ethanol and biodiesel in the United States: 2007 Update" (International Institute for Sustainable Development, 2007)

5 Renewable Fuel Association, "US Fuel Ethanol Industry Biorefineries and Production Capacity," (accessed May 9, 2008)

6 James Bovard, "Archer Daniels Midland"; A Case Study In Corporate Welfare (Cato Policy Analysis no.241, 1995).

7 Fred Magdoff, "The World Food Crisis," Monthly Review 60, no. 1. (May 2008): 1~15.

8 Lester Brown, Plan B 3.0 (New York: Norton & Co., 2008).

9 Committee on Water Implications of Biofuels Production in the United States, Water Implications of Biofuels Production in the United States (National Research Council, 2008).

10 S. D. Donner and C. J. Kucharik, "Corn—Based Ethanol Production Compromises Goal of Reducing Nitrogen Export by the Mississippi River," Proceedings of the National Academy of Sciences 105(2008): 4513~18.

11 Political Economy Research Institute, "Toxic 100 Index" (University of Massachusetts).

12 Construction Permit no. CPM02—0006 for the specific modification of A Wet Corn Milling and Ethanol Production Facility at Columbus, Nebraska.

13 Cal Hodge, "Ethanol Use in US Gasoline Should Be Banned, Not Expanded" Oil & Gas Journal(September 9, 2002); 20~30; Cal Hodge, "More Evidence Mounts for Banning, Not Expanding, Use of Ethanol in Gasoline," Oil & Gas Journal(October 6, 2003): 20~25.

14 J. P. W. Scharlemann and W. F. Laurance, How Green Are Biofuels?" Science 319 (2008): 43~44.

15 David Pimentel and T. Patzek, "Ethanol Production," Natural Resources Research 16 (2007): 235~42.

16 Joe Fargione, et al., "Land Clearing and the Biofuel Carbon Debt," Science 319 (2008): 1235~38.

8. 세계사적 시각에서 본 생태위기와 농업문제

1 George Lukács, History and Class Consciousness (MIT Press, 1971).

2 Tony Smith, New York Times, October 14, 2003.

3 Philip McMichael, "Global Development and the Corporate Food Regime," Research in Rural Sociology and Development 11 (2005): 269~303.

4 Karl Kautsky, The Agrarian Question (Zwan, 1988 translation of 1899 original), 214~15.

5 John Bellamy Foster, "Marx's Theory of Metabolic Rift," American Journal of Sociology 105 (1999), 366~405.

6 Jason W. Moore, "Nature and the Transition from Feudalism to Capitalism," Review 26, no. 2 (2003): 97~172; "The Modern World—System as Environmental History?," Theory & Society 32, no. 3 (2003): 307~77; and Ecology and the Rise of Capitalism, doctoral dissertation, Univ. of California, Berkeley, 2007.

7 이와 관련해서는 특히 Terry J. Byres, Capitalism from Above and Capitalism from Below (Macmillan, 1996)와 Henry Bernstein, "Changing Before Our Very Eyes," Journal of Agrarian Change 4, no. 1~2 (2004)를 보라.

8 Jason W. Moore, "Capitalism as World—Ecology," Organization & Environment 16, no. 4 (2003): 431~58.

9 Devra Davis의 역작 The Secret History of the War on Cancer (Basic, 2007)를 보라.

10 Karl Marx, Grundrisse (Vintage, 1973), 90.

11 Giovanni Arrighi, The Long Twentieth Century (Verso, 1994).

12 Jason W. Moore, "Environmental Crises and the Metabolic Rift in World—Historical Perspective,"

Organization & Environment 13, no. 2 (2000): 123~57.

13 David Harvey, The New Imperialism (Oxford University Press, 2003).

9. 바다의 위기: 자본주의와 해양생태계의 악화

1 Ivan Valiela, Marine Ecological Processes (New York: Springer, 1995); Jeremy B. Jackson, et al., "Historical Overfishing and the Recent Collapse of Coastal Ecosystems," Science 293 (2001): 629~37.

2 Pew Oceans Commission, America's Living Oceans (Arlington, Va.: PEW, 2003), v; Food and Agriculture Organization (FAO) of the United Nations, The State of World Fisheries and Aquaculture (Rome: FAO, 2002), 23; Ransom A. Meyers and Boris Worm, "Rapid Worldwide Depletion of Predatory Fish Communities," Nature 423 (2003): 280~83; Jennie M. Harrington, Ransom A. Myers, and Andrew A. Rosenberg, "Wasted Fishery Resources," Fish & Fisheries 6, no. 4 (2005): 350~61.

3 Benjamin S. Halpern, et al., "A Global Map of Human Impact on Marine Ecosystems," Science 319 (2008): 948~952; Jennifer L. Molnar, et al., "Assessing the Global Threat of Invasive Species to Marine Biodiversity," Frontiers in Ecology and the Environment 6 (2008), doi: 10.1890/070064; Callum Roberts, The Unnatural History of the Sea (Washington, DC: Island Press, 2007).

4 István Mészáros, Beyond Capital (New York: Monthly Review Press, 1995), 40~44; John Bellamy Foster, Ecology Against Capitalism (New York: Monthly Review Press, 2002).

5 '물질대사(Metabolism; 자연과 인간 사이의 상호작용 관계와 그러한 상호작용 체계의 재생산에 대한 다양한 조절과정들 상호간의 관계)'는 생태학의 토대가 되는 개념이다. 마르크스는 자기가 살던 시대의 환경문제를 분석할 때 자연체계들의 물질대사를 검토함으로써 물질대사 접근법을 활용했다. '물질대사의 균열'은 애초에는 농업위기와 토양위기의 맥락에서 설명됐지만 우리는 이 개념의 적용을 자연과 바다 사이의 상호작용에 대한 연구에까지 확장시킨다. 메자로스는 각각의 생산양식은 사회와 자연 사이의 물질교환이 지닌 특징으로 구분될 수 있는 특정한 사회적 물질대사 질서를 형성한다고 지적한다. Mészáros, Beyond Capital, 40~45; John Bellamy Foster, Marx's Ecology (New York: Monthly Review)를 보라. 이 글은 해양 생태계에 대해 물질대사 분석을 확장하고 발전시킨 우리 자신의 논문 "The Metabolic Rift and Marine Ecology," Organization & Environment 18, no. 4 (2005): 422~44에 토대를 둔 것이다.

6 Valiela, Marine Ecological Processes, 275.

7 Pew Ocean Commission, America's Living Oceans; Elisabeth Borgese, The Oceanic Circle (New York: United Nations University Press, 1998).

8 Farooq Azam, et al., "The Ecological Role of Water—Column Microbes in the Sea," Marine Ecology Progress, Series 10 (1983): 257~63; Valiela, Marine Ecological Processes.

9 James A. Estes, "Exploitation of Marine Mammals," Journal of the Fisheries Research Board of Canada 36 (1979): 1009~17; M. Omori, "Zooplankton Fisheries of the World," Marine Biology 48 (1978): 199~205.

10 Richard Ellis, The Empty Ocean (Washington, DC: Island Press, 2003), 13.

264

11 Mark Kurlansky, Cod (New York: Walker and Co., 1997), 138~39.

12 Northeast Fisheries Science Center, National Oceanic and Atmospheric Administration, accessed April 10, 2005, from Kurlansky, Cod.

13 오늘날의 저인망어선은 해저 1마일 깊이까지의 물고기를 잡기 위해 군에서 개발된 기술을 활용한다. 이런 배들은 제작비용이 척당 4천만 달러에 이르며, 그 길이가 축구경기장 정도 된다. 세계의 바다를 누비는 산업적 저인망어선의 수는 3만 7천 척 이상이며, 이들이 연간 8천만 톤의 물고기를 잡아들이고 있다. William Warner, Distant Water (Boston: Little, Brown and Company, 1983), viii를 보라.

14 Kurlansky, Cod.

15 Javier Perez de Cuellar, "International Law is Irrevocably Transformed," in United Nations, The Law of the Sea: Official Text of the United Nations Convention on the Law of the Sea with Annexes and Index, A/CONF.62/122 (New York: United Nations, 1983), xxix; Mike Skladany, Ben Belton, and Rebecca Clausen, "Out of Sight and Out of Mind: A New Oceanic Imperialism," Monthly Review 56, no. 9 (February 2005): 14~24.

16 Sharon Lafraniere, "Europe Takes Africa's Fish, and Boatloads of Migrants Follow," New York Times, January 14, 2008; Elisabeth Rosenthal, "Europe's Appetite for Seafood Propels Illegal Trade," New York Times, January 15, 2008; John W. Miller, "Offshore Disturbance: Global Fishing Trade Depletes African Waters," Wall Street Journal, July 18, 2007.

17 FOA, The State of World Fisheries and Aquaculture (Rome: FAO, 2004), 6, 123; FOA, The State of World Fisheries and Aquaculture 2006 (Rome: FOA, 2006), 3; Harrington, Myers, and Rosenberg, "Wasted Fishery Resources." Rebecca Clausen and Richard York, "Economic Growth and Marine Biodiversity," Conservation Biology 22 no. 2 (2008): 458~66; Jennifer A. Devine, Krista D. Baker, and Richard L. Haedrich, "Deep—Sea Fishes Qualify as Endangered," Nature 439 (2006): 29.

18 Richard Ellis, "The Bluefin in Peril," Scientific American (March 2008): 71~77.

19 Juliette Jowit, "Krill Fishing Threatens the Antarctic," Guardian, March 23, 2008.

20 Peter H. Tyedmers, Reg Watson, and Daniel Pauly, "Fueling Global Fishing Fleets," Ambio 34 no. 8 (2005): 635~38.

21 Valiela, Marine Ecological Processes A. Lack, Katherine Short, and Anna Willcock, Managing Risk and Uncertainty in Deep—Sea Fisheries (Australia: World Wildlife Fund, 2003); Devine, Baker, and Haedrich, "Deep—Sea Fishes Qualify as Endangered."

22 Dayton L. Alverson and Steven E. Hughes, "Bycatch," Reviews in Fish Biology and Fisheries 6 (1996): 443~62 Larry B. Crowder and Steven A. Murawski, "Fisheries Bycatch," Fisheries 23 (1998): 8~16; Harrington, Myers, and Rosenberg, "Wasted Fishery Resources"; Lance E. Morgan and Ratana Chuenpagdee, Shifting Gears (Washington, DC: Island Press, 2003); Dayton L. Alverson, Mark H. Freeberg, Steven A. Murawski, and J. G. Pope, "A Global Assessment of Fisheries Bycatch and Discard," FAO Fisheries Technical Paper 339 (Rome: FAO, 1996).

23 Harrington, Myers, and Rosenberg, "Wasted Fishery Resources," 358.

24 Valiela, Marine Ecological Processes, 514.

25 '먹이사슬 아래쪽 고기 잡기(fishing down the food chain)'라는 개념은 1998년에 처음 소개됐고, 이후

국제적으로 주목을 받았다. Daniel Pauly, Villy Christensen, Johanne Dalsgaard, Rainer Froese, and Francisco Torres Jr., "Fishing Down Marine Food Webs," Science 279 (1998): 860~63을 보라.

26 대구의 개체수는 인간의 어획활동이 부과하는 압박뿐만 아니라 개체수의 복원을 어렵게 만드는 그 밖의 다른 환경조건들의 압박에도 직면해 있다. 지구온난화는 해수의 온도를 높이고 있다. 이에 따라 늦은 여름에 발견되는 '온수 요각류 플랑크톤'이 '냉수 요각류 플랑크톤'을 대체했다. 냉수 요각류 플랑크톤은 대구 새끼의 먹이로, 과거에는 이 둘의 개체수가 같은 시기에 많이 늘어났다. 바다의 온난화로 인한 플랑크톤 종의 전환은 대구가 스스로 수를 회복하는 데 필요한 조건들을 더욱 복잡하게 만들었다. 북해의 추가적인 대구잡이는 대구의 개체수를 회복이 불가능할 정도로 감소시킬 수 있다. Debora MacKenzie, "Cod Starved to Extinction," New Scientist 180 (2003): 8을 보라.

27 Jeremy B. Jackson, et al., "Historical Overfishing and the Recent Collapse of Coastal Ecosystems," Science 293 (2001): 629~37.

28 Jackson, et al., "Historical Overfishing," 631.

29 Carl Folke, et al., "Regime Shifts, Resilience, and Biodiversity in Ecosystem Management," Annual Review of Ecology, Evolution, & Systematics 35 no. 1 (2004): 557~81; O. Hoegh-Guldberg, et al., "Coral Reefs Under Rapid Climate Change and Ocean Acidification," Science 318 (2007): 1737~42.

30 Jackson, et al. "Historical Overfishing," 636.

31 양식업은 넓은 의미에서는 수중의 유기체를 통제된 방식으로 기르는 모든 역사적 형태를 다 포함하는 것으로 정의될 수 있다. 이 글의 목적상 여기서는 해양환경에서 높은 영양단계에 속하는 어종을 자본집약적인 방식으로 기르는 종류의 양식업에 대해서만 논의한다. 따라서 이 글에 나오는 '양식업'은 자본주의적 양식업의 현대적 형태만을 가리킨다.

32 Snigda Prakash, "Soybean Industry Looking for Ways to Make Soy-based Food More Palatable to Farm-Raised Fish," National Public Radio, Morning Edition, May 26, 2004.

33 Edward Carr, "A Second Fall," The Economist 347 (1998): 3~4.

34 FOA, State of World Fisheries, 2002; FOA, The State of World Fisheries 2006, 3.

35 Rosamond L. Naylor, et al., "Nature's Subsidies to Shrimp and Salmon Farming," Science 282 (1998): 883~84.

36 Fred Magdoff, "A Precarious Existence," Monthly Review 55, no. 9 (February 2004): 1~14; Fred Magdoff, "The World Food Crisis," Monthly Review 60, no. 1 (May 2008): 1~15.

37 Naylor et al., "Nature's Subsidies."

38 양식업이 필요로 하는 것들이 바닷물고기의 수에 지속적으로 가하는 압박 때문에 자본은 바다에서 나는 단백질원을 대체할 수 있는 다른 형태의 어분을 찾고 있다. 예를 들어 기업들은 대두를 물고기 사료의 대체물로 사용할 수 있도록 변형시키는 작업을 진행하고 있다. Prakash, "Soybean Industry Looking for Ways"를 보라.

39 Don Staniford, "Silent Spring of the Sea," in Stephen Hume, et al., (eds.), A Stain Upon the Sea (Madeira Park, British Columbia: Harbour Publishing, 2004), 149; Ronald Hites, et al., "Global Assessment of Organic Contaminants in Farmed Salmon," Science 303 (2004): 226~29; Rachel Carson, Silent Spring (Boston: Houghton Mifflin, 1962).

40 Grant News Media Center, "Bovine Hormone Could Provide Boost to Tilapia Aquaculture,

"http://www.seagrantnews.org/news/tips/tip_2003_feb.html; Thomas T. Chen, et al., "Transgenic Fish and Its Application in Basic and Applied Research," Biotechnology Annual Review 2 (1996): 205~36.

41 Naylor et al., "Nature's Subsidies."

42 Nils Kautsky, et al., "The Ecological Footprint," EC Fisheries Cooperation Bulletin 11, no. 3~4 (1998): 5~9.

43 Tyedmers, Watson, and Pauly, "Fueling Global Fishing Fleets."

44 Paul Burkett, "Natural Capital, Ecological Economics, and Marxism," International Papers in Political Economy 10, no. 3 (2003): 47; Paul Burkett, Marx and Nature (New York: St. Martin's Press, 1999).

45 Karl Marx, The Poverty of Philosophy (New York: International Publishers, 1971), 54.

46 Mészáros, Beyond Capital, 174; Foster, Ecology Against Capital.

47 Boris Worm, et al., "Impacts of Biodiversity Loss on Ocean Ecosystem Services," Science 314 (2006): 787~90.

10. 인도의 수자원 위기: 근대적 대형 댐의 정치학

1 인용문의 전문은 Arundhati Roy, The Cost of Living (London: Flamingo [imprint HarperCollins], 1999), 104에 있는 주석에 실려 있다. 근대 실증주의적 기술주의 사고방식의 조건으로서의 거대주의 (Gigantism)는 폴 비릴리오(Paul Virilio)의 직설적인 말에 의해 잘 요약된다. 그는 그러한 "진보의 숭배자들"은 "거대주의에 물든 난쟁이들의 위험한 집단"일 뿐이며, 그들은 세계에 대한 순진한 개념을 받아들이고는 "고집스럽게 유아적 거부를 하는 데서 만족감을 느끼고 있다"고 말했다. 다시 말해 그들은 성장하기를 거부하는 병에 걸려 있다는 것이다. (Paul Virilio, Ground Zero (Lodon: Verso, 2002), 2.

2 K. L. Rao, Cusecs Candidate (New Delhi: Metropolitan, Kanpur Printing Press, 1978), 37.

3 Henry Hart, New India's Rivers (Bombay: Orient Longman, 1956), 256.

4 Rohan D'Souza, "Damming the Mahanadi River," Indian Economic and Social History Review 40, no. 1 (2003): 82~105.

5 TVA의 지구적 영향, 특히 인도에 대한 영향에 대해서는 Daniel Klingensmith, "One Valley and a Thousand" (New Delhi: Oxford University Press, 2007)를 보라. 또한 David A. Biggs, "Reclamation Nations," Comparative Technology Transfer and Society 4, no. 3 (2006): 225~46; Heather J. Hoag, "Transplanting the TVA? International Contributions to Postwar River Development in Tanzania," Comparative Technology Transfer and Society 4, no. 3 (2006): 247~68도 참고하라.

6 James C. Scott, "High Modernist Social Engineering," in Lloyd I. Rudolph and John Kurt Jacobsen, Experiencing the State (New Delhi: Oxford University Press, 2006), 3~52.

7 '전통적'이라고 불리는 다양한 방식의 '물 저장 및 이용(water harvesting)'에 대한 종합적인 논의에 대해서는 Anil Agrawal and Sunita Narain (ed.), Dying Wisdom (New Delhi: Centre for Science and Environment, 1997)을 보라.

8 Rohan D'Souza, "Water in British India," History Compass 4, no. 4, (2006): 621~28.

9 Rohan D'Souza, Drowned and Dammed (New Delhi: Oxford University Press, 2006).

10 여기서 대형 댐은 국제대형댐위원회(International Commission on Large Dams)의 정의에 따라 가장 깊은 바닥으로부터의 댐 높이가 15미터 이상인 것을 의미한다. 세계댐위원회(World Commission on Dams)가 2000년 11월 16일에 발표한 보고서를 보라. http://www.dams.org.

11 인도에는 댐으로 인한 이주에 관한 문헌이 많다. 특히 이 주제에 대한 훌륭한 입문서로 Jean Dreze, Meera Samson, and Satyajit Singh (ed.), The Dam and the Nation (New Delhi: Oxford University Press, 1997)을 추천한다.

12 The Second Citizens' Report (New Delhi: State of India's Environment, Centre for Science and Environment, 1996 [reprint, 1985]). 최근의 추정에 따르면 인도에는 총 4528개의 대형 댐이 존재하며, 이들 댐으로 인해 적어도 442만 6000헥타르(4만 4260평방킬로미터)가 수몰됐다고 한다. 이는 1000만 에이커에 해당하는 면적이다. 뉴스레터인 Dams, Rivers & People의 5호(no. 4~5, May~June 2007, 8~9)를 보라.

13 Uma Maheswari, "Preparing to Repeat a Dammed History," India Together, February 2~9, 2006, http://www.indiatogether.org/2006/sep/hrt-polavaram.htm.

14 Satyajit Singh, Taming the Waters (New Delhi: Oxford University Press, 1997), 67~76.

15 사르다르 사로바르(Sardar Sarovar) 프로젝트에 대해 비용-편익 분석을 실시한 기관으로는 나르마다계획그룹(Narmada Planning Group, 1983), 타타경제컨설팅서비스(Tata Economic Consultancy Services, 1983), SSP 나르마다니감(SSP Narmada Nigam Ltd., 1989), 세계은행(World Bank, 1985; 1990)이 있다. Ranjit Dwivedi, Conflict and Collective Action (London: Routledge, 2006), 102를 보라. 사르다르 사로바르 프로젝트에 대한 저항에 관해서는 다음의 문헌을 보라. Sanjay Sangvai, The River and Life: People's Struggle in the Narmada Valley (Mumbai: Earthcare Books, 2000); Amita Baviskar, In the Belly of the River: Tribal Conflicts over Development in the Narmada Valley(New Delhi: Oxford University Press, 1995).

16 Radha D'Souza, Interstates Disputes over Krishna Waters (Hyderbad: Orient Longman, 2006), 215~35, 433~62.

17 Shripad Dharmadhikary, Unravelling Bhakra (Badwani: Manthan, 2005).

18 Dharmadhikary, Unravelling Bhakra, 24, 29.

19 Dharmadhikary, Unravelling Bhakra, 151~206.

20 Dharmadhikary, Unravelling Bhakra, 198~99.

21 IUCN, "Indus Delta, Pakistan," Case Studies in Wetland Valuation no. 5 (May 2003). 이 밖에 다음 문헌들도 참고하라. Altaf A. Memon, "Devastation of the Indus River Delta," Proceedings, World Water & Environmental Resources Congress 2005, American Society of Civil Engineers, Environmental and Water Resources Institute, Anchorage, Alaska, May 14~19, 2005, 1~14.

22 D. P. Chattacharya, Ahmedabad, The Indian Express, April 1, 2007, http://cities.expressindia.com/fullstory.php?newsid+229515.

23 Richard Mahapatra and Ranjan K. Panda, "Ground Swell," Down To Earth (December 31, 2007) 22~30, http://www.downtoearth.org.in.

24 현대 인도의 물 분쟁에 대한 탁월한 검토로 Biskam Gujja, K. J. Joy, Suhas Paranjape, Vinod Goud, and

Shruti Vispute, "Water Conflicts in India," Economic and Political Weekly 41, no. 7 (February, 2006): 570~612가 있다.

25 Rohan D'Souza, "Supply—Side Hydrology in India: The Last Gasp," Economic and Political Weekly 38, no. 36 (September 2003): 3785~90.

26 Dhirendra Kumar Singh and Anil Kumar Singh, "Groundwater Situation in India," Water Resources Development 18, no. 4 (2002): 563~80.

27 Sandra Postel, Pillars of Sand? (New York: W. W. Norton, 1999), 93.

28 인도에서 대형 댐에 대한 비판의 상당수는 사실 '비전문가'들에 의해 이루어졌다. 앞에서 인용한 바 있는 The Second Citizens' Report도 인도에서 대형 댐이 초래한 부정적 영향을 개괄적으로 살펴본 초기의 문헌들 가운데 하나다. Anil Agarwal, Sunita Narain, and Srabani Sen (ed.), The Citizen's Fifth Report (New Delhi: Center for Science and Enviornment, 1999), http://www.cseindia.org/html/pub_soie.htm#sie2.htm 131~66도 참고하라. 인도 북동부의 대형 댐들에 관한 훌륭한 글 모음집으로 다음 두 가지가 있다. "Large Dams Northeast India; Rivers, Forests, People and Power," The Ecologist (Asia) 11, no. 1 (January~March 2003). Manju Menon and Kanchi Kohli (compilation), Large Dams for Hydropower in Northeast India (Pune and New Delhi: Kalpavriksh, South Asia Network on Dams, Rivers and People, 2005). 뉴스레터인 Dams, Rivers & People(brought out by the South Asia Network on Dams, Rivers and People, http://www.sandrp.in)은 인도의 대형 댐에 대한 저항에 관한 최근의 소식을 전해준다.

29 하천연결 프로젝트를 비판한 책으로는 Medha Patkar (ed.), River Linking (Mumbai: National Alliance of People's Movement, 2004) and Arun Kumar Singh, Inter—Linking of Rivers in India (New Delhi: The Other Media, 2003)가 있다.

30 인도에서 물이라는 주제에 대해 가장 비판적인 관점을 견지하며 글로 대안을 제시하는 인물로는 다음과 같은 사람들이 있다. 메다 파트카르(Medha Patkar), 히만슈 타카르(Himanshu Thakkar), 슈리파드 다르마디카리(Shripad Dharmadhikary), 디네슈 미슈라(Dinesh Mishra), 자얀타 반디오파디에이(Jayanta Bandyopadhyay), 라마스와미 이예르(Ramaswamy R. Iyer).

11. 푸른 협약: 대안적인 물의 미래

이 글은 지은이의 저서 《푸른 협약: 지구적 물 위기와 물에 대한 권리를 위한 임박한 전투(Blue Covenant: The Global Water Crisis and the Coming Battle for the Right to Water》(New Press, 2007)의 5장 내용을 일부 수정한 것이다.

원문의 목록과 출처

1. 생태, 그 결정적인 순간 (옮긴이 오수길)
Ecology: The Moment of Truth—An Introduction, John Bellamy Foster, Brett Clark and Richard York, Monthly Review 60, no. 3 (July~August 2008): 1~11.

2. 자본주의에서 사회주의로의 이행과 생태 (오수길)
Ecology and the Transition from Capitalism to Socialism, John Bellamy Foster, Monthly Review 60, no. 6 (November 2008): 1~12.

3. 균열과 전환: 환경위기의 뿌리 찾기 (엄은희)
Rifts and Shifts: Getting to the Root of Environmental Crises, Brett Clark and Richard York, Monthly Review 60, no. 6 (November 2008): 13~24.

4. 기후변화, 성장의 한계, 사회주의 (윤순진)
Climate Change, Limits to Growth, and the Imperative for Socialism, Minqi Li, Monthly Review 60, no. 3 (July~August 2008): 51~67.

5. 석유정점과 에너지 제국주의 (윤순진)
Peak Oil and Energy Imperialism, John Bellamy Foster, Monthly Review 60, no. 3 (July ~August 2008): 12~33.

6. 액화천연가스와 화석자본주의 (윤순진)
Liquefied Natural Gas and Fossil Capitalism, Anna Zalik, Monthly Review 60, no. 6 (November 2008): 41~53.

7. 바이오연료의 정치경제학과 생태학 (김철규)
The Political Economy and Ecology of Biofuels, Fred Magdoff, Monthly Review 60, no. 3 (July~August 2008): 34~50.

8. 세계사적 시각에서 본 생태위기와 농업문제 (김철규)
Ecological Crises and the Agrarian Question in World—Historical Perspective, Jason W. Moore, Monthly Review 60, no. 6 (November 2008): 54~62.

9. 바다의 위기: 자본주의와 해양생태계의 악화 (김철규)
The Oceanic Crisis: Capitalism and the Degradation of Marine Ecosystems, Brett Clark

and Rebecca Clausen, Monthly Review 60, no. 3 (July~August 2008): 91~111.

10. 인도의 수자원 위기: 근대적 대형 댐의 정치학 (엄은희)

Framing India's Hydraulic Crisis: The Politics of the Modern Large Dam, Rohan D'Souza, Monthly Review 60, no. 3 (July~August 2008): 112~124.

11. 푸른 협약: 대안적인 물의 미래 (엄은희)

Blue Covenant: The Alternative Water Future, Maude Barlow, Monthly Review 60, no. 3 (July~August 2008): 125~141.

[지은이]

모드 발로(Maude Barlow)

환경, 인권, 사회정의 분야의 활동가. '푸른 지구 프로젝트(Blue Planet Project)'를 설립했고, 캐나다인위원회(Council of Canadians) 의장으로 일하고 있다. 저서로 《푸른 금(Blue Gold)》(공저)이 있다.

브레트 클라크(Brett Clark)

미국 노스캐롤라이나 주립대학 사회인류학부 조교수. 저서로 《지적 설계에 대한 비판(Critique of Intelligent Design: Materialism versus Creationism from Antiquity to the Present)》(공저)이 있다.

레베카 클로센 (Rebecca Clausen)

미국 오리건대학에서 환경사회학 박사학위 과정을 이수하고 미국 포트루이스대학에서 사회학을 가르치고 있다.

로한 드수자(Rohan D'Souza)

인도 자와할랄네루대학 과학정책연구소 조교수. 저서로 《수몰민과 댐: 동부 인도의 식민지 자본주의와 홍수통제(Drowned and Dammed: Colonial Capitalism and Flood Control in Eastern India)》가 있다.

존 벨러미 포스터(John Bellamy Foster)

미국 오리건대학 사회학부 조교수, 〈먼슬리 리뷰〉 편집자, 〈조직과 환경(Organization & Environment)〉 공동편집자. 《지적 설계에 대한 비판》(공저)을 비롯해 다수의 저서를 펴냈다.

민치 리(Minqi Li)

미국 유타대학 경제학부 조교수. 저서로 《중국의 부상과 자본주의 세계경제의 몰락(The Rise of China and the Demise of the Capitalist World-Economy)》이 있다.

프레드 매그도프(Fred Magdoff)

미국 버몬트대학 식물토양학 교수, 먼슬리리뷰재단 이사. 저서로 《이윤에 굶주린 자들(Hungry for Profit: The Agribusiness Threat to Farmers, Food, and the Environment)》(공저)이 있다.

제이슨 무어 (Jason W. Moore)

미국 노스캐롤라이나대학 지리학부 조교수. 〈세계체제연구 저널(Journal of World-Systems Research)〉의 편집에 참여하고 있고, 생태학과 자본주의에 관한 저서의 출간을 준비하고 있다.

리처드 요크(Richard York)
미국 오리건대학 사회학부 부교수, 계간지 〈조직과 환경(Organization & Environment)〉의 공동편
집자. 저서로 《지적 설계에 대한 비판》(공저)이 있다.

애너 잘리크(Anna Zalik)
캐나다 요크대학 환경학 조교수. 미주와 사하라이남 아프리카의 석유개발 사업이 지역사회에 미치
는 사회적, 환경적 영향에 관한 논문을 다수 발표했다.

[옮긴이]
김철규
고려대학 사회학과 교수. 연구관심 분야는 먹을거리의 정치경제학, 개발주의와 환경문제, 생태공
생주의 등이다. 저서로 《한국의 자본주의 발전과 사회변동》, 《한국 시민운동의 구조와 동학》(공저)
등이 있다.

엄은희
성공회대학 동아시아연구소 인문한국(HK) 연구교수. 필리핀의 광산개발을 사례로 신자유주의가
제3세계 환경에 미치는 영향에 대해 박사논문을 썼다. 동남아시아 지역의 환경변화와 토착문화의
변동에 관심을 갖고 연구하고 있다.

오수길
한국디지털대학 IT·미디어학부 교수. 저서로 《녹색 대안을 찾아서》(공저), 《미래국가로 가는 길,
뉴거버넌스》(편저), 《민관협력의 거버넌스》가 있고, 역서로 《탄소경제의 혁명》(공역), 《도시의 미
래》(공역)가 있다.

윤순진
서울대학 환경대학원 교수. 저서로 《우리 눈으로 보는 환경사회학》(공저), 《지속가능한 사회 이야
기》(공저) 등이 있고, 연구관심 분야는 기후변화의 정치경제학, 환경과 에너지의 정치경제학, 환경
거버넌스, 과학기술과 사회 및 환경 등이다.

생태논의의 최전선 (먼슬리 리뷰 2)

지은이 | 존 벨러미 포스터 외 9인
옮긴이 | 김철규, 엄은희, 오수길, 윤순진

1판 1쇄 펴낸날 | 2009년 3월 1일

펴낸이 | 이주명
편집 | 문나영
출력 | 문형사
종이 | 화인페이퍼
인쇄 | 한영문화사
제본 | 한영제책사

펴낸곳 | 필맥
출판등록 | 제300-2003-63호
주소 | 서울시 서대문구 충정로2가 184-4 경기빌딩 606호
홈페이지 | www.philmac.co.kr
전화 | 02-392-4491
팩스 | 02-392-4492

ISBN 978-89-91071-65-0   03300

잘못된 책은 바꾸어 드립니다.
값은 뒤표지에 있습니다.

이 도서의 국립중앙도서관 출판시도서목록(CIP)은 e-CIP홈페이지(http://www.nl.go.kr/cip.php)에서 이용하실 수 있습니다. (CIP제어번호 : CIP2009000590)